愛蔵版

仮名論語 全

kana-rongo

iyota satoru

伊與田覺

致知出版社

假名論語

孔德成

孔子象
孔德成敬題
夫子之道忠恕而已矣 德成

目次

學而第一……一
爲政第二……一一
八佾第三……二三
里仁第四……三七
公冶長第五……四八
雍也第六……六五
述而第七……八〇
泰伯第八……九八
子罕第九……一一〇
鄉黨第十……一二七

先進第十一……一四一
顔淵第十二……一六一
子路第十三……一八〇
憲問第十四……二〇一
衛霊公第十五……二二七
季氏第十六……二四五
陽貨第十七……二六一
微子第十八……二八〇
子張第十九……二九一
堯曰第二十……三〇七

○**先師が言われた。**
「聖賢の道を学んで、時に応じてこれを実践し、その真意を自ら会得することができるのは、なんと喜ばしいことではないか。共に道を学ぼうとして、思いがけなく遠方から同志がやってくるのは、なんと楽しいことではないか。人が自分の存在を認めてくれなくても、怨むことなく、自ら為すべきことを努めてやまない人は、なんと立派な人物ではないか」
※孔子、（西紀前五五一年〜四七九年）姓は孔、名は丘、字は仲尼。魯の襄公二十二年九月二十八日、昌平郷陬邑《すうゆう》に生まれた。

學《がく》而《じ》第《だい》一《いち》

子《し》曰《のたま》わく學《まな》びて時《とき》に之《これ》を習《なら》う、亦《また》説《よろこ》ばしからずや。朋《とも》遠方《えんぽう》より來《きた》る有《あ》り、亦《また》樂《たの》しからずや。人《ひと》知《し》らずして慍《うら》みず、亦《また》君《くん》子《し》ならずや。

有子《ゆうし》曰《い》わく、其《そ》の人《ひと》と爲《な》りや、孝弟《こうてい》にして上《かみ》を犯《おか》すを好《この》む者《もの》は鮮《すく》なし。上《かみ》を犯《おか》

○有先生が言われた。
「その人柄が、家に在っては親に孝行を尽くし兄や姉に従順な者で、長上にさからう者は少ない。長上にさからうことを好まない者が、世の中を乱すことを好むことはない。
何事でも先ず本を務めることが大事である。本が立てば、進むべき道は自ずから開けるものだ。従って孝悌は仁徳を成し遂げる本であろうか」
※有子、孔子の門人、姓は有、名は若、孔子より十三歳若い。
○先師が言われた。
「ことさらに言葉を飾り、顔色をよくする者は、仁の心が乏しいものだよ」

すを好《この》まずして亂《らん》を作《な》すを好《この》む者《もの》は未《いま》だ之《こ》れ有《あ》らざるなり。君子《くんし》は本《もと》を務《つと》む、本《もと》立《た》ちて道《みち》生《しやう》ず。孝弟《こうてい》なる者《もの》は、其《そ》れ仁《じん》を爲《な》すの本《もと》か。

子《し》曰《のたま》わく、巧言令色《こうげんれいしよく》鮮《すく》なし仁《じん》。

曾子《そうし》曰《い》わく、吾《われ》日《ひ》に吾《わ》が身《み》を三省《さんせい》す。人《ひと》の爲《ため》に謀《はか》りて忠《ちう》ならざるか、朋友《ほうゆう》と交《まじわ》〇**曾先生が言われた。**
「私は毎日、自分をたびたびかえりみて、よくないことはぶいておる。人の為を思って、真心からやったかどうか。友達と交わってうそいつわりはなかったか。まだ習得していないことを人に教えるようなことはなかったか」
※曾子、孔子の門人、姓は曾、名は參、字は子輿、孔子より四十六歳若い。
〇**先師が言われた。**
「兵車千台を有するような諸侯の国を治めるには、政事を慎重にして民の信頼を得、国費を節約して民を愛し、民に使役を課すときには、農閑期を心掛ける」

りて信《しん》ならざるか、習《なら》わざるを傳《つた》うるか。

子曰《のたま》わく、千乘《せんじょう》の國《くに》を道《みちび》くに、事《こと》を敬《けい》して信《しん》、用《よう》を節《せつ》して人《ひと》を愛《あい》し、民《たみ》を使《つか》うに時《とき》を以《もっ》てす。

子曰《のたま》わく、弟子《ていし》、入《い》りては則《すなわ》ち孝《こう》、出《い》でては則《すなわ》ち弟《てい》、謹《つつし》みて信《しん》、汎《ひろ》く衆《しゅう》を愛《あい》して仁《じん》に親《した》しみ、行《おこな》いて餘力《よりょく》あれば、則《すなわ》ち以《もっ》て文《ぶん》を

○先師が言われた。
「若者の修養の道は、家に在っては、孝を尽くし、世に出ては、長上に従順であることが第一である。次いで言動を謹んで信義を守り、人々を愛し、高徳の人に親しんで、余力あれば詩書などを読むことだ」
○子夏が言った。
「学徳の備わった立派な人物を恋人を思うよりも敬愛し、親に対しては全力を尽くして孝養に励み、君(国)に対しては、身の危険もかえりみず、忠誠を尽くす。友達と交わるときは、絶対に二枚舌を使わない。このようであれば、まだ書物を読んで学ばないと言って

學《まな》べ。

子夏《しか》曰《い》わく、賢《けん》を賢《けん》として色《いろ》に易《か》え、父《ふ》母《ぼ》に事《つか》えて能《よ》く其《そ》の力《ちから》を竭《つく》し、君《きみ》に事《つか》えて能《よ》く其《そ》の身《み》を致《いた》し、朋友《ほうゆう》と交《まじわ》るに言《い》いて信《しん》あらば、未《いま》だ學《まな》ばずと曰《い》うと雖《いえど》も、吾《われ》は必《かなら》ず之《これ》を學《まな》びたりと謂《い》わん。

子《し》曰《のたま》わく、君子《くんし》、重《おも》からざれば則《すなわ》ち威《い》あ

も、私は、すでに学んだ人だと言おう」
○**先師が言われた。**
「上に立つ人は、言動を重々しくしないと威厳がなくなる。学べは独善、頑固でなくなる。忠信《まこと》を第一とし、安易に自分より知徳の劣った者と交わっていい気になってはならない。そして過ちに気がついたら改めるのに誰にも遠慮はいらないよ」
○**曾先生が言われた。**
「親の葬儀を丁重にして真心から喪《も》に服し、そして先祖の祭りを手厚くすれば、民の人情風俗は自ずから厚くなるものだ」
○**子禽が子貢に尋ねた。**
「孔先生は、どこの

らず。学《まな》べば則《すなわ》ち固《こ》ならず。忠信《ちゅうしん》を主《しゅ》とし己《おのれ》に如《し》かざる者《もの》を友《とも》とすること無《な》かれ。過《あやま》てば則《すなわ》ち改《あらた》むるに憚《はばか》ること勿《な》かれ。

曾子《そうし》曰《い》わく、終《おわり》を愼《つつし》み遠《とお》きを追《お》えば、民《たみ》の徳《とく》厚《あつ》きに歸《き》す。

子禽《しきん》、子貢《しこう》に問《と》うて曰《い》わく、夫子《ふうし》の是《こ》の

国に行かれても、必ず政治について聞かれるが、これはご自分から求められたものでしょうか、それとも先方からもちかけられたものでしょうか」

子貢はこれに対し、「孔先生はお人柄が、おだやかで素直、恭しくして行いにしまりがあり、それに謙虚で人に譲るところがある。それゆえ自ずから先方から求められるのである。従って先生から求められることがあっても、一般の人の求め方と大いに違うように思う」
※子禽、孔子の門人、一説には子貢の門人ともいう。姓は陳、名は亢、字は子禽。
※子貢、姓は端木、

邦《くに》に至《いた》るや、必《かなら》ず其《そ》の政《まつりごと》を聞《き》く、之《これ》を求《もと》めたるか、抑〻《そもそも》之《これ》を与《あた》えたるか。子《し》貢《こう》曰《い》わく、夫子《ふうし》は温《おん》良《りょう》恭《きょう》倹《けん》譲《じょう》、以《もっ》て之《これ》を得《え》たり。夫子《ふうし》の之《これ》を求《もと》むるは、其《そ》れ諸《こ》れ人《ひと》の之《これ》を求《もと》むるに異《こと》なるか。

子《し》曰《のたま》わく、父《ちち》在《いま》せば其《そ》の志《こころざし》を観《み》、父《ちち》没《ぼっ》すれば其《そ》の行《おこない》を観《み》る。三《さん》年《ねん》父《ちち》の道《みち》を改《あらた》む名は賜《し》、字は子貢、孔子より三十一歳若い門人。

○先師が言われた。

「父が生きている時には、その気持ちを察して、それに添うように努め、父が亡くなってからは、その行跡を見て、これを継承するのがよい。そうして三年の間、父のしきたりを改めず、ひたすら喪に服する人なら、真の孝子と言えるであろう」

○有先生が言われた。

「礼に於いて和を貴いとするのは、単に私の独断ではない。昔の聖王の道も美しいことだとした。そうかといってすべての人間関係を和一点張

る無《な》くんば、孝《こう》と謂《い》う可《べ》し。

有子《ゆうし》曰《い》わく、禮《れい》の和《わ》を用《もっ》て貴《たっと》しと爲《な》すは、先王《せんのう》の道《みち》も斯《これ》を美《び》と爲《な》す。小大《しょうだい》之《これ》に由《よ》れば、行《おこな》われざる所《ところ》あり。和《わ》を知《し》りて和《わ》すれども禮《れい》を以《もっ》て之《これ》を節《せつ》せざれば、亦《また》行《おこな》うべからざるなり。

有子《ゆうし》曰《い》わく、信義《しんぎ》に近《ちか》ければ、言《げん》復《ふ》むべ

りでいこうとすると、うまくいかないことがある。和の貴いことを知って和しても礼（敬謝謙譲等の心）を以て調節しないとこれまたうまくいかないのである」
○有先生が言われた。「約束してそれが人の正しい道（義）にはずれていなければ、約束通りに履み行うべきである。ていねいさが礼にかなっておれば、人に軽んぜられることはない。親族づきあいで、その順序を間違えることがなければ、人として尊ぶべきである」
○先師が言われた。「学問修業に志す人は、飽食を求めない。家で安閑と居ること

きなり。恭禮《きょうれい》に近《ちか》ければ、恥辱《ちじょく》に遠《とお》ざかる。因《よ》ること、其《そ》の親《しん》を失《うしな》わざれば、亦《また》宗《そう》とすべきなり。

子《し》曰《のたま》わく、君子《くんし》は食《しょく》飽《あ》くを求《もと》むること無《な》く、居《きょ》安《やす》きを求《もと》むること無《な》し。事《こと》に敏《びん》にして言《げん》に慎《つつし》み、有道《ゆうどう》に就《つ》きて正《ただ》す。學《がく》を好《この》むと謂《い》うべきのみ。

を求めない。物事に当たってはきびきびとし、言葉は慎み、高徳の人について教えを受けて、自分の行いを正していくような人こそ、本当に学を好むということができる」

○子貢が尋ねた。

「貧しくても、卑下してへつらうことがなく、富んでも、おごりたかぶることのない者は、立派な人物といえるでしょうか」

先師が答えられた。

「かなりの人だね、然しまだ貧しくても心豊かに人の道を履み行うことを楽しみ、富んでも、ごく自然に礼を好んで行う者には及ばないよ」

子《し》貢《こう》曰《い》わく、貧《まず》しくして諂《へつら》うこと無《な》く、富《と》みて驕《おご》ること無《な》きは何如《いかん》。子《し》曰《のたま》わく、可《か》なり。未《いま》だ貧《まず》しくして道《みち》を樂《たの》しみ、富《と》みて禮《れい》を好《この》む者《もの》には若《し》かざるなり。子《し》貢《こう》曰《い》わく、詩《し》に云《い》う、切《せつ》するが如《ごと》く磋《さ》するが如《ごと》く、琢《たく》するが如《ごと》く磨《ま》するが如《ごと》しと。其《そ》れ斯《これ》を之《こ》れ謂《い》うか。子《し》曰《のたま》わく、賜《し》や始《はじ》子貢が言った。

「なるほど人の修養には、上には上があるものですね、詩経に『切るごとく、磋《す》るごとく、琢《う》つごとく、磨くがごとく、たゆみなく道にはげまん』とありますが、こういうことをいうのでございましょうか」

先師が言われた。

「賜よ、お前とはじめて詩を通じて人生を語ることができるようになったねえ。お前こそ一つのことを教えたら、すぐ次のことがわかる人物だね」
○先師が言われた。
「人が自分を知ってくれなくても憂えないが、自分が人を知らないのを憂える」

めて與《とも》に詩《し》を言《い》うべきのみ。諸《これ》に往《おう》を告《つ》げて來《らい》を知《し》る者《もの》なり。

子《し》曰《のたま》わく、人《ひと》の己《おのれ》を知《し》らざるを患《うれ》えず、人《ひと》を知《し》らざるを患《うれ》うるなり。

○先師が言われた。
「仁の心から発する恕《おもいやり》の政治を行えば、たとえば、北極星が真北に在って動かずに多くの星がそれに向かってくるように、その徳を慕って集まってくるものだ」
○先師が言われた。
「詩経にはおよそ三百篇の詩があるが、その全体を貫く精神は『思い邪《よこしま》なし』ということである」
※詩経、だいたい周代の詩を孔子が編集したものだと伝えられる。当時は三百十一篇といわれるが現在伝わっているのは三百五篇である。
○先師が言われた。
「政令や法律だけで国を治め、刑罰によ

爲《い》政《せい》第《だい》二《に》

子《し》曰《のたま》わく、政《まつりごと》を爲《な》すに徳《とく》を以《もっ》てすれば、譬《たと》えば北辰《ほくしん》其《そ》の所《ところ》に居《お》りて、衆星《しゅうせい》之《これ》に共《むか》うが如《ごと》し。

子《し》曰《のたま》わく、詩《し》三《さん》百《びゃく》、一《いち》言《げん》以《もっ》て之《これ》を蔽《おお》う。曰《い》わく、思《おもい》邪《よこしま》無《な》し。

子《し》曰《のたま》わく、之《これ》を道《みちび》くに政《せい》を以《もっ》てし、之《これ》を

って統制すれば、民は要領よく免れて何ら恥じることがなくなる。道徳を基本として国を治め、礼（慣習的規範）によって統制すれば、自ら省みて過ちを恥じ、自ら正していくようになる」

○先師が言われた。

「私は、十五の年に聖賢の学に志し、三十になって一つの信念を以て世に立った。然し世の中は意のままには動かず、迷いに迷ったが、四十になって物の道理がわかるにつれ迷わなくなった。五十になるに及び、自分が天のはたらきによって生まれ、又何者にもかえられない尊い使命

齊《ととの》うるに刑《けい》を以《もっ》てすれば、民《たみ》免《まぬが》れて恥《は》ずること無《な》し。之《これ》を道《みちび》くに徳《とく》を以《もっ》てし、之《これ》を齊《ととの》うるに禮《れい》を以《もっ》てすれば、恥《は》ずる有《あ》りて且《か》つ格《ただ》し。

子《し》曰《のたま》わく、吾《われ》十有《じゅうゆう》五《ご》にして學《がく》に志《こころざ》し、三《さん》十《じゅう》にして立《た》ち、四十《しじゅう》にして惑《まど》わず、五十《ごじゅう》にして天命《てんめい》を知《し》り六十《ろくじゅう》にして耳順《みみしたが》い、七十《しちじゅう》

を授けられていることを悟った。六十になって人の言葉や天の声が素直に聞けるようになった。そうして七十を過ぎる頃から自分の思いのままに行動しても、決して道理をふみはずすことがなくなった」

○孟懿子（魯の大夫）**が孝行について尋ねた。**

先師が答えられた。

「違うことがないようになさるのがよろしいかと思います」

車の御者をしていた樊遲に先師が「孟孫（懿子）が孝行について尋ねたので違うことがないようになさるのがよろしいかと思いますと答えたよ」と言われた。

にして心《こころ》の欲《ほっ》する所《ところ》に従《したが》えども、矩《のり》を踰《こ》えず。

孟懿子《もういし》孝《こう》を問《と》う。子《し》曰《のたま》わく、違《たが》うこと無《な》し。樊遅《はんち》御《ぎょ》たり。子《し》之《これ》に告《つ》げて曰《のたま》わく、孟孫《もうそん》孝《こう》を我《われ》に問《と》う。我《われ》對《こた》えて曰《い》わく、違《たが》うこと無《な》しと。樊遅《はんち》曰《い》わく、何《なん》の謂《い》ぞや。

子《し》曰《のたま》わく、生《い》けるには之《これ》に事《つか》うるに禮《れい》を

以《もっ》てし、死《し》すれば之《これ》を葬《ほうむ》るに禮《れい》を以《もっ》てし、之《これ》を祭《まつ》るに禮《れい》を以《もっ》てす。

孟武伯《もうぶはく》、孝《こう》を問《と》う。子《し》曰《のたま》わく、父母《ふぼ》は唯《ただ》其《そ》の疾《やまい》を之《こ》れ憂《うれ》う。

子《し》游《ゆう》、孝《こう》を問《と》う。子《し》曰《のたま》わく、今《いま》の孝《こう》は是《こ》れ能《よ》く養《やしな》うを謂《い》う。犬馬《けんば》に至《いた》るまで皆《みな》能《よ》く養《やしな》うあり。敬《けい》せずんば何《なに》を以《もっ》て別《わか》

樊遲が「どういう意味でございましょうか」と尋ねた。

先師が答えられた。

「親が生きている時には礼によって事える。亡くなった時にも礼によって葬り、礼によって祭るという意味だ」

○孟武伯（孟懿子の子）**が孝行について尋ねた。**

先師が答えられた。

「父母は唯子の疾《やまい》を心配するものです」

○子游が孝について尋ねた。

先師が答えられた。

「今では、親に衣食の不自由をさせないのを孝行というようだが、犬や馬に至るまで皆よく養っているではないか。親を

敬わなければ、何によって犬や馬と区別しようか」
※子游、姓は言《げん》、名は偃《えん》、字は子游。孔子より四十五歳若い。
○子夏が孝行について尋ねた。
先師が答えられた。

「親に向かっての表情や振舞いはむずかしいものだ。何か用事があれば、弟子《わかもの》が引きうけて骨を折り、ご馳走があれば、まず親や先輩にさしあげる。どうしてこれ位で孝行だといえようか」
○先師が言われた。
「私は回と一日中話していても、彼はおとなしく聞いていてまるでおろか者のようだ。ところが彼の

たんや。

子《し》夏《か》、孝《こう》を問《と》う。子《し》曰《のたま》わく、色《いろ》難《かた》し。事《こと》あれば弟《てい》子《し》其《そ》の勞《ろう》に服《ふく》し、酒《しゅ》食《し》あれば先《せん》生《せい》に饌《せん》す。曾《すなわ》ち之《これ》を以《もっ》て孝《こう》と爲《な》さんや。

子《し》曰《のたま》わく、吾《われ》回《かい》と言《い》う、終日《しゅうじつ》違《たが》わざること愚《おろか》なるが如《ごと》し。退《しりぞ》いて其《そ》の私《わたくし》を省《かえり》みれば亦《また》以《もっ》て發《はっ》するに足《た》る。回《かい》や愚《おろか》なら

私生活を見ると、却って私が教えられることが多い。回は決しておろかではない」
※回、姓は顔、名は回、字は子淵、孔子より三十歳若い門人。
○先師が言われた。
「その人が何をしているのか、その人が何によって行っているのか、そしてその人がどこに安らぎを持っているのか。そういうことを観察すれば、人のねうちはわかるものだ。従って自分をかくそうと思っても、決してかくせるものではない」
○先師が言われた。
「古いことを尋ねてそこから新しいことを知る者は、人の指導者となることがで

ず。

子《し》曰《のたま》わく其《そ》の以《な》す所《ところ》を視《み》、其《そ》の由《よ》る所《ところ》を観《み》、其《そ》の安《やす》んずる所《ところ》を察《み》れば、人《ひと》焉《いずく》んぞ廋《かく》さんや。人《ひと》焉《いずく》んぞ廋《かく》さんや。

子《し》曰《のたま》わく、故《ふる》きを温《たず》ねて新《あたら》しきを知《し》る、以《もっ》て師《し》と為《な》るべし。

子《し》曰《のたま》わく、君子《くんし》は器《うつわ》ならず。

きる」

○先師が言われた。
「できた人物は、特定のはたらきを持った器のようではない」

○子貢が君子の在り方について尋ねた。
先師が答えられた。
「先ず実行して、言葉はその後だ」

○先師が言われた。
「君子は、誰とでも公平に親しみ、ある特定の人とかたよって交わらない。小人は、かたよって交わり、誰とでも公平に親しく交わらない」

○先師が言われた。
「学ぶだけで深く考えなければ、本当の意味はわからない。考えるのみで学ばなければ、独断におちいって危ない」

子《し》貢《こう》君子《くんし》を問《と》う。子曰《しのたま》わく、先《ま》ず行《おこな》う、其《そ》の言《ことば》は而《しか》る後《のち》に之《これ》に従《したが》う。

子曰《しのたま》わく、君子《くんし》は周《しゅう》して比《ひ》せず、小人《しょうじん》は比《ひ》して周《しゅう》せず。

子曰《しのたま》わく、學《まな》びて思《おも》わざれば則《すなわ》ち罔《くら》く、思《おも》うて學《まな》ばざれば則《すなわ》ち殆《あやう》し。

子曰《しのたま》わく、異端《いたん》を攻《おさ》むるは、斯《こ》れ害《がい》のみ。

○先師が言われた。
「道からはずれた学問をするのは害があるだけだ」
○先師が言われた。
「由よ、お前に『知る』ということを教えようか。知っていることは知っている、知らないことは知らないと素直にいえるのが、本当に知るということだ」
※由、姓は仲、名は由、字は子路又は季路、孔子より九歳若い門人。
○子張が就職する方法を知りたがっていた。
先師は言われた。
「できるだけ多く聞いて、疑わしいことは除き、用心して確かなことだけを言う

子《し》曰《のたま》わく、由《ゆう》、女《なんじ》に之《これ》を知《し》るを誨《おし》えんか。之《これ》を知《し》るを之《これ》を知《し》ると為《な》し、知《し》らざるを知《し》らずと為《な》す。是《こ》れ知《し》るなり。子《し》張《ちょう》禄《ろく》を干《もと》めんことを学《まな》ぶ。子《し》曰《のたま》わく、多《おお》く聞《き》きて疑《うたが》わしきを闕《か》き、慎《つつし》みて其《そ》の餘《あま》りを言《い》えば、則《すなわ》ち尤《とがめ》寡《すく》なし。多《おお》く見《み》て殆《あやう》きを闕《か》き、慎《つつし》みて其《そ》の餘《あま》りを行《おこな》えば、

ようにすれば、人からとがめられることは少ない。多く見てあやふやなことはさけて、確かなことだけを用心して行うようにすれば、後悔することは少ない。このように言葉にとがめが少なく、行いに悔いが少なければ、就職の道は自然にひらけてくるものだ」

※子張、姓は顓孫《せんそん》、名は師、字は子張。孔子より四十八歳若い門人。

〇**哀公**（魯の君主）**が先師に尋ねた。**

「どうすれば民は心から服するか」

先師が答えられた。

「正しい人を挙げ用いて、まがった人の上におけば、民は心から服します。まが

則《すなわ》ち悔寡《くいすく》なし。言《ことば》に尤寡《とがめすく》なく行《おこない》に悔寡《くいすく》なければ、禄《ろく》は其《そ》の中《うち》に在《あ》り。

哀《あい》公《こう》問《と》うて曰《い》わく、何《なに》を爲《な》さば則《すなわ》ち民《たみ》服《ふく》せん。孔《こう》子《し》對《こた》えて曰《のたま》わく、直《なお》きを擧《あ》げて諸《これ》を枉《まが》れるに錯《お》けば則《すなわ》ち民《たみ》服《ふく》す。枉《まが》れるを擧《あ》げて諸《これ》を直《なお》きに錯《お》けば則《すなわ》ち民《たみ》服《ふく》せず。

った人を挙げ用いて正しい人の上におけば、民は服しません」

○**季康子**（魯の大夫）**が尋ねた。**

「民が敬意と忠誠の念を以て仕事に励むようにするには、どうすればよいか」

先師が答えられた。

「上に立つ者が、民に重々しい態度で臨めば、敬意を払うようになります。上に立つ者が、親に孝行を尽くし、子や弟を慈しめば、民は忠誠の念を持つようになります。有徳の人を挙げ用い、不能の者を懇《ねんご》ろに教え導けば、自ら仕事に励むようになります」

○**ある人が、先師に尋ねた。**

季康子《きこうし》問《と》う、民《たみ》をして敬忠《けいちゅう》にして以《もっ》て勧《すす》ましむるには、之《これ》を如何《いか》にせん。子《し》曰《のたま》わく、之《これ》に臨《のぞ》むに荘《そう》を以《もっ》てすれば則《すなわ》ち敬《けい》す。孝慈《こうじ》なれば則《すなわ》ち忠《ちゅう》あり。善《ぜん》を挙《あ》げて不能《ふのう》を教《おし》うれば則《すなわ》ち勧《すす》む。

或《ある》ひと孔子《こうし》に謂《い》いて曰《い》わく、子《し》奚《なん》ぞ政《まつりごと》を為《な》さざる。子《し》曰《のたま》わく、書《しょ》に云《い》う孝《こう》なる

「先生はどうして直接政治に携わらないのですか」
先師が答えられた。
「書経に、『親には孝行を尽くし、兄弟仲良くすれば、それが自ずから政治を為すことである』とある。これから見て、家庭生活をよくするのもまた政治だ。どうして強いて政治に携わる必要があろうか」
○先師が言われた。
「人であって信《まこと》がなければ、どうにもしようがない。それは牛に引かせる荷車に輗《ながえ》のはしの横木がなく、馬にひかせる車に軏のはしのくびき止めがないのと同じで、一体どうして車を進めることができ

かな惟《こ》れ孝《こう》、兄弟《けいてい》に友《ゆう》に、有政《ゆうせい》に施《ほどこ》すと。是《こ》れ亦《また》政《まつりごと》を為《な》すなり。奚《なん》ぞ其《そ》れ政《まつりごと》を為《な》すことを為《な》さん。

子《し》曰《のたま》わく、人《ひと》にして信《しん》無《な》くんば、其《そ》の可《か》なるを知《し》らざるなり。大車《だいしゃ》輗《げい》無《な》く、小車《しょうしゃ》軏《げつ》無《な》くんば、其《そ》れ何《なに》を以《もっ》て之《これ》を行《や》らんや。

子《し》張《ちょう》問《と》う、十世《じっせい》知《し》るべきや。子《し》曰《のたま》わく、

ようか（人に信がなければ、だれを動かすことができようか）」

○子張が尋ねた。

「十代の先までも知ることができますか」

先師が答えられた。

「殷の礼制は夏を本にして改変したものであり、周は殷の礼制をいくらか改変したものである。このようにして周を継ぐ者があれば、百代の先までも知ることができるだろう」

○先師が言われた。

「自分の先祖でもないのに祭るのは、諂《へつらい》である。正義だと知りながら行わないのは、勇気がないのだ」

殷《いん》は夏《か》の禮《れい》に因《よ》る、損益《そんえき》する所《ところ》知《し》るべきなり。周《しゅう》は殷《いん》の禮《れい》に因《よ》る、損益《そんえき》する所《ところ》知《し》るべきなり。其《そ》れ或《ある》いは周《しゅう》を繼《つ》ぐ者《もの》は、百世《ひゃくせい》と雖《いえど》も知《し》るべきなり。

子《し》曰《のたま》わく、其《そ》の鬼《き》に非《あら》ずして之《これ》を祭《まつ》るは諂《へつらい》なり。義《ぎ》を見《み》て為《な》さざるは勇《ゆう》無《な》きなり。

〇先師が季氏を批評して言われた。

「季氏は家老の身でありながら、先祖の祭りに八佾を以て自分の庭で舞わせている。これを忍ぶことができれば、ほかに忍べないことはないだろう」
※季氏、魯の大夫、最も実力者の季孫氏。
※八佾、佾は列、天子の舞は八列六十四名。諸侯は六列、大夫は四列、士は二列。
〇三家者が、雍の詩を歌ってお供物をさげた。

先師が言われた。

「雍の詩には『諸侯が祭りを助け、天子は其の座にあって威厳を正している』とある。どうして天子で

八佾第三《はちいつだいさん》

孔子《こうし》、季氏《きし》を謂う、八佾《はちいつ》庭《にわ》に舞《ま》わしむ。是《これ》をも忍《しの》ぶべくんば、孰《いず》れをか忍《しの》ぶべからざらんや。

三《さん》家《か》者《しゃ》、雍《よう》を以《もっ》て徹《てつ》す。子《し》曰《のたま》わく、相《たす》くるは維《こ》れ辟公《へきこう》、天子《てんし》穆穆《ぼくぼく》たりと。奚《なん》ぞ三《さん》家《か》の堂《どう》に取《と》らん。

もない大夫の三家の堂で歌えるものであろうか」
※三家、魯の大夫の家、孟孫氏、叔孫氏、季孫氏をいう。
※雍、詩経の周頌の篇。天子の礼に歌う。

○先師が言われた。
「人にもし仁の心がなかったら、形式的な礼がなんになろう。又人にもし仁の心がなかったら、整った音楽を奏してもなんになろう」

○林放（魯の人）が礼の根本を問うた。
先師が言われた。
「大事な質問だね。冠婚などの吉礼は、贅沢よりもむしろ倹約に、葬儀や服喪の凶礼は、形式よりもむしろ心からいたみ

子《し》曰《のたま》わく、人《ひと》にして仁《じん》ならずんば、禮《れい》を如何《いか》にせん。人《ひと》にして仁《じん》ならずんば、樂《がく》を如何《いか》にせん。

林放《りんぼう》禮《れい》の本《もと》を問《と》う。子《し》曰《のたま》わく、大《だい》なるかな問《とい》や。禮《れい》は其《そ》の奢《おご》らんよりは寧《むし》ろ儉《けん》せよ。喪《そう》は其《そ》の易《そなわ》らんよりは寧《むし》ろ戚《いた》めよ。

悲しむようにしなさい」

○先師が言われた。

「夷狄の国に立派な君主があって秩序が保たれているのは、中国で君主がありながら、ないがしろにされて国が乱れているような嘆かわしいものではない」

※夷狄、東夷、西戎南蛮、北狄と呼ばれる周辺の異民族。

※諸夏、中国諸国。

○季氏が身の程も弁えず、泰山の神を祭った。

先師がこれを批評して冉有に言われた。「お前は、季氏が魯公をないがしろにしているのを救い正すことができないのか」冉有は「私にはできません」と答えた。

子《し》曰《のたま》わく、夷《い》狄《てき》の君《きみ》あるは、諸《しょ》夏《か》の亡《な》きが如《ごと》くならざるなり。

季《き》氏《し》泰《たい》山《ざん》に旅《りょ》す。子《し》冉《ぜん》有《ゆう》に謂《い》いて曰《のたま》わく、女《なんじ》救《すく》うこと能《あた》わざるか。對《こた》えて曰《い》わく、能《あた》わず。子《し》曰《のたま》わく、嗚《あ》呼《あ》、曾《すなわ》ち泰《たい》山《ざん》を林《りん》放《ぼう》にも如《し》かずと謂《おも》えるか。

子《し》曰《のたま》わく、君《くん》子《し》は争《あらそ》う所《ところ》無《な》し。必《かなら》ずや

先師が言われた。「ああ、するとお前は、泰山の神が、あの未熟な林放にも及ばないと思うのか」
※旅、諸侯が領内の山の神をまつる祭り。
○先師が言われた。「君子は争わない。争うのは、ただ礼射ぐらいであろうか。互いに会釈《えしゃく》して上り下り、射が終わると互いに酒を飲み交わす。それこそ君子の争いというものだ」
○子夏が尋ねた。『笑えばえくぼが愛くるしく、眼はぱっちりと澄んで、その上に白粉《おしろい》が匂《にお》ってくる』という詩がありますが、何か深い意味がありましょうか」
先師が言われた。

射《しゃ》か。揖譲《ゆうじょう》して升《のぼ》り下《くだ》り、而《しこう》して飲《の》ましむ。其《そ》の争《あらそ》いや君子《くんし》なり。
子夏《しか》問《と》うて曰《い》わく、巧笑倩《こうしょうせん》たり、美目盼《びもくはん》たり、素《そ》以《もっ》て絢《あや》を為《な》すとは、何《なん》の謂《い》いぞや。子《し》曰《のたま》わく、繪《え》の事《こと》は素《しろ》きを後《あと》にす。曰《い》わく、禮《れい》は後《あと》か。子《し》曰《のたま》わく、予《われ》を起《おこ》す者《もの》は商《しょう》なり。始《はじ》めて與《とも》に詩《し》を言《い》うべきのみ。

「絵で言えば、最後に白い胡粉で仕上げをするよ」

子夏は更に尋ねた。

「では礼は心が先で形は後でしょうか」

先師が言われた。

「私の気付かなかった事を教えてくれたのは商（子夏の名）お前だね。はじめて共に詩を語り合えるようになったなあ」

○先師が言われた。
「私は夏の礼の話をよくするが、杞（夏の子孫の国）には、それを証拠だてるものが足りない。殷の礼の話もよくするが、宋（殷の子孫の国）にも証拠だてるものが足りない。それはこれを伝える書物がなく人物もいないからだ。

子《し》曰《のたま》わく、夏《か》の禮《れい》は吾《われ》能《よ》く之《これ》を言《い》えども、杞《き》は徴《しるし》とするに足《た》らざるなり。殷《いん》の禮《れい》は吾《われ》能《よ》く之《これ》を言《い》えども、宋《そう》は徴《しるし》とするに足《た》らざるなり。文獻《ぶんけん》足《た》らざるが故《ゆえ》なり。足《た》らば則《すなわ》ち吾《われ》能《よ》く之《これ》を徴《しるし》とせん。

子《し》曰《のたま》わく、禘《てい》既《すで》に灌《かん》してより往《のち》は、吾《われ》之《これ》を観《み》ることを欲《ほっ》せず。

それらがありさえすれば、私の言うことが正しいと証明することができるのに、甚だ残念だ」

○先師が言われた。

「禘の祭りに於いて、先祖の魂を招く行事を終えてからは、急にだれてくるので、自分はもう見ようとは思わない」

※禘、君主がすべての先祖の位牌を始祖の廟に集めて祀る祭り。

○ある人が、禘の意味を尋ねた。

先師が答えられた。

「私は知らない。もしもその意味を知る者が天下を治めたならば、間違いなくよく治まるよ」とてご自分の掌を指さされた。

○先師は、先祖を祭

或《ある》ひと禘《てい》の説《せつ》を問《と》う。子曰《しのたま》わく、知《し》らざるなり。其《そ》の説《せつ》を知《し》る者《もの》の天下《てんか》に於《お》けるや、其《そ》れ諸《これ》を斯《ここ》に示《み》るが如《ごと》きかと。其《そ》の掌《たなごころ》を指《ゆびさ》す。

祭《まつ》ること在《いま》すが如《ごと》くし、神《かみ》を祭《まつ》ること神《かみ》在《いま》すが如《ごと》くす。子曰《しのたま》わく、吾《われ》祭《まつり》に與《あずか》らざれば、祭《まつ》らざるが如《ごと》し。

るには、先祖が眼の前にいますように、神を祭るには、神が眼の前にいますように心をこめて祭られた。そしてよく言われた。「私は親《みずか》ら祭りに当たらなければ、祭りをしたような気がしない」

〇王孫賈が先師に問いかけた。『奥の神にこびるよりは、むしろかまどの神にこびよ』というのはどういう意味ですか」

　先師が答えられた。「それは正しくありません。罪を天の神に得れば、他のどんな神に祈っても無駄ですよ」

※王孫賈、衛の大夫で、当時の実力者。

※奥、家の西南隅の

王孫賈《おうそんか》問《と》うて曰《い》わく、其《そ》の奥《おう》に媚《こ》びんよりは、寧《むし》ろ竈《そう》に媚《こ》びよとは、何《なん》の謂《い》いぞや。子《し》曰《のたま》わく、然《しか》らず。罪《つみ》を天《てん》に獲《う》れば、禱《いの》る所《ところ》無《な》きなり。

子《し》曰《のたま》わく、周《しゅう》は二代《にだい》に監《かんが》みて、郁郁乎《いくいくこ》として文《ぶん》なるかな。吾《われ》は周《しゅう》に従《したが》わん。

子《し》、大廟《たいびょう》に入《い》りて事《こと》ごとに問《と》う。或《ある》ひ

部屋に祀る神。ここでは暗に霊公をさす。
※竈、王孫賈自身になぞらえる。
○先師が言われた。
「周は夏・殷を手本として、すばらしい文化を創造した。私は、周の文化に従いたい」
○先師がはじめて君主の先祖の廟で祭りにたずさわった時、事《こと》毎《ごと》に先輩に問われた。ある人が「誰が鄹の田舎役人の子をよく礼を弁えていると言ったのか。大廟に入って事毎に問うているではないか」と軽蔑して言った。
　先師はこれを聞いて言われた。

「これこそが礼だ」
○先師が言われた。
「射の主目的は的に

と曰《い》わく、孰《たれ》か鄹人《すうひと》の子《こ》を禮《れい》を知《し》ると謂《い》うや、大《たい》廟《びょう》に入《い》りて事《こと》ごとに問《と》う。子《し》之《これ》を聞《き》きて曰《のたま》わく、是《こ》れ禮《れい》なり。

子《し》曰《のたま》わく、射《しゃ》は皮《かわ》を主《しゅ》とせず。力《ちから》、科《しな》を同《おな》じくせざるが為《ため》なり。古《いにしえ》の道《みち》なり。

子《し》貢《こう》、告朔《こくさく》の餼羊《きよう》を去《さ》らんと欲《ほっ》す。子《し》曰《のたま》わく、賜《し》や、女《なんじ》は其《そ》の羊《ひつじ》を愛《おし》む。我《われ》は其あてることで、的皮を射抜くことではない。人によって能力が違うからである。これが古の射の道である」

○子貢が告朔の礼に生肉の羊をお供えすることをやめるのがよいと思った。

先師が言われた。

「賜（子貢の名）よお前は羊を愛《おし》んでいるのか。私はそれによって礼の心が失われることを愛むよ」

○先師が言われた。

「君に事えるのに礼を尽くすのは当然であるが、世間の人はへつらいだという」

○定公（魯の君主）**が先師に尋ねられた。**

「君が臣を使い、臣が君に事えるのに、どうすればよいか」

の禮《れい》を愛《おし》む。

子《し》曰《のたま》わく、君《きみ》に事《つか》うるに禮《れい》を盡《つく》せば、人《ひと》以《もっ》て諂《へつら》えりと爲《な》すなり。

定《てい》公《こう》問《と》う、君《きみ》臣《しん》を使《つか》い、臣《しん》君《きみ》に事《つか》うること、之《これ》を如《い》何《か》にせん。孔《こう》子《し》對《こた》えて曰《のたま》わく、君《きみ》臣《しん》を使《つか》うに禮《れい》を以《もっ》てし、臣《しん》君《きみ》に事《つか》うるに忠《ちゅう》を以《もっ》てす。

先師が答えられた。

「君は礼を以て臣を使い、臣は忠《まこと》を以て君に事えれば宜しいと思います」

○先師が言われた。

「関雎の詩（詩経周南の詩）は楽しんでも過ぎることなく、哀しみても傷うことがない」

○哀公が宰我に土地の神を祭る社について尋ねられた。

宰我が答えた。

「夏の君は社に松を、殷の君は柏を植えましたが、周の君は栗を植えました。そうしてここで罪人を殺して、その木の名の如く民をおののき恐れさせました」

先師がこれを聞かれて言われた。

子《し》曰《のたま》わく關雎《かんしょ》は樂《たの》しみて淫《いん》せず、哀《かな》しみて傷《やぶ》らず。

哀公《あいこう》、社《しゃ》を宰我《さいが》に問《と》う。宰我《さいが》對《こた》えて曰わく、夏后氏《かこうし》は松《まつ》を以《もっ》てし、殷人《いんひと》は柏《はく》を以《もっ》てし、周人《しゅうひと》は栗《くり》を以《もっ》てす。曰《い》わく、民《たみ》をして戰栗《せんりつ》せしむるなり。子《し》之《これ》を聞《き》きて曰《のたま》わく成事《せいじ》は説《と》かず、遂事《すいじ》は諫《いさ》めず、既往《きおう》は

「すでに出来たことはとやかく言っても始まらない。やってしまったことは、徒《いたずら》に諫めても無駄というものだ。過ぎてしまったことは、とがめても仕方がない」

○先師が言われた。

「管仲の器量は小さいねえ」

ある人が「管仲は生活がつつましいでしょうか」と尋ねた。

先師が答えられた。

「管仲にはよるべき邸宅が三ヶ所もあり、使用人一人一人の役目は兼ねさせず、どうして生活がつつましいと言えようか」

「それでは管仲は礼を弁えているのでしょうか」と尋ねた。

咎《とが》めず。

子《し》曰《のたま》わく、管仲《かんちゅう》の器《き》は小《しょう》なるかな。或《ある》ひと曰《い》わく、管仲《かんちゅう》は儉《けん》なるか。曰《のたま》わく、管《かん》氏《し》に三歸《さんき》あり、官《かん》の事《こと》は攝《か》ねず、焉《いずく》んぞ儉《けん》なるを得《え》ん。然《しか》らば則《すなわ》ち管仲《かんちゅう》は禮《れい》を知《し》るか。曰《のたま》わく、邦君《ほうくん》樹《じゅ》して門《もん》を塞《ふさ》ぐ、管氏《かんし》も亦《また》樹《じゅ》して門《もん》を塞《ふさ》ぐ、邦君《ほうくん》兩君《りょうくん》の好《よしみ》を爲《な》先師が言われた。

「君主は門の内側に衝立を造って邸内が見えないようにしているが、大夫である彼も亦同じようにしていた。君主は他国の君主を招待して酒宴を開くとき献酬の盃をのせる台を用いるが、彼も亦同じようにした。管仲が礼を知っているとすれば、誰が礼を知らないといえようか」

※管仲、斉の桓公の宰相、孔子より百七八十年前の人である。

○先師が魯の楽官長に音楽の演奏について話された。

「演奏の要領は、はじめに盛り上がるような金属打楽器を鳴奏し、次に諸楽器の

すに反坫《はんてん》あり、管氏《かんし》も亦《また》反坫《はんてん》あり。管氏《かんし》にして禮《れい》を知《し》らば、孰《たれ》か禮《れい》を知《し》らざらん。

子《し》、魯《ろ》の大師《たいし》に樂《がく》を語《かた》りて曰《のたま》わく、樂《がく》は其《そ》れ知《し》るべきなり。始《はじ》めて作《おこ》すに翕如《きゅうじょ》たり。之《これ》を縦《はな》ちて純如《じゅんじょ》たり、皦如《きょうじょ》たり、繹如《えきじょ》たり。以《もっ》て成《な》る。

儀《ぎ》の封人《ほうじん》見《まみ》えんことを請《こ》う。曰《い》わく、

参加によって純粋な調和をかもし出す。更に諸楽器の特質を明晰にし、それを連続し展開して終わる」

○衛の国境にある儀の関守が「立派な人物がここに来られたとき、私はまだ一度もお目に掛かれなかったことはありません」というので、お供の者が先師にとりついだ。関守が会見を終えて出て来て、居合せた弟子達に「皆さんは、どうして各地をさまよっていることを気になさることがありましょう。天下に道の行われないのが久しいので天が先生を木鐸として、道を知らせよ

君子《くんし》の斯《ここ》に至《いた》るや、吾《われ》未《いま》だ嘗《かつ》て見《まみ》えることを得《え》ずんばあらざるなり。従者《じゅうしゃ》之《これ》を見《まみ》えしむ。出《い》でて曰《い》わく、二《に》三《さん》子《し》、何《なん》ぞ喪《さまよ》うことを患《うれ》えんや。天下《てんか》の道《みち》無《な》きや久《ひさ》し。天《てん》将《まさ》に夫子《ふうし》を以《もっ》て木鐸《ぼくたく》と為《な》さんとす。

子《し》、韶《しょう》を謂《のたま》わく、美《び》を盡《つく》せり、又《また》善《ぜん》を盡《つく》せり。武《ぶ》を謂《のたま》わく、美《び》を盡《つく》せり、未《いま》だ善《ぜん》を盡《つく》

さざるなり。
子《し》曰《のたま》わく、上《かみ》に居《お》りて寛《かん》ならず、禮《れい》を爲《な》して敬《けい》せず、喪《も》に臨《のぞ》みて哀《かな》しまずんば、吾《われ》何《なに》を以《もっ》てか之《これ》を觀《み》んや。

うとされているのです」と語った。
※木鐸、振子が木の鈴。役人が命令をふれてまわる時に使う。
○先師が堯から平和裏に位を譲られた舜の音楽の「韶」を評されて「美を尽くし又善を尽くしてうるわしい」と言われた。然し殷の紂王を放伐して周の国を建てた武王の音楽「武」は「美を尽くしているがまだ善を尽くしていない」と言われた。
○先師が言われた。「人の上に立って寛容でなく、礼を行っても相手を敬わず、葬儀に参って心から悲しまなければ、何によってその人柄を観て判断することができようか」

里《り》仁《じん》第《だい》四《し》

子《し》曰《のたま》わく、仁《じん》に里《お》るを美《び》と為《な》す。擇《えら》びて仁《じん》に處《お》らずんば、焉《いずく》んぞ知《ち》なるを得《え》ん。

子《し》曰《のたま》わく、不仁《ふじん》者《しゃ》は以《もっ》て久《ひさ》しく約《やく》に處《お》るべからず。以《もっ》て長《なが》く樂《らく》に處《お》るべからず。仁者《じんしゃ》は仁《じん》に安《やす》んじ、知者《ちしゃ》は仁《じん》を利《り》す。

子《し》曰《のたま》わく、唯《ただ》仁者《じんしゃ》のみ能《よ》く人《ひと》を好《この》み、能《よ》

○先師が言われた。
「仁に行いのよりどころを持つのが美わしい。択んで仁によらなければ、どうして知者といえようか」

○先師が言われた。
「不仁の者は長く逆境におることはできない。又長く平安な生活をも続けることができない。仁者は安んじて仁を実践し知者は仁の価値を知って仁を実践する」

○先師が言われた。
「ただ仁者だけが、先入観なく正しく人を愛し、正しく人を悪むことができる」

○**先師が言われた。**
「かりそめにも、仁に志したならば、徒《いたずら》に人を退けたり、拒《こば》んだりすることはない」
※悪、あくと読み、「過失はあっても悪を行うことはない」という説もある。
○**先師が言われた。**
「人は、一般に裕福になり高い地位に登りたいと願うものである。然し正しい人の道によって得なければ、それには満足できない。貧困にはなりたくなく、低い地位にはおりたくないというのが人情である。然し君子は正しい人の道によらないで貧困から逃《のが》れようとはしない。君子は、

く人《ひと》を悪《にく》む。

子《し》曰《のたま》わく苟《いやし》くも仁《じん》に志《こころざ》せば、悪《にく》むこと無《な》きなり。

子《し》曰《のたま》わく富《とみ》と貴《たっとき》とは、是《こ》れ人《ひと》の欲《ほっ》する所《ところ》なり。其《そ》の道《みち》を以《もっ》て之《これ》を得《え》ざれば、処《お》らざるなり。貧《まずしき》と賤《いやしき》とは、是《こ》れ人《ひと》の悪《にく》む所《ところ》なり。其《そ》の道《みち》を以《もっ》て之《これ》を得《え》ざれば、去《さ》

仁の道から離れてどこで有徳の立派な人物だと称えられようか。君子は、食事をする短い間も、あわただしい場合でも、つまずいてひっくりかえるような時でも、必ず仁の道から離れることはない。

○先師が言われた。

「私は、まだ本心から仁を好む者、不仁を悪む者を見たことがない。仁を好む者はその上に付け加えるものはない。又不仁を悪む者は当然仁を行うし、不仁者の悪影響を受けることもない。せめて一日でも、その程度にはなりたいものだ。その日その日を仁に励めばよいのである。

らざるなり。君子《くんし》は仁《じん》を去《さ》りて悪《いず》くにか名《な》を成《な》さん。君子《くんし》は食《しょく》を終《おわ》るの間《あいだ》も、仁《じん》に違《たが》うこと無《な》く、造次《ぞうじ》にも必《かなら》ず是《ここ》に於《おい》てし、顛沛《てんぱい》にも必《かなら》ず是《ここ》に於《おい》てす。

子《し》曰《のたま》わく、我《われ》未《いま》だ仁《じん》を好《この》む者《もの》、不仁《ふじん》を悪《にく》む者《もの》を見《み》ず。仁《じん》を好《この》む者《もの》は以《もっ》て之《これ》に尚《くわ》うる無《な》し。不仁《ふじん》を悪《にく》む者《もの》は、其《そ》れ仁《じん》を為《な》たった一日の辛抱さえできない人はまさかいないだろう。いるかも知れないが、私はそれもできないような人を見たことがない(できるはずだ)」

す。不仁者《ふじんしゃ》をして其《そ》の身《み》に加《くわ》えしめず。能《よ》く一日《いちじつ》も其《そ》の力《ちから》を仁《じん》に用《もち》いること有《あ》らんか、我《われ》未《いま》だ力《ちから》の足《た》らざる者《もの》を見《み》ず。蓋《けだ》し之《こ》れ有《あ》らん、我《われ》は未《いま》だ之《これ》を見《み》ざるなり。

子曰《しのたま》わく、人《ひと》の過《あやまち》や、各《おの》々《おの》其《そ》の黨《とう》に於《おい》てす。過《あやまち》を観《み》て斯《ここ》に仁《じん》を知《し》る。

○先師が言われた。「人の過ちは、それぞれの仲間や心がけから出るものである。従って過ちの内容を観て、その人の仁、不仁がわかるものだ」

○**先師が言われた。**
「朝に人としての真実の道を聞いて悟ることができれば、夕方に死んでも悔いはない」
※世の人がすべて道を聞いて道を行うようになれば、自分はいつ死んでもよいという説もある。
○**先師が言われた。**
「いやしくも道に志す人で粗衣粗食を恥じるようでは、まだ共に語るに足らない」
○**先師が言われた。**
「君子が政治にあたる時には、是非ともこうしなければならないと固執することもなく、絶対にこれはしないと頑張ることもない。ただ道理に従っていくだけだ」

子《し》曰《のたま》わく、朝《あした》に道《みち》を聞《き》けば、夕《ゆうべ》に死《し》すとも可《か》なり。

子《し》曰《のたま》わく、士《し》、道《みち》に志《こころざ》して惡衣《あくい》惡食《あくしょく》を恥《は》ずる者《もの》は、未《いま》だ與《とも》に議《はか》るに足《た》らざるなり。

子《し》曰《のたま》わく、君子《くんし》の天下《てんか》に於《お》けるや、適《てき》も無《な》く莫《ばく》も無《な》し。義《ぎ》に之《こ》れ與《とも》に比《したが》う。

子《し》曰《のたま》わく、君子《くんし》は徳《とく》を懐《おも》い、小人《しょうじん》は土《ど》を

○**先師が言われた。**
「上に立つ者が自分の行いが徳に合することを思うのに対し、民はその土地に安んじて耕作にいそしむことを思う。上に立つ者が法制に適う政治を思うのに対し、民は上からめぐみを与えられることを思う」

○**先師が言われた。**
「自分の利益のみを思って行えば、やがて互いに怨みあうようになることが多い」

○**先師が言われた。**
「礼の根本である譲る心を以て国を治めれば、なんのむずかしいことがあろうか。その譲る心を以て国を治めなければ、礼制が如何に整ってい

懐《おも》う。君子《くんし》は刑《けい》を懐《おも》い、小人《しょうじん》は恵《けい》を懐《おも》う。

子《し》曰《のたま》わく、利《り》に放《よ》りて行《おこな》えば、怨《うらみ》多《おお》し。

子《し》曰《のたま》わく、能《よ》く禮讓《れいじょう》を以《もっ》て國《くに》を為《おさ》めんか、何《なに》か有《あ》らん。能《よ》く禮讓《れいじょう》を以《もっ》て國《くに》を為《おさ》めずんば、禮《れい》を如《い》何《か》にせん。

子《し》曰《のたま》わく、位《くらい》無《な》きを患《うれ》えず、立《た》つ所以《ゆえん》を患《うれ》う。己《おのれ》を知《し》る莫《な》きを患《うれ》えず、知《し》らるべ

ても、どうしようもないであろう」

○先師が言われた。「地位のないのを気にするよりも、なぜ地位が得られないかを考えなさい。自分を認めてくれないことを気にするよりも、どうすれば認められるのかを考えて努力することだ」

○先師が言われた。「参（曾子の名）よ私の道は一つの原理で貫いているよ」

曾先生が「はい」と歯切れよく答えられた。先師は満足げに出て行かれた。他の門人が「どういう意味ですか」と問うた。

曾先生が答えられた。「先生の道は、

きを為《な》すを求《もと》むるなり。

子《し》曰《のたま》わく、參《しん》や、吾《わ》が道《みち》は一《いつ》以《もっ》て之《これ》を貫《つらぬ》く。曾《そう》子《し》曰《い》わく、唯《い》。子《し》出《い》ず。門人《もんじん》問《と》うて曰《い》わく、何《なん》の謂《いい》ぞや。曾《そう》子《し》曰《い》わく、夫子《ふうし》の道《みち》は忠恕《ちゅうじょ》のみ。

子《し》曰《のたま》わく、君子《くんし》は義《ぎ》に喩《さと》り、小人《しょうじん》は利《り》に喩《さと》る。

まごころ（忠）からなるおもいやり（恕）だと思うよ」
○**先師が言われた。**
「君子は、義に敏感であるが、小人は利に敏感である」
○**先師が言われた。**
「知徳兼備の優れた人を見たら、自分もそのようになりたいと思い、つまらない人を見たら、自分はどうかと内省する」
○**先師が言われた。**
「父母にもし間違いがあれば、それとなしにおだやかに諫める。不幸にして聞き入れて貰えなくても、変わらずに敬ってさからうことなく、父母のために骨折っても怨みには思わない」

子《し》曰《のたま》わく、賢《けん》を見《み》ては齊《ひと》しからんことを思《おも》い、不賢《ふけん》を見《み》ては内《うち》に自《みずか》ら省《かえり》みるなり。

子《し》曰《のたま》わく、父《ふ》母《ぼ》に事《つか》えては、幾《ようや》くに諫《いさ》む。志《こころざし》の従《したが》われざるを見《み》ては、又《また》敬《けい》して違《たが》わず、勞《ろう》して怨《うら》みず。

子《し》曰《のたま》わく、父《ふ》母《ぼ》在《いま》せば、遠《とお》く遊《あそ》ばず。遊《あそ》

○先師が言われた。「父母が生きているうちは、あまり遠くへ旅しない方がよい。やむを得ず旅に出たときは、父母に心配をかけないように心掛けることだ」

○先師が言われた。「父が亡くなって三年（喪中）間、父のやり方を変えないようにすれば、孝行な子といえるだろう」

○先師が言われた。「父母の年は、忘れてはならない。一方では達者で長生きしていることを喜び、一方では老い先の短いことを心配する」

○先師が言われた。「昔の人々が、軽々しく口にしなかったのは、実行がなかな

ぶこと必《かなら》ず方《ほう》あり。

子《し》曰《のたま》わく、三《さん》年《ねん》父《ちち》の道《みち》を改《あらた》むる無《な》きは、孝《こう》と謂《い》う可《べ》し。

子《し》曰《のたま》わく、父《ふ》母《ぼ》の年《とし》は、知《し》らざる可《べ》からざるなり。一《いつ》は則《すなわ》ち以《もっ》て喜《よろこ》び、一《いつ》は則《すなわ》ち以《もっ》て懼《おそ》る。

子《し》曰《のたま》わく、古《いにしえ》者言《ことは》を之《こ》れ出《いだ》さざるは、躬《み》

かともなわないことを恥じたからである」
○先師が言われた。
「つつましくして、行き過ぎないように心掛けると、失敗する者は少ない」
○先師が言われた。
「君子は、たとえ口は重くても、行いはきびきびしようと思うものだよ」
○先師が言われた。
「報いを求めず陰徳を積んでいる者は、決して一人ぼっちではない。必ず思わぬところにこれを知る者がいるものだ」
○子游が言った。
「君に事えて、しばしば諫めると、却ってはずかしめられるようになる。友達に

の逮《およ》ばざるを恥《は》ずればなり。
子《し》曰《のたま》わく、約《やく》を以《もっ》て之《これ》を失《うしな》う者《もの》は鮮《すく》なし。
子《し》曰《のたま》わく、君子《くんし》は言《ことば》に訥《とつ》にして、行《おこない》に敏《びん》ならんと欲《ほっ》す。
子《し》曰《のたま》わく、徳《とく》は孤《こ》ならず、必《かなら》ず鄰《となり》有《あ》り。
子《し》游《ゆう》曰《い》わく、君《きみ》に事《つか》うるに數〻《しばしば》すれば、斯《ここ》に辱《はずかし》しめらる。朋友《ほうゆう》に數〻《しばしば》すれば、斯《ここ》に疏《うと》

対してしつこく忠告をすると、嫌われうとんぜられるようになるものだ」

んぜらる。

○先師が、公冶長の人柄を批評して言われた。

「結婚させるにふさわしい立派な人物だ。牢屋につながれたことがあったが、誤解されてのことで本人の罪ではなかった」とて、自分の娘を彼と結婚させられた。

※公冶長、孔子の門人、姓は公冶、名は長。鳥語を解し、その為に誤解されて牢屋に繋がれた。

○先師が南容の人柄を批評して言われた。

「邦に道が行われているときには用いられ、邦に道が行われないときには、刑罰を免れるであろう」とて、兄の娘と結婚させられた。

公冶《こうや》長《ちょう》第五《だいご》

子《し》、公冶長《こうやちょう》を謂《い》う、妻《めあわ》すべきなり。縲絏《るいせつ》の中《なか》に在《あ》りと雖《いえど》も、其《そ》の罪《つみ》に非《あら》ざるなりと。其《そ》の子《こ》を以《もっ》て之《これ》に妻《めあわ》す。

子《し》、南容《なんよう》を謂《い》う、邦《くに》に道《みち》有《あ》れば廃《す》てられず、邦《くに》に道《みち》無《な》ければ刑戮《けいりく》より免《まぬが》れん。其《そ》の兄《あに》の子《こ》を以《もっ》て之《これ》に妻《めあわ》す。

※南容、孔子の門人、姓は南容、名は縚《とう》または括《かつ》、字は子容。

○先師が子賤を批評して言われた。

「こういう人が本当の君子だねえ。魯に成徳の立派な人物がいなかったならば、どうしてこのような立派な人物となり得たであろうか」

※子賤、孔子の門人、姓は宓《ふく》、名は不斉、字は子賤。

○子貢が尋ねた。

「私（賜）はどんな人物でしょうか」

先師が答えられた。

「お前は器である」

子貢は不満そうに尋ねた。

「それではどういう器でしょうか」

先師が答えられた。

子《し》、子賤《しせん》を謂《い》う、君子《くんし》なるかな、若《かくのごと》き人《ひと》。魯《ろ》に君子《くんし》者《しゃ》無《な》くんば、斯《こ》れ焉《いず》くにか斯《これ》を取《と》らん。

子貢《しこう》問《と》うて曰《い》わく、賜《し》や何如《いかん》。子曰《のたま》わく、女《なんじ》は器《き》なり。曰《い》わく、何《なん》の器《き》ぞや。曰《のたま》わく、瑚璉《これん》なり。

或《ある》ひと曰《い》わく、雍《よう》や、仁《じん》にして佞《ねい》ならず。

「祭りに用いる大切な器だねえ」

○ある人が「雍は仁者だが、口下手で人を説き伏せる能力がありませんねえ」と言った。

先師が言われた。

「どうして口達者であることが必要であろうか。人と話し合うのに、その時には人を言いくるめることができても、却って人に憎まれることが多い。雍が仁者であるかどうかは知らないが、仁者はどうして口達者である必要があろうか」

○先師が漆雕開に仕官をすすめられた。

漆雕開が答えて言った。

「私にはまだ仕官す

子《し》曰《のたま》わく、焉《いずく》んぞ佞《ねい》を用《もち》いん。人《ひと》に禦《あた》るに口給《こうきゅう》を以《もっ》てすれば、屢々《しばしば》人《ひと》に憎《にく》まる。其《そ》の仁《じん》を知《し》らず、焉《いずく》んぞ佞《ねい》を用《もち》いん。

子《し》、漆雕開《しっちょうかい》をして仕《つか》えしめんとす。對《こた》えて曰《い》わく、吾《われ》斯《これ》を之《こ》れ未《いま》だ信《しん》ずること能《あた》わず。子《し》説《よろこ》ぶ。

子《し》曰《のたま》わく、道《みち》行《おこな》われず、桴《いかだ》に乗《の》りて海《うみ》に

るだけの自信がございません。今暫く先生の許で勉強させて下さい」

先師は（学へのあつい志を知り）喜ばれた。

○先師が言われた。
「国に道が行われないので、私は桴に乗って海外へ行こうと思う。私に従う者は、由（子路の名）お前だなあ」

子路はこれを開き得意になって喜んだ。

先師が言われた。

「由はたしかに私より勇を好むが、只いかだの材料の調達は、全く考えていないんじゃないか」

○孟武伯が尋ねた。
「子路は仁者でしょうか」

先師が答えられた。

「仁者であるかどう

浮《うか》ばん。我《われ》に従《したが》わん者《もの》は、其《そ》れ由《ゆう》なるか。子路《しろ》之《これ》を聞《き》きて喜《よろこ》ぶ。子曰《しのたま》わく、由《ゆう》や勇《ゆう》を好《この》むこと我《われ》に過《す》ぎたり。材《ざい》を取《と》る所《ところ》無《な》からん。

孟武伯《もうぶはく》問《と》う、子路《しろ》仁《じん》なりや。子曰《しのたま》わく、知《し》らざるなり。又《また》問《と》う。子曰《しのたま》わく、由《ゆう》や、千乘《せんじょう》の國《くに》、其《そ》の賦《ふ》を治《おさ》めしむべきなり。

か分かりません」

また同じことを重ねて尋ねた。

先師が言われた。

「由は千乗の国の軍事を司らせるだけの能力はありましょう。然し仁者であるかどうか分かりません」

孟武伯は次に「求（冉有の名）はどうでしょうか」と尋ねた。

先師は答えられた。

「求は千戸の邑か百乗の家の執事なら十分任務を果せましょう。然し仁者であるかどうか分かりません」

更に「赤（公西華の名）はどうでしょうか」と尋ねた。

先師が言われた。

「赤は正装して朝廷に於いて、来客の応待をさせることはでき

其《そ》の仁《じん》を知《し》らざるなり。求《きゅう》や何如《いかん》。子《し》曰《のたま》わく、求《きゅう》や、千室《せんしつ》の邑《ゆう》、百乗《ひゃくじょう》の家《いえ》、之《これ》が宰《さい》たらしむべきなり。其《そ》の仁《じん》を知《し》らざるなり。赤《せき》や何如《いかん》。子《し》曰《のたま》わく、赤《せき》や束帯《そくたい》して朝《ちょう》に立《た》ち賓客《ひんきゃく》と言《い》わしむべきなり。其《そ》の仁《じん》を知《し》らざるなり。

子《し》、子貢《しこう》に謂《い》いて曰《のたま》わく、女《なんじ》と回《かい》と孰《いず》れ

ます。然し仁者であるかどうか分かりません」

○先師が子貢に話しかけられた。

「お前と顔回とどちらが勝れていると思うかね」

子貢が答えた。「私がどうして回と肩を並べることができましょうか。回は一を聞いて十（全体）を知りますが、私は一を聞いて、せいぜい二を知る程度でございます」

先師が言われた。

「回には及ばないねえ。実は私もお前と同じように及ばないと思っているよ」

○宰予がだらしなく昼寝をしていた。

先師が言われた。

か愈《まさ》れる。對《こた》えて曰《い》わく、賜《し》や何《なん》ぞ敢《あえ》て回《かい》を望《のぞ》まん。回《かい》や一《いち》を聞《き》いて以《もっ》て十《じゅう》を知《し》る。賜《し》や一《いち》を聞《き》いて以《もっ》て二《に》を知《し》る。子《し》曰《のたま》わく、如《し》かざるなり。吾《われ》と女《なんじ》と如《し》かざるなり。

宰予《さいよ》晝寝《ひるい》ぬ。子《し》曰《のたま》わく、朽木《きゅうぼく》は雕《ほ》るべからず。糞土《ふんど》の牆《しょう》は杇《ぬ》るべからず。予《よ》に

「腐った木には彫刻することはできない。ぼろぼろの土の垣根にはうわぬりをしても駄目だ。そんな怠惰なお前をどうして責めようか。責めても仕方のないことだ」

先師は又言われた。

「私は今までは、人の言葉を聞いてその人の行いを信じた。だが今は、その人の言葉を聞いても、その行いを見てから信じるようにしよう。お前によって人の見方を変えたからだよ」

※宰予、姓は宰、名は予、字は子我、弁舌のすぐれた人。

○先師が言われた。

「私はまだ本当に剛《つよ》い人に会ったことがない」

於《おい》てか何《なん》ぞ誅《せ》めん。子《し》曰《のたま》わく、始《はじ》め吾人《われひと》に於《お》けるや、其《そ》の言《ことば》を聴《き》きて其《そ》の行《おこない》を信《しん》ず。今《いま》吾《われ》人《ひと》に於《お》けるや、其《そ》の言《ことば》を聴《き》きて其《そ》の行《おこない》を観《み》る。予《よ》に於《おい》てか是《これ》を改《あらた》む。或《ある》ひと對《こた》えて曰《い》わく、申棖《しんとう》と。子《し》曰《のたま》わく、吾《われ》未《いま》だ剛《ごう》なる者《もの》を見《み》ず。子《し》曰《のたま》わく、棖《とう》や慾《よく》あり。焉《いずく》んぞ剛《ごう》なるを得《え》ん。

ある人がこれに対して「申棖（孔子の門人）がいるではありませんか」と言った。

先師が言われた。「棖は欲が深い。どうして本当に剛い人と言えようか」

○子貢が言った。「私は、人が自分に無理をおしつけてくることを望まないので、人にも無理をおしつけることのないようにしたいと思います」

先師が言われた。「賜よ、今のお前にはまだ出来ることではないね」

○子貢が言った。「先生の詩書礼楽や国の制度等についてはいつでも聞くことはできるが、人の本

子貢《しこう》曰《い》わく、我《われ》人《ひと》の諸《これ》を我《われ》に加《くわ》うることを欲《ほっ》せざれば、吾《われ》も亦《また》諸《これ》を人《ひと》に加《くわ》うること無《な》からんと欲《ほっ》す。子《し》曰《のたま》わく、賜《し》や爾《なんじ》が及《およ》ぶ所《ところ》に非《あら》ざるなり。

子貢《しこう》曰《い》わく、夫子《ふうし》の文章《ぶんしょう》は得《え》て聞《き》くべきなり。夫子《ふうし》の性《せい》と天道《てんどう》とを言《い》うは、得《え》て聞《き》くべからざるなり。

質や宇宙の原理などのお話は聞くことができない」
○子路は、一つの善言を聞いて、まだそれを行うことができないうちは、更に新しい善言を聞くことを恐れた。
○子貢が尋ねた。「孔文子（衛の大夫）は何故に諡《おくりな》を文というのでしょうか」
先師が答えられた。「天性が明敏であって学問を好み、目下の者にもへり下って尋ねることを恥じなかった。それで文と諡されたのだ」
○先師が子産（鄭の名大夫）**のことを評して言われた。**「為政者の守るべき道が四つある。第一

子《し》路《ろ》、聞《き》くこと有《あ》りて、未《いま》だ之《これ》を行《おこな》うことを能《あた》わざれば、唯《ただ》聞《き》く有《あ》らんことを恐《おそ》る。

子《し》貢《こう》問《と》うて曰《い》わく、孔《こう》文《ぶん》子《し》は何《なに》を以《もっ》て之《これ》を文《ぶん》と謂《い》うや。子《し》曰《のたま》わく、敏《びん》にして学《がく》を好《この》み、下《か》問《もん》を恥《は》じず、是《ここ》を以《もっ》て之《これ》を文《ぶん》と謂《い》うなり。

子《し》、子《し》産《さん》を謂《い》う。君《くん》子《し》の道《みち》四《よっ》つ有《あ》り。其《そ》

は、自分の身の振舞いをうやうやしくすること。第二は、上に事えては慎み敬うこと。第三は、民を養うには、慈しみ且つ恵み深いこと。第四は民を使うには、道義に適って公正であること。これらを実践されたのが子産である」

○先師が言われた。

「晏平仲は交際の道をよく心得ていた。久しく交わっても、益々人は彼を敬った」

※一説、久しく交わっている人をも、敬って変らなかった。

※晏平仲、斉の名大夫。晏は姓、嬰は名、仲は字、平は諡。

○先師が言われた。

「臧文仲（魯の大夫）は、国の吉凶を占う

の己《おのれ》を行《おこな》うや恭《きょう》、其《そ》の上《かみ》に事《つか》うるや敬《けい》、其《そ》の民《たみ》を養《やしな》うや恵《けい》、其《そ》の民《たみ》を使《つか》うや義《ぎ》。

子《し》曰《のたま》わく、晏《あん》平《ぺい》仲《ちゅう》善《よ》く人《ひと》と交《まじ》わる。久《ひさ》しくして人《ひと》之《これ》を敬《けい》す。

子《し》曰《のたま》わく、臧《ぞう》文《ぶん》仲《ちゅう》蔡《さい》を居《お》く、節《せつ》を山《やま》にし、梲《せつ》を藻《も》にす。何《い》如《かん》ぞ其《そ》れ知《ち》ならん。

子《し》張《ちょう》問《と》うて曰《い》わく、令《れい》尹《いん》子《し》文《ぶん》三《み》たび仕《つか》

大亀を持ち、柱の上の枡型《ますがた》に山をほり、梁の上の短い柱に藻を描いている。（これは天子の宗廟の飾りであるべきなのにおかまいなしにやっている）どうして知者と言えようか」

○子張が先師に尋ねた。

「令尹（楚の宰相名）の子文は、三度仕えて令尹となったが喜ぶ様子がありませんでした。又三度やめさせられても怨む様子はなく、必ず政務の引継ぎを丁寧にしました。人物としてはどうでしょうか」

先師が答えられた。

「職務に忠実で私心のない人だ」

子張が「それでは

えて令尹《れいいん》と為《な》れども喜《よろこ》ぶ色無《いろな》し。三《み》たび之《これ》を已《や》められども慍《うら》む色無《いろな》し。舊《きゅう》令尹《れいいん》の政《まつりごと》必《かなら》ず以《もっ》て新令尹《しんれいいん》に告《つ》ぐ。何如《いかん》。し子曰《のたま》わく、忠《ちゅう》なり。曰《い》わく仁《じん》なりや。曰《のたま》わく、未《いま》だ知《し》らず、焉《いずく》んぞ仁《じん》なるを得《え》ん。崔子《さいし》、齊《せい》の君《きみ》を弑《しい》す。陳文子《ちんぶんし》馬十乗《うまじゅうじょう》有《あ》り、棄《す》てて之《これ》を違《さ》る。他《た》邦《ほう》に至《いた》りて則《すなわ》ち曰《い》仁者でしょうか」と重ねて尋ねた。

先師が答えられた。

「まだよく分らないが、どうしてそれだけで仁者ということができようか」

「崔子（斉の大夫）が斉の君を殺した時、陳文子（斉の大夫）は、馬車十乗（一乗は馬四匹）を持つ財産家でありましたが、これを棄てて他国へ行きました。その国へ行ってみても矢張り崔子のような大夫がいたので、去って別の国へ行きました。そこでも崔子みたいな大夫がいたので去りました。こんな人物はどうでしょうか」と尋ねた。

先師が言われた。


わく、猶《なお》吾《わ》が大夫《たいふ》崔子《さいし》がごときなりと。之《これ》を違《さ》る。一邦《いっぽう》に至《いた》りて則《すなわ》ち又《また》曰《い》わく、猶《なお》吾《わ》が大夫《たいふ》崔子《さいし》がごときなりと。之《これ》を違《さ》る。何如《いかん》。子《し》曰《のたま》わく、清《せい》なり。曰《い》わく、仁《じん》なりや。曰《のたま》わく、未《いま》だ知《し》らず、焉《いずく》んぞ仁《じん》なるを得《え》ん。

季文子《きぶんし》、三《み》たび思《おも》うて而《しか》る後《のち》に行《おこな》う。

「心の清い人だ」

子張は「それでは仁者でしょうか」と尋ねた。

先師が答えられた。

「それは分からないが、それだけで、どうして仁者ということができようか」
○季文子（魯の大夫）は、三度慎重に考えて後に行った。
先師がこれを聞いて言われた。

「二回も考えれば充分だろう」
○先師が言われた。
「甯武子は、国に道が行われている時には、知者としてその才能を発揮したが、国に道が行われない時には控え目にして愚者のようであった。その知者ぶりには及

子《し》、之《これ》を聞《き》きて曰《のたま》わく、再《ふたた》びせば斯《こ》れ可《か》なり。

子《し》曰《のたま》わく、甯《ねい》武《ぶ》子《し》、邦《くに》に道《みち》有《あ》るときは則《すなわ》ち知《ち》なり。邦《くに》に道《みち》無《な》きときは則《すなわ》ち愚《ぐ》なり。其《そ》の知《ち》は及《およ》ぶべきなり。其《そ》の愚《ぐ》は及《およ》ぶべからざるなり。

子《し》、陳《ちん》に在《あ》りて曰《のたま》わく、歸《かえ》らんか、歸《かえ》らん

ぶことができても、その愚者ぶりには及ぶことができない」
○先師が陳におられた時に言われた。
「帰るとしようか、帰るとしようか。わが郷里の若者達は志は大きくても、行いが大ざっぱである。うるわしい文様を織りなしているが、これを裁って衣服に仕上げる方法を知らない。これから帰って彼等を教育しよう」
※陳、河南省中部にあった国。
○先師が言われた。
「伯夷、叔斉は、旧い悪事を永く根に持つことがなかった。だから人から怨みを受けることは少なかった」
※伯夷、叔斉、殷末

か。吾《わ》が黨《とう》の小子《しょうし》、狂簡《きょうかん》斐然《ひぜん》として章《しょう》を成《な》す。之《これ》を裁《さい》する所以《ゆえん》を知《し》らざるなり。

子《し》曰《のたま》わく、伯夷《はくい》・叔齊《しゅくせい》は舊惡《きゅうあく》を念《おも》わず。怨《うらみ》是《ここ》を用《もっ》て希《まれ》なり。

子《し》曰《のたま》わく、孰《たれ》か微生高《びせいこう》を直《ちょく》なりと謂《い》うや。或《ある》ひと醯《す》を乞《こ》う。諸《これ》を其《そ》の鄰《となり》に乞《こ》うて之《これ》を與《あた》う。

の孤竹君の子。兄が伯夷、弟が叔斉。
○先師が言われた。「誰が微生高を正直者というのだ。彼はある人に酢を無心され、それを隣から貰って与えたというではないか」（これを虚栄の為と見られたからであろう）
○先師が言われた。「言葉たくみに、顔色をやわらげて人の機嫌をとり、度をこしてうやうやしく振舞うのを左丘明は恥じたが、私も恥じる。怨みをかくして、友として親しく交わるのを左丘明は恥じたが、私もまた恥じる」
※左丘明、孔子の尊敬する先輩か、古代の有徳の人か不明。

子《し》曰《のたま》わく、巧言《こうげん》令色《れいしょく》、足恭《すうきょう》なるは、左丘明《さきゅうめい》之《これ》を恥《は》ず、丘《きゅう》も亦《また》之《これ》を恥《は》ず。怨《うらみ》を匿《かく》して其《そ》の人《ひと》を友《とも》とするは、左丘明《さきゅうめい》之《これ》を恥《は》ず、丘《きゅう》も亦《また》之《これ》を恥《は》ず。

顔淵《がんえん》、季路《きろ》侍《じ》す。子《し》曰《のたま》わく、盍《なん》ぞ各々《おのおの》爾《なんじ》の志《こころざし》を言《い》わざる。子路《しろ》曰《い》わく、願《ねが》わくは車馬《しゃば》衣《い》軽裘《けいきゅう》朋友《ほうゆう》と共《とも》にし、之《これ》を敝《やぶ》りて

○顔淵と季路（子路）が先師のそばに侍っていた。
先師が話しかけられた。

「どうだ、めいめい自分の理想を話し合ってみないかね」

子路が言った。

「立派な馬や車、衣服や毛皮を友と共に使って、やぶれても惜しいと思わないようにありたいものです」

顔淵が言った。

「善い行いをしても人にほこることなく、骨の折れる事を人におしつけることのないようにありたいものです」

子路が先師に「先生のお志もお伺いしたいものですね」と言った。


も憾《うら》むこと無《な》からん。顔淵《がんえん》曰《い》わく、願《ねが》わくは善《ぜん》に伐《ほこ》ること無《な》く、労《ろう》を施《ほどこ》すこと無《な》からん。子《し》路《ろ》曰《い》わく、願《ねが》わくは子《し》の志《こころざし》を聞《き》かん。子《し》曰《のたま》わく、老者《ろうしゃ》は之《これ》を安《やす》んじ朋《ほう》友《ゆう》は之《これ》を信《しん》じ、少者《しょうしゃ》は之《これ》を懐《なつ》けん。子《し》曰《のたま》わく、已《や》んぬるかな。吾《われ》未《いま》だ能《よ》く其《そ》の過《あやまち》を見《み》て内《うち》に自《みずか》ら訟《せ》むる者《もの》を見《み》ざ先師が言われた。
「年寄り達の心を安らかにし、友達とは信をもって交わり、若者には、親しみなつかれるような人間になりたいね」

○**先師が言われた。**
「なんともしょうがない世の中だなあ。私は、まだ、自分のあやまちを認めて心の底から自分を責める人を見ない」

○**先師が言われた。**
「十軒程の小さな村にも、必ず私ぐらいのまことの人はいるだろう。然し私の学を好むのに及ぶ人はいない」

るなり。

子《し》曰《のたま》わく、十室《じっしつ》の邑《ゆう》、必《かなら》ず忠信《ちゅうしん》丘《きゅう》が如《ごと》き者《もの》有《あ》らん。丘《きゅう》の學《がく》を好《この》むに如《し》かざるなり。

○先師が言われた。
「雍は人物が立派で、諸侯として政治を執らせることができる」
※雍、孔子の門人。姓は冉、名は雍、字は仲弓。

○仲弓が子桑伯子の人物について尋ねた。
先師が答えられた。

「まあよい人物だね、大まかでこせこせしないところがある」

仲弓が更に尋ねた。

「身をつつしみ心を引きしめて、大まかな態度で民に臨んだならば、更によいのではないでしょうか。大ざっぱな性格で大まかに振舞うのは、大まか過ぎはしませんか」

先師が言われた。

「雍の言葉はもっと

雍也第六《ようやだいろく》

子《し》曰《のたま》わく、雍《よう》や南面《なんめん》せしむべし。

仲弓《ちゅうきゅう》、子桑伯子《しそうはくし》を問《と》う。子《し》曰《のたま》わく、可《か》なり。簡《かん》なり。仲弓《ちゅうきゅう》曰《い》わく、敬《けい》に居《い》て簡《かん》を行《おこな》い、以《もっ》て其《そ》の民《たみ》に臨《のぞ》まば、亦《また》可《か》ならずや。簡《かん》に居《い》て簡《かん》を行《おこな》うは、乃《すなわ》ち大簡《たいかん》なること無《な》からんや。子《し》曰《のたま》わく、雍《よう》の言《げん》然《しか》り。

もだ」
○**哀公**（魯の君主）が「弟子の中で誰が本当に学を好むと思うか」と尋ねられた。
先師が答えられた。「顔回というものがおりました。彼は怒りを自分に関係のない者にまでうつさず、過ちを二度と繰り返しませんでした。しかし不幸にも若死にをして、もうこの世には居りません。それからは、本当に学を好む者はいないようでございます」
○**子華が斉へ使者として行くことになった。**
冉先生が子華の母の為に米を請うた。

先師が言われた。「釜を与えなさい」


哀公《あいこう》問《と》う、弟子《ていし》孰《たれ》か學《がく》を好《この》むと爲《な》す。

孔子《こうし》對《こた》えて曰《のたま》わく、顏回《がんかい》なる者《もの》有《あ》り、學《がく》を好《この》めり。怒《いかり》を遷《うつ》さず、過《あやまち》を貳《ふた》たびせず。不幸《ふこう》短命《たんめい》にして死《し》せり。今《いま》や則《すなわ》ち亡《な》し。未《いま》だ學《がく》を好《この》む者《もの》を聞《き》かざるなり。

子華《しか》齊《せい》に使《つかい》す。冉子《ぜんし》其《そ》の母《はは》の爲《ため》に粟《ぞく》を請《こ》う。子《し》曰《のたま》わく、之《これ》に釜《ふ》を與《あた》えよ。益《ま》冉先生は、もう少し増してやって下さいとお願いした。

先師が言われた。

「それでは庾を与えなさい」

冉先生は独断で、米五秉を与えた。

後に先師がこの事を聞いて言われた。

「赤（子華の名）が斉へ行く時には、肥えた良馬に乗り、上等の軽い皮衣を着て行った。私はかつて『君子は、貧しい者にはその不足を補ってやるが、裕福な者には継ぎ足しをしないものだ』と聞いたことがある」

○原思が先師の領邑の宰領になった時、先師は米九百を与えられた。清廉な原思

さんことを請《こ》う。曰《のたま》わく、之《これ》に庾《ゆ》を與《あた》えよ。冉子《ぜんし》、之《これ》に粟五秉《ぞくごへい》を與《あた》う。子曰《しのたま》わく、赤《せき》の齊《せい》に適《ゆ》くや、肥馬《ひば》に乘《の》りて輕裘《けいきゅう》を衣《き》たり。吾《われ》之《これ》を聞《き》く、君子《くんし》は急《とぼ》しきを周《すく》うて富《と》めるに繼《つ》がず、と。

原思《げんし》、之《これ》が宰《さい》たり。之《これ》に粟九百《ぞくきゅうひゃく》を與《あた》う。辭《じ》す。子曰《しのたま》わく、毋《な》かれ、以《もっ》て爾《なんじ》が隣里郷《りんりきょう》

は多過ぎると思ってことわった。

先師が言われた。

「遠慮しなさるな。若し多過ぎるようなら、お前の隣近所に分けてやればよいではないか」
※原思、門人、姓は原、名は憲、字は子思、清貧に安んじた。

○先師が仲弓（冉雍）**を評して言われた。**
「まだら牛の子でも、赤毛でよい角があれば、犠牲として神にお供えすまいと思っても、神はすててはおかないだろう」
※これは仲弓の父は如何にあろうとも、お前が立派であれば、気にすることはないよと励まされているのである。

黨《とう》に與《あた》えんか。

子《し》、仲弓《ちゅうきゅう》を謂《い》いて曰《のたま》わく、犂牛《りぎゅう》の子《こ》、騂《あか》くして且《か》つ角《つの》あらば、用《もち》うること勿《な》からんと欲《ほっ》すと雖《いえど》も、山川《さんせん》其《そ》れ諸《これ》を舎《す》てんや。

子《し》曰《のたま》わく、回《かい》や其《そ》の心《こころ》三月《さんがつ》仁《じん》に違《たが》わず。其《そ》の餘《よ》は則《すなわ》ち日《ひ》に月《つき》に至《いた》るのみ。

季康子《きこうし》問《と》う、仲由《ちゅうゆう》は政《まつりごと》に従《したが》わしむべき

○**先師が言われた。**「顔回は、その心が三ヶ月も仁に違うことはないが、他の者は一日かせいぜい一ヶ月続く程度だ」

○**季康子が尋ねた。**「仲由（子路）は政治に当たらせることができましょうか」

先師が答えられた。「由は決断力があります。政治に当たるのに問題はありません」

「賜（子貢）は、どうでしょうか」

先師が答えられた。「賜は何事にも通達しています。政治に当たるのに問題はありません」

「求（冉有）はどうでしょうか」

先師が答えられた。「求は多芸多能です。

か。子曰《のたま》わく、由《ゆう》や果《か》なり。政《まつりごと》に従《したが》うに於《お》いて何《なに》か有《あ》らん。曰《い》わく、賜《し》は政《まつりごと》に従《したが》わしむべきか。曰《のたま》わく賜《し》や達《たつ》なり。政《まつりごと》に従《したが》うに於《お》いて何《なに》か有《あ》らん。曰《い》わく求《きゅう》は政《まつりごと》に従《したが》わしむべきか。曰《のたま》わく求《きゅう》や藝《げい》あり。政《まつりごと》に従《したが》うに於《お》いて何《なに》か有《あ》らん。

季《き》氏《し》閔《びん》子《し》騫《けん》をして費《ひ》の宰《さい》たらしめん

政治に当たるのには問題ありません」

○季氏（魯の大夫）**が閔子騫を費の代官にしようとした。**

閔子騫が、その使者に向かって言った。「私の為に断って下さい。若しも再び私をお召しになるようなことがあれば、私は必ず汶水のほとりにかくれるでしょう」

○伯牛が不治の病にかかった。先師が見舞いに行かれて、窓から手を取り、なげいて言われた。

「惜しい人がなくなる。天命かなあ。それにしてもこのような立派な人物がこのような疾にかかるとは。このような立派な人物がこのような疾に

とす。閔《びん》子《し》騫《けん》曰《い》わく、善《よ》く我《わ》が爲《ため》に辭《じ》せよ。如《も》し我《われ》を復《また》する者《もの》あらば則《すなわ》ち吾《われ》は必《かなら》ず汶《ぶん》の上《ほとり》に在《あ》らん。

伯牛《はくぎゅう》疾《しつ》有《あ》り。子《し》、之《これ》を問《と》う。牖《まど》より其《そ》の手《て》を執《と》りて曰《のたま》わく、之《これ》を亡《ほろ》ぼせり、命《めい》なるかな。斯《こ》の人《ひと》にして而《しか》も斯《こ》の疾《やまい》あるや、斯《こ》の人《ひと》にして而《しか》も斯《こ》の疾《やまい》あるや。

かかるとは」
※伯牛、徳行の高い門人。姓は冉、名は耕、字は伯牛。

○先師が言われた。

「顔回は、なんと立派な人物だろう。一膳の飯と一椀の汁物しかない貧しい長屋暮しをしておれば、たいていの人は、その苦しみに堪えられないものだが、回はそんな苦境にあっても楽しんで道を行って変わることがない。なんと立派な人物なんだろう回は」

※箪、竹であんだ飯《めし》を盛る器。瓢、ひさごを半分に割った汁入。

○冉求が言った。

「先生の説かれる道を喜ばないわけではありません。ただ何

子《し》曰《のたま》わく、賢《けん》なるかな回《かい》や。一《いっ》箪《たん》の食《し》、一《いっ》瓢《ぴょう》の飲《いん》、陋巷《ろうこう》に在《あ》り。人《ひと》は其《そ》の憂《うれい》に堪《た》えず、回《かい》や其《そ》の樂《たの》しみを改《あらた》めず。賢《けん》なるかな回《かい》や。

冉《ぜん》求《きゅう》曰《い》わく、子《し》の道《みち》を説《よろこ》ばざるに非《あら》ず、力《ちから》足《た》らざればなり。子《し》曰《のたま》わく、力《ちから》足《た》らざる者《もの》は中道《ちゅうどう》にして廢《はい》す。今《いま》女《なんじ》は畫《かぎ》れり。

分にも私の力が足りないので行うことが出来ません」

先師が言われた。

「力が足りないかどうかは、力の限り努力してみなければ分からない。力の足らない者は中途でたおれるまでのことだ。今お前は、はじめから見切りをつけてやろうとしない。それではどうにも仕方がない」

○先師が、子夏に向かって言われた。

「お前は君子の儒となれ、小人の儒となるではないぞ」

※君子の儒、真実に道を求めて学ぶ人。小人の儒、単に知識を究めて立身出世を求めるような人。

子《し》、子夏《しか》に謂《い》いて曰《のたま》わく、女《なんじ》君子《くんし》の儒《じゅ》と為《な》れ、小人《しょうじん》の儒《じゅ》と為《な》る無《な》かれ。

子《し》游《ゆう》、武城《ぶじょう》の宰《さい》たり。子《し》曰《のたま》わく、女《なんじ》人《ひと》を得《え》たりや。曰《い》わく、澹臺滅明《たんだいめつめい》なる者《もの》あり。行《い》くに徑《こみち》に由《よ》らず、公事《こうじ》に非《あら》ざれば、未《いま》だ嘗《かつ》て偃《えん》の室《しつ》に至《いた》らざるなり。

子《し》曰《のたま》わく、孟之反《もうしはん》伐《ほこ》らず。奔《はし》りて殿《でん》す。

○子游が武城の代官であった時、先師は「お前はすばらしい人物を見つけたかね」と尋ねられた。
子游が答えた。
「澹臺滅明という者がおります。彼は決してこそこそと小径は行きません。公事でなければ、まだ一度も私の部屋にはいって来たことがございません」
○先師が言われた。
「孟之反（魯の大夫）は自《みずか》ら功をほこらない人だ。戦に負けて逃げ帰った時、味方を守ってしんがりをつとめた。いよいよ門に入ろうとして馬にむち打って言った。「殊更に後れたのではない。馬が進まな

将《まさ》に門《もん》に入《い》らんとして、其《そ》の馬《うま》に策《むち》ちて曰《い》わく、敢《あえ》て後《おく》るるに非《あら》ざるなり。馬《うま》進《すす》まざるなり。

子《し》曰《のたま》わく、祝《しゅく》鮀《だ》の佞《ねい》あらずして宋朝《そうちょう》の美《び》あるは、難《かた》いかな、今《いま》の世《よ》に免《まぬが》れんこと。

子《し》曰《のたま》わく、誰《たれ》か能《よ》く出《い》ずるに戸《と》に由《よ》らざらん。何《なん》ぞ斯《こ》の道《みち》に由《よ》ること莫《な》きや。

かったからだ」
○先師が言われた。「祝鮀（衛の大夫）のように口がうまく、宋朝（宋の公子）ほどの美男でないと、今の世では、無事につとまらないねえ」
○先師が言われた。「誰でも家を出るのに戸口を通らない者があろうか。しかるにどうして人は、人として最も大切な道を通ろうとしないのだろうか」
○先師が言われた。「質が文に勝てば野《や》人肌である。文が質に勝てば記録係のようだ。文と質とがうまく均整がとれてこそ君子と言える」
○先師が言われた。「元来人はまっすぐ

子《し》曰《のたま》わく、質《しつ》、文《ぶん》に勝《か》てば則《すなわ》ち野《や》。文《ぶん》、質《しつ》に勝《か》てば則《すなわ》ち史《し》。文質彬彬《ぶんしつひんぴん》として然《しか》る後《のち》に君子《くんし》なり。

子《し》曰《のたま》わく、人《ひと》の生《い》くるや直《なお》し。之《これ》を罔《し》いて生《い》くるや、幸《さいわい》にして免《まぬが》るるなり。

子《し》曰《のたま》わく、之《これ》を知《し》る者《もの》は、之《これ》を好《この》む者《もの》に如《し》かず。之《これ》を好《この》む者《もの》は、之《これ》を樂《たの》しむ者《もの》に

なものだ。それを曲げて生きているのは、幸いに天罰を免れているに過ぎない」
○先師が言われた。
「知る者は、好んでやる者には及ばない。好んでやる者は、楽しんでやる者には及ばない」
○先師が言われた。
「中以上の人には、高遠な哲理を説いても理解されるが、そうでない人には、難しい」
○樊遅が知について尋ねた。
先師が答えられた。

「民として正しい道を履み行い、神を敬うが遠ざけて頼らない。これを知というのだ」

更に仁について尋

如《し》かず。

子曰《しのたま》わく、中人《ちゅうじん》以上《いじょう》には、以《もっ》て上《かみ》を語《かた》るべきなり。中人《ちゅうじん》以下《いか》には、以《もっ》て上《かみ》を語《かた》るべからざるなり。

樊遅《はんち》、知《ち》を問《と》う。子曰《しのたま》わく、民《たみ》の義《ぎ》を務《つと》め、鬼神《きしん》を敬《けい》して之《これ》を遠《とお》ざく、知《ち》と謂《い》うべし。仁《じん》を問《と》う。曰《のたま》わく、仁者《じんしゃ》は難《かた》きを先《さき》ねた。
　先師が答えられた。
「仁者は、労苦を先にして利得を後にする。これが仁というものだ」
※樊遲、姓は樊、名は須、字は子遲。
○**先師が言われた。**
「知者は水を楽しみ、仁者は山を楽しむ。知者は活動的であり、仁者は静寂である。知者は変化を楽しみ、仁者は永遠の中に安住する」
○**先師が言われた。**
「斉が一寸変れば、今の魯のようになり、魯が一寸変れば、道の行われるうるわしい国になるであろう」
○**先師が言われた。**
「元来角のあるのが觚であるが、今は角

にして獲《う》ることを後《あと》にす、仁《じん》と謂《い》うべし。

子《し》曰《のたま》わく、知者《ちしゃ》は水《みず》を樂《たの》しみ、仁者《じんしゃ》は山《やま》を樂《たの》しむ。知者《ちしゃ》は動《うご》き、仁者《じんしゃ》は靜《しず》かなり。知者《ちしゃ》は樂《たの》しみ、仁者《じんしゃ》は壽《いのちなが》し。

子《し》曰《のたま》わく、齊《せい》一《いっ》變《ぺん》せば魯《ろ》に至《いた》らん。魯《ろ》一《いっ》變《ぺん》せば道《みち》に至《いた》らん。

子《し》曰《のたま》わく、觚《こ》觚《こ》ならず。觚《こ》ならんや、觚《こ》

がとれて円くなった。角のない觚が觚であろうか。角のない觚が觚であろうか」
※礼制の乱れを歎かれたものであろう。
○宰我が尋ねた。「仁者は、井戸に人が落ちこんだと知らされたら、すぐに行って井戸にはいるでしょうか」
先師が言われた。「どうしてそのようにするであろうか。君子（宰我のいう仁者と同じ）は、井戸まで行かせることはできても、おとしいれることはできない。人情に訴えてだますことはできても、正しい判断力までくらませることはできないよ」

ならんや。

宰我《さいが》問《と》うて曰《い》わく、仁者《じんしゃ》は之《これ》に告《つ》げて、井《せい》に仁《じん》ありと曰《い》うと雖《いえど》も、其《そ》れ之《これ》に從《したが》わんや。子《し》曰《のたま》わく、何爲《なんす》れぞ其《そ》れ然《しか》らん。君子《くんし》は逝《ゆ》かしむべきも、陷《おとしい》るべからざるなり。欺《あざむ》くべきも罔《し》うべからざるなり。

子《し》曰《のたま》わく、君子《くんし》は博《ひろ》く文《ぶん》を學《まな》び、之《これ》を約《やく》

○**先師が言われた。**
「君子は博く典籍を学んで知見をゆたかにし、これをひきしめるのに礼を以てすれば、人の道にそむくことはないであろう」

○**先師が南子に会われた。**
子路は喜ばなかったので、先師は子路にちかうように言われた。
「私のやったことが道にはずれているとするならば、天はゆるしておかないだろう。天はゆるしておかないだろう」
※南子、衛の霊公夫人。不品行の女性であった。

○**先師が言われた。**
「中庸の徳というものは、完全で最高だ。

するに禮《れい》を以《もっ》てせば、亦《また》以《もっ》て畔《そむ》かざるべし。

子《し》、南子《なんし》を見《み》る。子路《しろ》説《よろこ》ばず。夫子《ふうし》之《これ》に矢《ちか》いて曰《のたま》わく、予《わ》が否《ひ》なる所《ところ》の者《もの》は、天《てん》之《これ》を厭《た》たん、天之《てんこれ》を厭《た》たん。

子《し》曰《のたま》わく、中庸《ちゅうよう》の徳《とく》たるや、其《そ》れ至《いた》れるかな。民《たみ》鮮《すく》なきこと久《ひさ》し。

然し一般の人の間に行われなくなってから久しいなあ」
○子貢が尋ねた。
「若し博く恵みを施して民衆を救う者があれば、どうでしょう。仁者というべきでしょうか」

先師が答えられた。

「仁者どころではないよ。必ずそれは聖人であろう。然しそれは、堯、舜でも常に心をいためられた。仁者は、自分が立とうと思えば先に人を立て、自分がのびようと思えば先に人をのばすように、日常の生活に於いて行う。これが仁を実践する手近な方法だ」


子《し》貢《こう》曰《い》わく、如《も》し博《ひろ》く民《たみ》に施《ほどこ》して、能《よ》く衆《しゅう》を済《すく》う有《あ》らば何如《いかん》。仁《じん》と謂《い》うべきか。子《し》曰《のたま》わく、何《なん》ぞ仁《じん》を事《こと》とせん。必《かなら》ずや聖《せい》か。堯《ぎょう》・舜《しゅん》も其《そ》れ猶《なお》諸《これ》を病《や》めり。夫《そ》れ仁《じん》者《しゃ》は、己《おのれ》立《た》たんと欲《ほっ》して人《ひと》を立《た》て、己《おのれ》達《たっ》せんと欲《ほっ》して人《ひと》を達《たっ》す。能《よ》く近《ちか》く譬《たとえ》を取る。仁《じん》の方《みち》と謂《い》うべきのみ。

○先師が言われた。
「私は、古聖の道を伝えるだけで、自らの新説は立てず、疑うことなく古聖の教を好む。そうしてひそかに、私が尊敬する老彭（殷の賢大夫）になぞらえているのである」
○先師が言われた。
「黙っていて心に深く知り、学んであくことがなく、人を教えて怠らない。そのほかに私に何があろうか」
○先師が言われた。
「徳が身につかないこと、学が究められないこと、正しい道を聞いても行うことができないこと、悪い行いを改めることができないこと、この四

述而第七《じゅつじだいしち》

子《し》曰《のたま》わく、述《の》べて作《つく》らず、信《しん》じて古《いにしえ》を好《この》む。竊《ひそか》に我《わ》が老彭《ろうほう》に比《ひ》す。

子《し》曰《のたま》わく、黙《もく》して之《これ》を識《しる》し、學《まな》びて厭《いと》わず、人《ひと》を誨《おし》えて倦《う》まず。何《なに》か我《われ》に有《あ》らんや。

子《し》曰《のたま》わく、徳《とく》の修《おさ》まらざる、學《がく》の講《こう》ぜざ

つが常に私の心をいためるものである」
○先師が、家にくつろいでおられるときはのびのびとされ、にこやかなお顔をしておられた。
※孔子は、けっしてこちこちの堅苦しい家庭人ではなかった。
○先師が言われた。
「この頃、私の衰えも甚しいものだ。理想の人として尊敬してやまない周公の夢を見なくなって久しいなあ」
※周公、姓は姫、名は旦。周の武王の弟、周の王朝文化を創建した。魯の始祖。
○先師が言われた。
「人として正しい道に志し、これを実践する徳を本とし、仁

る、義《ぎ》を聞《き》きて徙《うつ》る能《あた》わざる、不《ふ》善《ぜん》の改《あらた》むる能《あた》わざる、是《こ》れ吾《わ》が憂《うれい》なり。

子《し》の燕《えん》居《きょ》するや、申申如《しんしんじょ》たり、夭夭如《ようようじょ》たり。

子《し》曰《のたま》わく、甚《はなは》だしきかな、吾《わ》が衰《おとろ》えたるや。久《ひさ》しきかな、吾《われ》復《また》夢《ゆめ》に周公《しゅうこう》を見《み》ず。

子《し》曰《のたま》わく、道《みち》に志《こころざ》し、徳《とく》に據《よ》り、仁《じん》に依《よ》り、

の心から離れないようにする。そうして世に立つ上に重要な芸に我を忘れて熱中する」
※芸、当時は礼楽射御書数の六芸をいい、芸に游ぶというとは仕事に熱中すると解してもよいと思う。

○先師が言われた。
「かりそめにも束脩をおさめて入門させたからには、心をこめて教えなかったことはない」
※束脩、乾肉を十束たばねたもの。入門のしるし。

○先師が言われた。
「自分で理解に苦しみ歯がみをする程にならなければ、解決の糸口をつけてやらない。言おうとして

藝《げい》に游《あそ》ぶ。

子《し》曰《のたま》わく、束脩《そくしゅう》を行《おこな》うより以上《いじょう》は、吾《われ》未《いま》だ嘗《かつ》て誨《おし》うること無《な》くんばあらず。

子《し》曰《のたま》わく、憤《ふん》せずんば啓《けい》せず。悱《ひ》せずんば發《はっ》せず。一隅《いちぐう》を挙《あ》げて三隅《さんぐう》を以《もっ》て反《かえ》らざれば、則《すなわ》ち復《また》せざるなり。

子《し》、喪《も》ある者《もの》の側《かたわら》に食《しょく》すれば、未《いま》だ嘗《かつ》て

言えず口をゆがめる程でなければ、その手引きをしてやらない。一隅を示して他の三隅を自分で研究するようでなければ、繰り返して教えない」

○先師は、喪中の者と食事をする時は、相手の心情を思って十分に召し上がらなかった。又先師は、死者を弔って声をあげて泣いた日には、歌をうたわれなかった。

○先師が顔淵に向って言われた。「用いられれば自分の信念によって堂堂と行い、用いられなければ退いて静かにひとり道を楽しむ。唯私とお前くらいかな」

子路はこれを聞い

飽《あ》かざるなり。子《し》、是《こ》の日《ひ》に於《おい》て哭《こく》すればば則《すなわ》ち歌《うた》わず。

子《し》、顔《がん》淵《えん》に謂《い》いて曰《のたま》わく、之《これ》を用《もち》うれば則《すなわ》ち行《おこな》い、之《これ》を舎《す》つれば則《すなわ》ち藏《かく》る。唯《ただ》我《われ》と爾《なんじ》と是《こ》れ有《あ》るかな。子路《しろ》曰《い》わく、子《し》三軍《さんぐん》を行《や》らば、則《すなわ》ち誰《たれ》と與《とも》にせん。子《し》曰《のたま》わく、暴虎《ぼうこ》馮河《ひょうが》、死《し》して悔《くい》なき者《もの》は、吾與《われとも》にせさて先師に尋ねた。

「もし全軍を動かして戦うときには、先生は誰と共になさいますか」

先師が答えられた。

「虎を手打ちにし、大河を徒歩《かち》で渡り、死んでも悔いないような無謀な者と私は一緒にしない。誰かと一緒にというなら、戦いに臨んで恐れる位に計画を綿密にしてやりとげようとする者とだなあ」
○先師が言われた。
「私は富をどうしても求めなければならないなら、行列のお先払いでも喜んでしよう。だが求めなくてもよいなら、私はたとえ貧乏をしても自分の好きなことを

るなり。必《かなら》ずや事《こと》に臨《のぞ》みて懼《おそ》れ謀《はかりごと》を好《この》みて成《な》さん者《もの》なり。

子《し》曰《のたま》わく、富《とみ》にして求《もと》むべくんば、執《しっ》鞭《べん》の士《し》と雖《いえど》も吾《われ》亦《また》之《これ》を為《な》さん。如《も》し求《もと》むべからずんば、吾《わ》が好《この》む所《ところ》に従《したが》わん。

子《し》の慎《つつし》む所《ところ》は、齊《さい》、戦《せん》、疾《しっ》。

子《し》、齊《せい》に在《あ》りて韶《しょう》を聞《き》く。三《さん》月《がつ》肉《にく》の味《あじ》

やりたい」
○**先師がつつしんだ**上にもつつしまれたのは、潔斎と戦争と病気であった。
○**先師が**斉の国で韶の音楽を楽しまれて三月の間、好きな肉の味もおわかりにならない程だった。
　そうして言われた
「音楽がこれほどまでにすばらしいものとは思いもよらなかった」
○**冉有が言った。**
「先生は衛君を助けられるだろうか」

　子貢が言った。

「よろしい。私が先生に尋ねてみよう」

　子貢は先生の部屋に入って尋ねた。

「伯夷、叔斉はどういう人物でしょうか」


を知《し》らず。曰《のたま》わく、圖《はか》らざりき、樂《がく》を爲《な》すことの斯《ここ》に至《いた》らんとは。

冉《ぜん》有《ゆう》曰《い》わく、夫子《ふうし》は衛《えい》の君《きみ》を爲《たす》けんか。子《し》貢《こう》曰《い》わく、諾《だく》、吾《われ》将《まさ》に之《これ》を問《と》わんとす。入《い》りて曰《い》わく、伯《はく》夷《い》・叔《しゅく》齊《せい》は何人《なにびと》ぞや。曰《のたま》わく、古《いにしえ》の賢《けん》人《じん》なり。曰《い》わく、怨《うら》みたるか。曰《のたま》わく、仁《じん》を求《もと》めて仁《じん》を得《え》たり。又《また》先師が答えられた。

「昔の賢人だ」

子貢が尋ねた。

「自分たちのやったことを後悔したでしょうか」

先師が言われた。

「仁を求めて仁を得たのであるから、何を後悔することがあろうか」

子貢は、部屋を出て冉有に言った。

「先生は助けないよ」

○先師が言われた。
「粗末な食物を食べ、冷《ひや》水を飲み、肱を曲げて枕として寝るような貧乏生活の中にも楽しみはあるものだ。不義を行って財産や地位を得ても、自分にとっては、浮《うき》雲《くも》のようなものだ」

何《なに》をか怨《うら》みん。出《い》でて曰《い》わく、夫子《ふうし》は爲《たす》けざるなり。

子《し》曰《のたま》わく、疏《そ》食《し》を飯《くら》い水《みず》を飲《の》み、肱《ひじ》を曲《ま》げて之《これ》を枕《まくら》とす。樂《たの》しみも亦《また》其《そ》の中《うち》に在《あ》り。不《ふ》義《ぎ》にして富《と》み且《か》つ貴《たっと》きは、我《われ》に於《おい》て浮《ふ》雲《うん》の如《ごと》し。

子《し》曰《のたま》わく、我《われ》に數年《すうねん》を加《くわ》え、五十《ごじゅう》にして

○先師が言われた。
「自分に数年を加えて五十になる頃までに易を学べば、大きな過ちはなくなるだろう」
○先師が、常に標準語で言われたのは、詩経、書経及び礼の書物であった。
○葉公（楚の葉県の長官）**が、**先師の人柄について子路に尋ねたが、子路は答えることができなかった」
先師はそれを聞かれて言われた。

「お前はどうしてこのように言わなかったのか。『道を求めて得られないときには自分に対していきどおりを発して食事も忘れ、道を会得しては楽しんで心配事

以《もっ》て易《えき》を學《まな》べば、以《もっ》て大過《たいか》無《な》かるべし。

子《し》の雅《つね》に言《い》う所《ところ》は、詩書《ししょ》執禮《しつれい》皆《みな》雅《つね》に言《い》うなり。

葉公《しょうこう》、孔子《こうし》を子路《しろ》に問《と》う。子路《しろ》對《こた》えず。子《し》曰《のたま》わく、女《なんじ》奚《なん》ぞ曰《い》わざる、其《そ》の人《ひと》と爲《な》りや、憤《ふん》を發《はっ》しては食《しょく》を忘《わす》れ、樂《たの》しんでは以《もっ》て憂《うれい》を忘《わす》れ、老《おい》の將《まさ》に至《いた》らんとするを知《し》

らざるのみと。

子《し》曰《のたま》わく我《われ》は生《うま》れながらにして之《これ》を知《し》る者《もの》に非《あら》ず。古《いにしえ》を好《この》み、敏《びん》にして之《これ》を求《もと》めたる者《もの》なり。

子《し》、怪《かい》、力《りょく》、亂《らん》、神《しん》を語《かた》らず。

子《し》曰《のたま》わく、三人《さんにん》行《おこな》えば、必《かなら》ず我《わ》が師《し》有《あ》り。其《そ》の善《よ》き者《もの》を擇《えら》びて之《これ》に従《したが》い、其《そ》の善《よ》きか

も忘れ、そこ迄老いが迫っているのも気付かないような人だ』とね」

○先師が言われた。
「私は、生れながらに道を知る者ではない。古聖の教えを好み進んで道を求めた者である」

○先師は、弟子達には、妖怪変化《へんげ》とか、腕力ざたとか、乱倫なこととか、神秘なこととかは話されなかった」
※怪、力、乱、神は常、徳、治、人に相対して用いられている。

○先師が言われた。
「三人が行動を共にしたら、必ず自分の先生になる者がいるものだ。そのよい者

を選んで素直に従い、悪い者を見ては、反省して自ら改める」
○先師が言われた。
「天は私に徳を授けられている。桓魋ごときが私をどうすることもできないだろう」
※桓魋、宋の司馬（軍務大臣）で孔子を殺そうとした。
○先師が言われた。
「諸君は、私が諸君に何か隠しておると思うのか。私は何も隠してはいない。私は何事を行うにも諸君と共にしないことはない。これがありのままの私なのだ」


らざる者《もの》にして之《これ》を改《あらた》む。

子《し》曰《のたま》わく、天徳《てんとく》を予《われ》に生《な》せり。桓魋《かんたい》其《そ》れ予《われ》を如《い》何《か》にせん。

子《し》曰《のたま》わく、二三子《にさんし》我《われ》を以《もっ》て隠《かく》せりと為《な》すか。吾《われ》は隠《かく》す無《な》きのみ。吾《われ》行《おこな》うとして二三子《にさんし》と與《とも》にせざる者《もの》無《な》し。是《こ》れ丘《きゅう》なり。

○先師は、常に四つの教育目標を立てて弟子を指導された。典籍の研究、実践、誠実、信義がそれであった。

○先師が言われた。「今の世に聖人を見ることができなくても、君子を見ることができればよろしい」

又言われた。「善人を見ることができなくても、平常と変らず努力する者を見ることができればよろしい。無いのに有るかのように見せかけ、内容が乏しいのに充実しているかのように見せかけ、貧しいのに豊かのように見せかける者が多いが、どんなときにも変らないの

子《し》、四《よつ》を以《もっ》て教《おし》う。文《ぶん》行《こう》忠《ちゅう》信《しん》。子《し》曰《のたま》わく、聖《せい》人《じん》は吾《われ》得《え》て之《これ》を見《み》ず。君《くん》子《し》者《しゃ》を見《み》るを得《え》ば、是《こ》れ可《か》なり。子《し》曰《のたま》わく、善《ぜん》人《にん》は吾《われ》得《え》て之《これ》を見《み》ず。恒《つね》有《あ》る者《もの》を見《み》るを得《え》ば、是《こ》れ可《か》なり。亡《な》くして有《あ》りと為《な》し、虚《むな》しくして盈《み》てりと為《な》し、約《まず》しくして泰《ゆた》かなりと為《な》す。難《かた》いかな、恒《つね》有《あ》る

は甚だむずかしいことだねえ」

○先師は、魚釣りをしても、はえなわは使われなかった。鳥をいぐるみで射ても、木でやすらかに眠っている寝鳥は射られなかった。

○先師が言われた。「充分知らないのに自分の意見として書物を作る者もあろうが、私はそういうことはしない。多くを聞き、よいものを選んでそれに従い、多くを見てそれを心にとめておくのは、本当に知ることの次だと思うよ」

○互郷の村の人とは共に話すことさえさけるのに、その村の子が、先師にお目に

こと。

子《し》、釣《つり》して綱《こう》せず。弋《よく》して宿《しゅく》を射《い》ず。

子《し》曰《のたま》わく、蓋《けだ》し知《し》らずして之《これ》を作《つく》る者《もの》有《あ》らん。我《われ》は是《こ》れ無《な》きなり。多《おお》く聞《き》きて、其《そ》の善《よ》き者《もの》を擇《えら》びて是《これ》に従《したが》い、多《おお》く見《み》て之《これ》を識《しる》すは、知《し》るの次《つぎ》なり。

互《ご》郷《きょう》與《とも》に言《い》い難《がた》し。童子《どうし》見《まみ》ゆ。門人《もんじん》

かかって入門を許された。門人たちは、先師の真意を疑った。
　先師は言われた。
「私は進んで教えを受けようとする純真な心に与する。退く者は相手にしない。お前たちは、どうしてそんなにひどくいうのかね。人がその心を清くしてやってくれば、その清さに与しよう。然し先のことはわからないよ」

○先師が言われた。
「仁は人が生れながらに与えられているもので、遠くに求めるものではない。従って仁を実践しようと思えば、仁は直ちに実現されるであろう」

惑《まど》う。子《し》曰《のたま》わく、其《そ》の進《すす》むに與《くみ》するなり。其《そ》の退《しりぞ》くには與《くみ》せざるなり。唯《ただ》何《なん》ぞ甚《はなは》だしきや。人《ひと》、己《おのれ》を潔《いさぎよ》くして以《もっ》て進《すす》まば、其《そ》の潔《いさぎよ》きに與《くみ》せん。其《そ》の往《おう》を保《ほ》せざるなり。

子《し》曰《のたま》わく、仁《じん》遠《とお》からんや。我《われ》仁《じん》を欲《ほっ》すれば斯《ここ》に仁《じん》至《いた》る。

○陳の司法官が先師に尋ねた。
「昭公（魯の君主）は礼を知っておられますか」

　先師は「よく知っておられます」と答えて退出された。

　司敗は、後に残った巫馬期（孔子の弟子）に会釈し、近くに招いて「私は、君子というのは、仲間びいきをしないと聞いていています。君子もまた仲間びいきをされるのでしょうか。昭公は呉から夫人をめとられましたが、呉は魯と同じく姫姓です。そこで同姓をはばかって、特に呉孟子と申しておられます。昭公が礼を知るというならば、誰

陳《ちん》の司《し》敗《はい》問《と》う、昭公《しょうこう》は禮《れい》を知《し》れるか。孔子《こうし》對《こた》えて曰《のたま》わく、禮《れい》を知《し》れり。孔子《こうし》退《しりぞ》く。巫《ふ》馬《ば》期《き》を揖《ゆう》して之《これ》を進《すす》めて曰《い》わく、吾《われ》聞《き》く、君子《くんし》は黨《とう》せずと。君子《くんし》も亦《また》黨《とう》するか。君《きみ》、呉《ご》に取《めと》れり。同姓《どうせい》なるが爲《ため》に呉孟子《ごもうし》と謂《い》う。君《きみ》にして禮《れい》を知《し》らば、孰《たれ》か禮《れい》を知《し》らざらん。巫《ふ》馬《ば》期《き》、以《もっ》て告《もう》す。

が礼を知らないと言えましょうか」と言われた。巫馬期は、そのままを先師に申し上げた。

先師が言われた。

「私は、しあわせである。もしも過ちがあれば人が必ずそれに気づいてくれる」

※同姓、魯と呉はともに周の出身の故姫姓である。昔は同姓不婚の制があった。

○先師は、人と歌われて、相手がすぐれた歌い手だと必ずくりかえさせて、自らもこれに合せて歌われた。

○先師が言われた。

「典籍の研究は、私もどうやら人並に出来るようになったと思うが、君子の道を実行することは、私に

子《し》曰《のたま》わく、丘《きゅう》や幸《さいわい》なり。苟《いやし》くも過《あやまち》有《あ》れば、人《ひと》必《かなら》ず之《これ》を知《し》る。

子《し》、人《ひと》と歌《うた》いて善《よ》ければ、必《かなら》ず之《これ》を反《かえ》さしめて、而《しか》る後《のち》に之《これ》に和《わ》す。

子《し》曰《のたま》わく、文《ぶん》は吾《われ》猶《なお》人《ひと》のごとくなること莫《な》からんや。躬《み》もて君子《くんし》を行《おこな》うことは、則《すなわ》ち吾《われ》未《いま》だ之《これ》を得《う》ること有《あ》らざるな

は、まだなかなか出来ない」

○先師が言われた。

「聖人とか仁者とかには、私は及びもつかないことだ。ただ私は、その境地を目指して学び、あきることはない。又自分の体得したことを通じて人を教えて怠らない。こういうのが私だと言ってもらっても宜しかろう」

公西華（弟子）が言った。

「本当にそれこそ、われわれ弟子のまねることのできないことです」

○先師の病気が重かったとき、子路が全快を神にお祈りしたいとお願いした。

先師が言われた。

り。

子《し》曰《のたま》わく、聖《せい》と仁《じん》との若《ごと》きは、則《すなわ》ち吾《われ》豈《あに》敢《あえ》てせんや。抑ゝ《そもそも》之《これ》を為《まな》びて厭《いと》わず、人《ひと》を誨《おし》えて倦《う》まずとは、則《すなわ》ち謂《い》うべきのみ。

公《こう》西《せい》華《か》曰《い》わく、正《まさ》に唯《ただ》弟《てい》子《し》學《まな》ぶこと能《あた》わざるなり。

子《し》の疾《やまい》病《おもき》なり。子路《しろ》禱《いの》らんことを請《こ》

「そういうことをしてもよいものかね」

子路はこれに対して答えた。

「誄に『なんじの幸いを天地の神々に祈る』とあります」

先師が言われた。

「そういうことなら私は久しい間祈っているよ」
※誄、死者を悼み、その功績をのべて霊前にささげる言葉。

○先師が言われた。
「贅沢な人は、尊大になりがちだし、倹約な人は、頑固になりやすい。どちらかといえば、尊大になるよりは、頑固になる方がよい」

う。子《し》曰《のたま》わく、諸《これ》有《あ》りや。子路《しろ》對《こた》えて曰《い》わく、之《これ》有《あ》り。誄《るい》に曰《い》わく、爾《なんじ》を上下《しょうか》の神《しん》祇《ぎ》に禱《いの》ると。子《し》曰《のたま》わく、丘《きゅう》の禱《いの》ること久《ひさ》し。

子《し》曰《のたま》わく、奢《おご》れば則《すなわ》ち不《ふ》孫《そん》、儉《けん》なれば則《すなわ》ち固《いや》し。其《そ》の不《ふ》孫《そん》ならんよりは寧《むし》ろ固《いや》しかれ。

○先師が言われた。
「君子はいつも平安でのびのびとしている。小人は、いつでもくよくよして落ち着きがない」
○先師は、おだやかでいてきびしく、おごそかであってもたけだけしいところはなく、うやうやしくて、しかも安らかな方であった。

子《し》曰《のたま》わく、君子《くんし》は坦《たいら》かに蕩蕩《とうとう》たり。小《しょう》人《じん》は長《とこしな》えに戚戚《せきせき》たり。

子《し》、温《おん》にして厲《はげ》し。威《い》にして猛《たけ》からず。恭《きょう》にして安《やす》し。

○**先師が言われた。**
「泰伯は徳の至った人と言って宜しい。三たび天下を譲ったが、民はとりたててほめたたえることさえできなかった」
※泰伯、周の文王の父季歴の長兄。かれらの父亶父《たんぽ》が孫の昌（文王）の優秀さによって、その父季歴に位を譲りたいと思っているのを察して、周を棄てて呉の国に亡命した。
○**先師が言われた。**
「恭しくしても礼によらないとつかれる。慎しんでも礼によらないといじける。勇ましくても礼によらないと乱れる。真直ぐでも礼によらないと人をしめあげるこ

泰伯《たいはく》第《だい》八《はち》

子《し》曰《のたま》わく、泰伯《たいはく》は其《そ》れ至《し》徳《とく》と謂《い》うべきのみ。三《み》たび天下《てんか》を以《もっ》て譲《ゆず》る。民《たみ》得《え》て稱《しょう》する無《な》し。

子《し》曰《のたま》わく、恭《きょう》にして禮《れい》無《な》ければ則《すなわ》ち勞《ろう》す。愼《しん》にして禮《れい》無《な》ければ則《すなわ》ち葸《し》す。勇《ゆう》にして禮《れい》無《な》ければ則《すなわ》ち亂《らん》す。直《ちょく》にして

とになる。為政者（君子）が親戚に手厚くしたら、民は自ずとおもいやりが深くなる。古なじみを忘れなければ、民は自ずと人情が厚くなる」
○**曾先生**は病気が重くなって死の近いのを悟り、弟子達を枕許に呼んで言われた。「私の手や足を出して見なさい。詩経に『おそれおののいて深い淵に臨むように又薄い氷を履むように』とあるが、これからはもうそんなに気を遣う必要がなくなるだろう。ありがたいことだ。そうではないかね、みんな」

禮《れい》無《な》ければ則《すなわ》ち絞《こう》す。君子《くんし》親《しん》に篤《あつ》ければ則《すなわ》ち民《たみ》仁《じん》に興《おこ》る。故舊《こきゅう》遺《わす》れざれば則《すなわ》ち民《たみ》偸《うす》からず。

曾子《そうし》疾《しつ》有《あ》り。門弟子《もんていし》を召《め》して曰《い》わく、予《わ》が足《あし》を啓《ひら》け、予《わ》が手《て》を啓《ひら》け。詩《し》に云《い》う、戰戰兢兢《せんせんきょうきょう》として深淵《しんえん》に臨《のぞ》むが如《ごと》く、薄冰《はくひょう》を履《ふ》むが如《ごと》しと。而今《いま》よりして後《のち》、吾《われ》免《まぬが》

○**曾先生**の病気が危篤に陥ったとき、孟敬子（魯の大夫）が見舞いに行った。

曾先生が言われた。「鳥が死ぬまえには、哀しげな声で鳴く。人が死ぬまえには、その言葉は善いと申します。（私の最後の言葉をよくお聞き下さい）およそ為政者の在り方に大事なことが三つあります。立居振舞はあらっぽくなく、人を見下したりしないように、顔色を正してまことの心を表すように、言葉に気をつけて俗悪にならないようにすることが大切でございます。祭りの事はそれに明るい役人がおりますのでお任せ

るるを知《し》るかな小子《しょうし》。

曾子《そうし》疾《しつ》有《あ》り。孟敬子《もうけいし》之《これ》を問《と》う。曾子《そうし》言《い》いて曰わく鳥《とり》の将《まさ》に死《し》なんとするとき其《そ》の鳴《な》くや哀《かな》し。人《ひと》の将《まさ》に死《し》なんとするとき其《そ》の言《い》うや善《よ》し。君子《くんし》道《みち》に貴《たっと》ぶ所《ところ》の者《もの》三《みつ》。容貌《ようぼう》を動《うご》かして斯《ここ》に暴慢《ぼうまん》に遠《とお》ざかり顔色《かんしょく》を正《ただ》しくして斯《ここ》に信《しん》に

なさるがよいと存じます」
○曾先生が言われた。「才能があるのに、才能の乏しい人にも問い、知識が多いのに知識の少ない人にも問い、徳があってもまるでないように、充実しておりながら空虚であるかのように振舞い、迫害を受けても敢てこれに仕返しをしない。昔、私の尊敬する友達は生涯これを実行されたのだが」
※友というのは、おそらく顔回のことであろう。向かうべき道を病床にあって言い遺されたものであろう。
○曾先生が言われた。「安心して幼い遺児

近《ちか》づき辭氣《じき》を出《いだ》して斯《ここ》に鄙倍《ひばい》に遠《とお》ざかる、籩豆《へんとう》の事《こと》は則《すなわ》ち有司《ゆうし》存《そん》す。

曾子《そうし》曰《い》わく、能《のう》を以《もっ》て不能《ふのう》に問《と》い、多《おおく》を以《もっ》て寡《すくなき》に問《と》い、有《あ》れども無《な》きが若《ごと》く、實《み》つれども虚《むな》しきが若《ごと》く、犯《おか》されて校《むく》いず。昔者《むかし》、吾《わ》が友《とも》嘗《かつ》て斯《ここ》に從事《じゅうじ》せり。

曾子《そうし》曰《い》わく、以《もっ》て六尺《りくせき》の孤《こ》を託《たく》すべく、

をあずけることができ、また国政を任せることができ、重大事に臨んでも節を曲げることのない人を君子人というのであろうか。いうまでもなく真の君子の人だ」

○曾先生が言われた。「士は度量がひろく意志が強固でなければならない。それは任務が重く、道は遠いからである。仁を実践していくのを自分の任務とする、なんと重いではないか。全力を尽くして死ぬまで事に当たる、なんと遠いではないか」

以《もっ》て百里《ひゃくり》の命《めい》を寄《よ》すべく、大節《たいせつ》に臨《のぞ》んで奪《うば》うべからざるなり。君子人《くんしじん》か、君子人《くんしじん》なり。

曾子《そうし》曰《い》わく、士《し》は以《もっ》て弘毅《こうき》ならざるべからず。任《にん》重《おも》くして道《みち》遠《とお》し。仁《じん》以《もっ》て己《おの》が任《にん》と為《な》す、亦《また》重《おも》からずや。死《し》して後《のち》已《や》む、亦《また》遠《とお》からずや。

○先師が言われた。
「詩によってふるいたち、礼によって安定し、楽によって人間を完成する」
○先師が言われた。
「民から徳によって信頼は得られるが、すべての民に理由を説いて意義を知らせることはむずかしい」
○先師が言われた。
「勇気を好んで、貧乏を甚だにくむ人は（むりに貧乏からぬけ出そうと）乱暴するようになる。不仁の人をにくむことが甚だしければ、相手は乱を起こすようになる」
○先師が言われた。
「たとい周公のような才能があっても、それをほこり、他人の長所をも認めない

子《し》曰《のたま》わく、詩《し》に興《おこ》り、禮《れい》に立《た》ち、樂《がく》に成《な》る。

子《し》曰《のたま》わく、民《たみ》は之《これ》に由《よ》らしむべし。之《これ》を知《し》らしむべからず。

子《し》曰《のたま》わく、勇《ゆう》を好《この》みて貧《ひん》を疾《にく》めば亂《みだ》る。人《ひと》にして不《ふ》仁《じん》なる、之《これ》を疾《にく》むこと已甚《はなはだ》しければ亂《みだ》る。

子《し》曰《のたま》わく、如《も》し周公《しゅうこう》の才《さい》の美《び》有《あ》りとも、

ようであれば、そのほかのことは、もはや見るに足らない」

○先師が言われた。

「三年熱心に学んでなお仕官を望まない者は甚だ得難い人物だ」

○先師が言われた。

「篤く道を信じて学問を好み、死力を尽くして道を実践する。道の行われない危い邦には入らない。乱れた邦には安閑として居られない。天下に道が行われている時には、事《つか》えて才能を発揮する。道が行われない時には、退いて家に隠れる。邦に道が行われているのに、貧しくて地位の低いのは恥である。邦に道が行われず乱れて

驕《おごり》且《か》つ吝《やぶさか》ならしめば、其《そ》の餘《よ》は觀《み》るに足《た》らざるのみ。

子《し》曰《のたま》わく、三《さん》年《ねん》學《まな》びて穀《こく》に至《いた》らざるは、得《え》易《やす》からざるなり。

子《し》曰《のたま》わく、篤《あつ》く信《しん》じて學《がく》を好《この》み、死《し》を守《まも》りて道《みち》を善《よ》くす。危《き》邦《ほう》には入《い》らず、亂《らん》邦《ぼう》には居《お》らず。天《てん》下《か》道《みち》有《あ》れば則《すなわ》ち見《あらわ》れ、道《みち》

いるのに、豊かで高い地位にあるのも恥である」

○先師が言われた。「その地位に居らなければ、みだりにその職務上について口出しすべきではない」

○先師が言われた。「楽長の**摯**の演奏のでだし、関雎の楽曲のおわりは、のびのびとして美しく耳に満ちあふれる感じがあったねえ」

※**摯**、魯の楽官ですぐれた音楽家。

※関雎、詩経開巻第一の篇。

無《な》ければ則《すなわ》ち隠《かく》る。邦《くに》道《みち》有《あ》るに、貧《まず》しくして且《か》つ賤《いや》しきは恥《はじ》なり。邦《くに》道《みち》無《な》きに、富《と》み且《か》つ貴《たっと》きは恥《はじ》なり。

子《し》曰《のたま》わく、其《そ》の位《くらい》に在《あ》らざれば、其《そ》の政《まつりごと》を謀《はか》らず。

子《し》曰《のたま》わく、師摯《しし》の始《はじめ》、關雎《かんしょ》の亂《おわり》、洋洋乎《ようようこ》として耳《みみ》に盈《み》てるかな。

子《し》曰《のたま》わく、狂《きょう》にして直《ちょく》ならず、侗《とう》にして愿《げん》ならず、悾悾《こうこう》にして信《しん》ならずんば、吾《われ》は之《これ》を知《し》らず。

子《し》曰《のたま》わく、學《がく》は及《およ》ばざるが如《ごと》くするも、猶《なお》之《これ》を失《うしな》わんことを恐《おそ》る。

子《し》曰《のたま》わく、巍巍《ぎぎ》乎《こ》たり。舜《しゅん》・禹《う》の天下《てんか》を有《たも》てるや。而《しこう》して與《あずか》らず。

○先師が言われた。
「志が甚だ大きいのに、まっすぐでなく、無知であるのにきまじめでなく、愚直であるのに誠実さがないとすれば、私はどうしようもない」

○先師が言われた。
「学問は常に及ばないような気持で求めてゆくが、なおその気持を失いはしないかと恐れる」

○先師が言われた。
「高大で堂々たるものだったなあ、舜や禹が天下を治められたのは。しかも両者とも直接政治に携わらなかった」

○**先師が言われた。**「なんと堯の君徳は大きいことであろう。真に荘厳で偉大なものは天のみである。そして唯堯のみがひとりその偉大さを共にしているのだ。その荘厳で偉大な様子を民はなんと表現してよいか言葉がない。人は唯その功業の荘厳さと、文物制度のかがやきに眼をみはるのみである」

○**舜の優れた臣《しん》に、**禹《う》、稷《しょく》、契《せつ》、皐陶《こうよう》、伯《はく》益《えき》の五人がおって天下はよく治まった。武王（周）が「自分には国を治める優れた臣が十人おる」と言われた。

それに関連して先師が言われた。

子《し》曰《のたま》わく、大《おお》いなるかな堯《ぎょう》の君《きみ》たるや、巍《ぎ》巍《ぎ》乎《こ》として、唯《ただ》天《てん》を大《おお》いなりと爲《な》す。唯《ただ》堯《ぎょう》之《これ》に則《のっと》る。蕩《とう》蕩《とう》乎《こ》として民《たみ》能《よ》く名《な》づくること無《な》し。巍《ぎ》巍《ぎ》乎《こ》として其《そ》れ成《せい》功《こう》有《あ》り。煥《かん》乎《こ》として其《そ》れ文《ぶん》章《しょう》有《あ》り。舜《しゅん》臣《しん》五《ご》人《にん》有《あ》り、而《しこう》して天《てん》下《か》治《おさ》まる。武《ぶ》王《おう》曰《い》わく、予《われ》に亂《らん》臣《しん》十《じゅう》人《にん》有《あ》り。孔《こう》子《し》曰《のたま》わ

「真に有能な臣を求めることはむずかしいというが、まことにそうだなあ。堯舜時代以後は、周が最も人材に富んだ時代ではあるが、それでも十人に過ぎず、しかもその中の一人は婦人であるから、男子の賢臣は九人のみであった。

文王（西伯）は天下を三分してその二を保有しながら、なお殷の臣として服従した。その時代これらの臣はすでにいたのであるから周の文王の徳は最上というべきである」

※唐虞、堯は陶唐氏舜は有虞氏。

※婦人、母（文王の后）太姒《たいじ》。

く才《さい》難《かた》しと、其《そ》れ然《しか》らずや。唐虞《とうぐ》の際《さい》斯《ここ》に於《おい》て盛《さかん》と為《な》す。婦人《ふじん》有《あ》り。九人《きゅうにん》のみ。天下《てんか》を三分《さんぶん》して其《そ》の二《に》を有《たも》ち、以《もっ》て殷《いん》に服事《ふくじ》す。周《しゅう》の徳《とく》は、其《そ》れ至徳《しとく》と謂《い》うべきのみ。

子《し》曰《のたま》わく、禹《う》は吾《われ》間然《かんぜん》すること無《な》し。飲食《いんしょく》を菲《うす》くして孝《こう》を鬼神《きしん》に致《いた》し、衣服《いふく》を悪《あ》しくして美《び》を黻《ふつ》冕《べん》に致《いた》し、宮《きゅう》室《しつ》を卑《いや》しくして力《ちから》を溝《こう》洫《きょく》に盡《つく》す。禹《う》は吾《われ》間《かん》然《ぜん》すること無《な》し。

○先師が言われた。

「禹の人柄については非のうちどころがない。自分の飲食を簡素にして、先祖の霊や天地の神を丁重に祭った。衣服は粗末にして祭礼の時につける前だれとかんむり即ち祭服を美しくした。自分の住居を質素にして、灌漑用の水路の構築に力を尽くした。まことに禹の人柄に対して自分は一点の非のうちどころもない」

○先師は、まれに利益について言われた。
その時には、常に天の命や人の道の本である仁に照らし合せて話された。
○達巷という村のある人が言った。
「孔先生は偉大だなあ。博く学んで、なんでもよくできるので、却って有名になるところがない」

先師はこれを聞かれて、弟子達にたわむれて言われた。

「私は何で有名になろうか。御にしようかな、射にしようかな。何でもよいが、私はやっぱり一番たやすい御にしよう」
※射御　礼楽射御書数の六藝のうち射（弓の技術）と御（車馬

子罕《しかん》第《だい》九《きゅう》

子《し》罕《まれ》に利《り》を言《い》う、命《めい》とともにし仁《じん》とともにす。

達《たつ》巷《こう》黨《とう》の人《ひと》曰《い》わく、大《おお》いなるかな孔子《こうし》、博《ひろ》く學《まな》びて名《な》を成《な》す所《ところ》無《な》し。子《し》之《これ》を聞《き》き門《もん》弟子《ていし》に謂《い》いて曰《のたま》わく、吾《われ》何《なに》をか執《と》らん。御《ぎょ》を執《と》らんか、射《しゃ》を執《と》らんか。吾《われ》はを操作する技術）とは比較的容易とされていた。

○先師が言われた。

「麻の冠をかぶるのが昔からの礼であるが、今では絹の冠が用いられている。これは節約のためだ。私は一般の人に従おうと思う。君に対しては、堂の下で拝礼するのが礼であるが、今は堂に上って拝礼するようになっている。これは僭越であるから、私は一般の人と違っても、堂の下で拝礼する昔の礼に従おうと思う」

○先師は、常に私意、執着、頑固、自我の四つを絶たれた。

御《ぎょ》を執《と》らん。

子《し》曰《のたま》わく、麻冕《まべん》は禮《れい》なり。今《いま》や純《いと》なるは倹《けん》なり。吾《われ》は衆《しゅう》に従《したが》わん。下《しも》に拝《はい》するは禮《れい》なり。今《いま》上《かみ》に拝《はい》するは泰《おご》れるなり。衆《しゅう》に違《たが》うと雖《いえど》も吾《われ》は下《しも》に従《したが》わん。

子《し》、四《よう》を絶《た》つ。意《い》毋《な》く、必《ひつ》毋《な》く、固《こ》毋《な》く、我《が》毋《な》し。

〇先師が衛から陳へ行かれる途中の匡の町でおそろしい目にあわれたときに、先師が言われた。

「聖人と仰がれる文王はすでに死んでこの世にはいないが、その道は現に私自身に伝わっているではないか。天がこの文（道）をほろぼそうとすると私（後死の者）はこの文（道）に与ることができなかったはずだ。天がまだこの文（道）をほろぼさないかぎり、匡の人たちは、絶対に私をどうすることもできないだろう」

※匡に畏す、かつてこの地で乱暴をはたらいた魯の陽虎に間違えられたのが原因。

子《し》、匡《きょう》に畏《い》す。曰《のたま》わく、文王《ぶんのう》既《すで》に没《ぼっ》したれども、文《ぶん》茲《ここ》に在《あ》らずや。天《てん》の将《まさ》に斯《こ》の文《ぶん》を喪《ほろ》ぼさんとするや、後死《こうし》の者《もの》、斯《こ》の文《ぶん》に与《あずか》るを得《え》ざるなり。天《てん》の未《いま》だ斯《こ》の文《ぶん》を喪《ほろ》ぼさざるや、匡人《きょうひと》其《そ》れ予《われ》を如何《いか》にせん。

大宰《たいさい》、子貢《しこう》に問《と》うて曰《い》わく、夫子《ふうし》は聖者《せいじゃ》

○大宰（呉の大臣か）**が子貢に尋ねた。**
「孔先生は聖人でいらっしゃいますか。何という多能な方でありましょう」

子貢はそれに対して言った。

「勿論天が生まれながらに聖人となることを許しているのです。しかもその上に多能でもあられます」

先師はこれを聞かれて言われた。

「大宰は私をよく知っているものであろうか。私は若い頃、地位も低く貧しかったので、つまらないことがいろいろできるのだ。君子は多能であることが必要だろうか。いや多能なことなどいらない」


か。何《なん》ぞ其《そ》れ多《た》能《のう》なるや。子貢《しこう》曰《い》わく、固《まこと》に天《てん》之《これ》を縱《ゆる》して将《まさ》に聖《せい》たらしめんとす。又《また》多《た》能《のう》なり。子《し》之《これ》を聞《き》きて曰《のたま》わく、大宰《たいさい》我《われ》を知《し》れるか。吾《われ》少《わか》かりしとき賤《いや》し。故《ゆえ》に鄙事《ひじ》に多《た》能《のう》なり。君子《くんし》は多《おお》からんや。多《おお》からざるなり。

牢《ろう》曰《い》わく、子《し》云《のたま》う、吾《われ》試《もち》いられず、故《ゆえ》に藝《げい》

○牢（弟子）もこんなことを言った。
「かつて孔先生が言われた『私は長いこと取り立てられなかったので、生活の為にいろいろな技術を身につけたのだ』と」
○先師が言われた。
「私は、何でも知っていようか。いや知らないのだ。もしそう思われるとしたら、無知な人がきまじめな態度で私に尋ねた時に、物事のすみずみまでよく聞いて、ねんごろに教えてやるからだろう」
○先師が言われた。
「鳳鳥が飛んでこなくなった。黄河からは図版も出てこない。これでは私もおしまいだよ」

ありと。

子《し》曰《のたま》わく、吾《われ》知《し》ること有《あ》らんや。知《し》ること無《な》きなり。鄙夫《ひふ》ありて我《われ》に問《と》うに空空如《こうこうじょ》たり。我《われ》其《そ》の兩端《りょうたん》を叩《たた》いて竭《つ》くす。

子《し》曰《のたま》わく、鳳鳥《ほうちょう》至《いた》らず、河圖《かと》を出《いだ》さず。吾《われ》已《や》んぬるかな。

※鳳鳥、図も聖天子出現の瑞兆とされる。聖天子の出ないのを歎いた言葉。

○先師は、斉衰者と冕衣裳者と瞽者とに会われると、年は若くても必ず立ち、又その前を過ぎるときは、小走りにして必ず足を速められた。

※斉衰者　近親の喪に服する喪服の人。

※冕衣装者　大礼服を着ている人。

※瞽者　目の不自由な人。楽官か。

○顔淵があぁとため息をついて言った。

「仰げは仰ぐ程高く切れば切る程堅い。前にあるかと見ていると忽ち後にある。ところが先生は、順序を立てて上手に人

子《し》、齊衰者《しさいしゃ》と冕衣裳者《べんいしょうしゃ》と瞽者《こしゃ》とを見《み》れば、之《これ》を見《み》て少《わか》しと雖《いえど》も必《かなら》ず作《た》ち、之《これ》を過《す》ぐれば必《かなら》ず趨《はし》る。

顔淵《がんえん》、喟然《きぜん》として歎《たん》じて曰《い》わく、之《これ》を仰《あお》げば彌《いよいよ》高《たか》く、之《これ》を鑽《き》れば彌《いよいよ》堅《かた》し。之《これ》を瞻《み》るに前《まえ》に在《あ》り、忽焉《こつえん》として後《しりえ》に在《あ》り。夫子《ふうし》循循然《じゅんじゅんぜん》として善《よ》く人《ひと》を誘《いざな》う。我《われ》を博《ひろ》

を導かれる。私の識見をひろめるのに各種の書物や文物制度を以てされ、私の行いをひきしめるのに礼を以てされる。やめようかと思ってもやめることができない。自分の才能のあらん限りを尽くしてみても、先生は自らの立つ所があってそびえ立っているようだ。先生の後に従っていこうと思ってもどうもてだてがない」

○先師の病気が甚だ重かったとき、子路は葬儀に若い弟子を家来にするよう手筈をきめていた。病気が少し落着かれた頃に、先師が子路に向かって言われた。

「お前が私をだまそ

むるに文《ぶん》を以《もっ》てし、我《われ》を約《やく》するに禮《れい》を以《もっ》てす。罷《や》めんと欲《ほっ》すれども能《あた》わず。既《すで》に吾《わ》が才《さい》を竭《つ》くせり。立《た》つ所《ところ》有《あ》りて卓《たく》爾《じ》たるが如《ごと》し。之《これ》に從《したが》わんと欲《ほっ》すと雖《いえど》も、由《よし》末《な》きのみ。

子《し》の疾《やまい》、病《おもき》なり。子路《しろ》、門人《もんじん》をして臣《しん》たらしむ。病《やまい》間《かん》なるときに曰《のたま》わく、久《ひさ》しいうとして久しいようだね。家来がないのにあるように見せかけるとはなんたることか。私はだれをだますのか。天をだますのか。そんなことはできるものではない。また私はその俄仕立の家来の手に死ぬよりも、むしろ二三の諸君の手によって死にたいものだ。それに自分はたとえ立派な葬儀をして貰えなくても、道路にのたれ死にするようなことがあろうか」
※内心では子路の厚意を感謝しておられるように思われる。
○子貢が言った。
「ここに美しい玉がありますが、箱におさめて大事に保存し

かな。由《ゆう》の詐《いつわり》を行《おこな》うや。臣《し》無《な》くして臣《しん》有《あ》りと為《な》す。吾《われ》誰《たれ》をか欺《あざむ》かん。天《てん》を欺《あざむ》かんか。且《か》つ予《われ》其《そ》の臣《しん》の手《て》に死《し》なんよりは、無寧《むしろ》二三子《にさんし》の手《て》に死《し》なんか。且《か》つ予《われ》縦《たと》い大葬《たいそう》を得《え》ずとも、予《われ》道路《どうろ》に死《し》なんや。

子貢《しこう》曰《い》わく、斯《ここ》に美玉《びぎょく》有《あ》り。匵《ひつ》に韞《おさ》め

ておきましょうか。それともよい買い手を求めて売りましょうか」

先師が答えられた。

「売りたいなあ。私はよい買い手を待っているのだ」

※善賈、物の値打ちの分かるすぐれた商人。

○**先師が**道の行われないのを歎いて九夷の地に行って住みたいと言われたことがあった。

ある人がそれを聞いて先師に言った。

「野蛮なところでございますので、どうしておすまいができましょうか」

先師が言われた。

「君子がそこに住めば、だんだん野蛮でなくなってゆくよ」

て諸《これ》を蔵《ぞう》せんか、善賈《ぜんこ》を求《もと》めて諸《これ》を沽《う》らんか。子《し》曰《のたま》わく、之《これ》を沽《う》らんかな、之《これ》を沽《う》らんかな。我《われ》は賈《こ》を待《ま》つ者《もの》なり。

子《し》、九夷《きゅうい》に居《お》らんと欲《ほっ》す。或《ある》ひと曰《い》わく、陋《いや》しきこと之《これ》を如何《いかん》せん。子《し》曰《のたま》わく、君子《くんし》之《これ》に居《お》らば、何《なん》の陋《いや》しきか之《これ》有《あ》らん。

子《し》曰《のたま》わく、吾《われ》衛《えい》より魯《ろ》に反《かえ》りて然《しか》る後《のち》

○**先師が言われた。**「私が衛より魯に帰ってから、音楽が正しくなり、雅頌もその所を得てなされるようになった」
※雅頌　雅は朝廷で歌われる正しい歌。頌は祖先の功績をたたえる歌。
○**先師が言われた。**「役所に出ては、公卿（高官）によく事え、家に在っては、父兄に善く事える。葬い事には及ぶ限りつとめる。又酒を飲んでも乱れることはない。そのほか私に何があろうか」
○**先師が川のほとりにあって言われた。**「時の流れはこの水のようなものであろうか、昼も夜も休まない」

に樂《がく》正《ただ》しく、雅頌《がしょう》各《おの》〻其《そ》の所《ところ》を得《え》たり。

子《し》曰《のたま》わく、出《い》でては則《すなわ》ち公卿《こうけい》に事《つか》え、入《い》りては則《すなわ》ち父兄《ふけい》に事《つか》う。喪《も》の事《こと》は敢《あえ》て勉《つと》めずんばあらず。酒《さけ》の困《みだれ》を為《な》さず、何《なに》か我《われ》に有《あ》らんや。

子《し》、川《かわ》の上《ほとり》に在《あ》りて曰《のたま》わく、逝《ゆ》く者《もの》は斯《かく》の如《ごと》きか。晝夜《ちゅうや》を舎《お》かず。

○**先師が言われた。**
「私はまだ色事を好む程、徳を好む者を見たことがない」

○**先師が言われた。**
「修行というものは、たとえば山を造るようなものだ。もう一もっこで完成するのに、止めるのは自分の責である。又窪地を平らかにするのにたとえ一もっこでも、空ければそれだけ自分が仕事を進めたことになる」

○**先師が言われた。**
「私が教えた言葉をおろそかにせず、実行して怠らなかったのは顔回だけかな」

子《し》曰《のたま》わく、吾《われ》未《いま》だ徳《とく》を好《この》むこと、色《いろ》を好《この》むが如《ごと》くする者《もの》を見《み》ざるなり。

子《し》曰《のたま》わく、譬《たと》えば山《やま》を為《つく》るが如《ごと》し。未《いま》だ一《いっ》簣《き》を成《な》さずして、止《や》むは吾《わ》が止《や》むなり。譬《たと》えば地《ち》を平《たいら》かにするが如《ごと》し。一《いっ》簣《き》を覆《くつがえ》すと雖《いえど》も、進《すす》むは吾《わ》が往《ゆ》くなり。

子《し》曰《のたま》わく、之《これ》に語《つ》げて惰《おこた》らざる者《もの》は、其《そ》

れ回《かい》なるか。

子《し》、顔淵《がんえん》を謂《い》いて曰《のたま》わく、惜《お》しいかな。吾《われ》其《そ》の進《すす》むを見《み》るなり。未《いま》だ其《そ》の止《とど》まるを見《み》ざるなり。

子《し》曰《のたま》わく、苗《なえ》にして秀《ひい》でざる者《もの》あり。秀《ひい》でて實《みの》らざる者《もの》あり。

子《し》曰《のたま》わく、後生《こうせい》畏《おそ》るべし。焉《いずく》んぞ來者《らいしゃ》

○先師は顔回のことをこう言われた。

「惜しい人物だったなあ。私は彼が常に進むのを見たが、まだそのとどまる所を見たことがなかった」

○先師が言われた。

「よい苗が、よく成長しても穂が出ないものもある。穂が出ても実らぬものもあるねえ」

※顔淵の早く亡くなったことを惜しまれたものと思う。

○先師が言われた。

「青年を畏れねばならない。将来彼等が今のわれわれに及ばないと誰が言い得ようか。ところが四十五十になっても謙虚に学ばないようでは畏れるには足らない」

※聞く、問学求道をいう。又聞ゆるとよんで、世に名の聞こえるという説もある。

○先師が言われた。「筋の通った正しい言葉には、誰でも従わないことはなかろうが、それによって改めることが大切である。ものやわらかい言葉には、誰でも喜ばないことはなかろうが、その意味をよく判断することが大切である。喜んで意味を考えず、言葉に従うだけで改めないようでは、私にはどうしようもないよ」

の今《いま》に如《し》かざるを知《し》らんや。四十《しじゅう》五十《ごじゅう》にして聞《き》くこと無《な》くんば、斯《こ》れ亦《また》畏《おそ》るるに足《た》らざるのみ。

子《し》曰《のたま》わく、法語《ほうご》の言《げん》は、能《よ》く従《したが》うこと無《な》からんや。之《これ》を改《あらた》むるを貴《たっと》しと為《な》す。巽與《そんよ》の言《げん》は、能《よ》く説《よろこ》ぶこと無《な》からんや。之《これ》を繹《たず》ぬるを貴《たっと》しと為《な》す。説《よろこ》びて繹《たず》ね

○先師が言われた。
「忠信《まこと》を主として、自分に及ばない友と交わっていい気になってはならない。過てば改めるのに誰に遠慮がいろうか」
※學而第一にもあるが、どういう意味でここに入れたものであろうか。

○先師が言われた。
「大軍でも、その総大将を捕虜にすることはできるが、一人の平凡な人でも、その固い志を奪い取ることはできない」

ず、従《したが》いて改《あらた》めずんば、吾之《われこれ》を如何《いかん》ともする末《な》きのみ。

子《し》曰《のたま》わく、忠信《ちゅうしん》を主《しゅ》とし、己《おのれ》に如《し》かざる者《もの》を友《とも》とすること無《な》かれ。過《あやま》てば則《すなわ》ち改《あらた》むるに憚《はばか》ること勿《な》かれ。

子《し》曰《のたま》わく、三軍《さんぐん》も帥《すい》を奪《うば》うべきなり。匹夫《ひっぷ》も志《こころざし》を奪《うば》うべからざるなり。

○**先師が言われた。**
「やぶれた綿入を着て、きつねやむじなの皮衣を着た高貴な人の側に立っても平気でいられるのは、由よお前ぐらいかなあ」
○**詩経の**『有るをねたみて心やぶれず、無きをはじらい心まどわず、よきかなや、よきかなや』を子路は喜び、たえず口ずさんでいた。
先師が言われた。
「それ位では、まだ充分ではないよ」
○**先師が言われた。**
「寒さが甚だきびしくなっても、松や柏が他の木のようにしぼまないのがわかる」
※人も苦しみにぶつかって、はじめて真価がわかるものだ。

子《し》曰《のたま》わく、敝《やぶ》れたる縕袍《おんぽう》を衣《き》、狐貉《こかく》を衣《き》たる者《もの》と立《た》ちて恥《は》じざる者《もの》は、其《そ》れ由《ゆう》か。忮《そこな》わず、求《もと》めず、何《なに》を用《もっ》てか臧《よ》からざらん。子路《しろ》、終身《しゅうしん》之《これ》を誦《しょう》す。子《し》曰《のたま》わく、是《こ》の道《みち》や、何《なん》ぞ以《もっ》て臧《よ》しとするに足《た》らん。

子《し》曰《のたま》わく、歳《とし》寒《さむ》くして、然《しか》る後《のち》に松柏《しょうはく》の彫《しぼ》むに後《おく》るるを知《し》るなり。

○先師が言われた。

「知者は物事の道理を弁えているので迷わない。仁者は私欲をすてて天理のままに生きようとするので、心に悩みがない。勇者は意志が強いので何事もおそれない」

○先師が言われた。

「一緒に学ぶことはできても、一緒に相携えて同じ道を行くことはむずかしい。一緒に同じ道を行くことはできても、しっかりと信念をもって一緒に世に立つことはむずかしい。一緒に立つことはできても、心を同じくして物事に応じて正しく判断して進むことはむずかしい」

○古い民謡にこうい

子《し》曰《のたま》わく、知者《ちしゃ》は惑《まど》わず、仁者《じんしゃ》は憂《うれ》えず、勇者《ゆうしゃ》は懼《おそ》れず。

子《し》曰《のたま》わく、與《とも》に共《とも》に學《まな》ぶべし、未《いま》だ與《とも》に道《みち》に適《ゆ》くべからず。與《とも》に道《みち》に適《ゆ》くべし、未《いま》だ與《とも》に立《た》つべからず。與《とも》に立《た》つべし、未《いま》だ與《とも》に權《はか》るべからず。

唐棣《とうてい》の華《はな》、偏《へん》として其《そ》れ反《はん》せり。豈爾《あになんじ》

うのがある。
ゆすらうめの木
花咲きゃ招く
ひらりひらりと
色よく招く
招きゃこの胸
こがれるばかり
なれど遠くて
行かりゃせぬ。
先師は（この歌について）言われた。
「それはまだ本当に思いつめてないのだ。本当に思いつめておるなら、なんの遠いということがあろうか」

を思《おも》わざらんや。室《しつ》是《こ》れ遠《とお》ければなり。子《し》曰《のたま》わく、未《いま》だ之《これ》を思《おも》わざるなり。夫《そ》れ何《なん》の遠《とお》きことか之《こ》れ有《あ》らん。

○**先師は、**郷里におられるときは、おだやかでうやうやしく、またお話などまるでできないように見えた。君の宗廟《みたまや》や役所におられる時は、はきはきと話されたが、決してでしゃばるようなことはなさらなかった。

○**役所で自分より地位の低い大夫と話すときは、**なごやかで窮屈《きゅうくつ》な思いをさせなかった。自分より地位の高い大夫と話すときは、つつしみ深くされた。君がおでましのときは、うやうやしくされながらも、のびやかであった。

郷黨第十《きょうとうだいじゅう》

孔子《こうし》、郷黨《きょうとう》に於《おい》て恂恂如《じゅんじゅんじょ》たり。言《い》うこと能《あた》わざる者《もの》に似《に》たり。其《そ》の宗廟朝廷《そうびょうちょうてい》に在《いま》すや、便便《べんべん》として言《い》い、唯《ただ》謹《つつし》めるのみ。

朝《ちょう》にて下大夫《かたいふ》と言《い》えば、侃侃如《かんかんじょ》たり。上大夫《じょうたいふ》と言《い》えば、誾誾如《ぎんぎんじょ》たり。君《きみ》在《いま》せば、踧踖如《しゅくせきじょ》たり。與與如《よよじょ》たり。

○君のお召しで客の接待を仰せつけられたときは、顔色をひきしめ、きざみ足で謹んで歩かれた。並んで立っている人と会釈をするときは、手を左右にし、衣の前後をよく整《ととの》えられた。小走りで進むときは、鳥の羽をひろげたように、両方の袂《たもと》がそろって開いた。客が帰ったら、必ず君に「お客は後をもふりかえらず気持ちよく帰られました」と報告された。

○公門をくぐるときは、身をかがめて、まるで門に入りきれないようにされた。門の中央には立たれず、閾《しきい》をふまれなかった。ご座所を過ぎるとき

君《きみ》召《め》して擯《ひん》たらしむれば、色《いろ》勃《ぼつ》如《じょ》たり。足《あし》躩《かく》如《じょ》たり。与《とも》に立《た》つ所《ところ》を揖《ゆう》すれば、其《そ》の手《て》を左《さ》右《ゆう》にす。衣《ころも》の前《ぜん》後《ご》襜《せん》如《じょ》たり。趨《はし》り進《すす》むには翼《よく》如《じょ》たり。賓《ひん》退《しりぞ》けば必《かなら》ず復《ふく》命《めい》して曰《のたま》わく賓《ひん》顧《かえり》みずと。

公《こう》門《もん》に入《い》るに鞠《きっ》躬《きゅう》如《じょ》たり。容《い》れられざるが如《ごと》くす。立《た》つに門《もん》に中《ちゅう》せず。行《ゆ》

は、顔色を引きしめ、謹んできざみ足で歩かれた。また言葉を慎んで充分言うことができない人のようにされた。衣のすそをかかげて堂にのぼるときは、身をかがめ、へりくだるようにし、気持ちをしずめて、息もしないかのように静かにされた。堂から出て階段を降りはじめると顔色をやわらげ、いかにもよろこばれているように見え、階段を降りて小走りに進むときは、鳥が羽をひろげたように両方の袂《たもと》を開かれた。そうして自分の席に復れば、うやうやしく居ずまいを正された。

くに閾《しきい》を履《ふ》まず。位《くらい》を過《す》ぐれば、色勃如《いろぼつじょ》たり足躩如《あしかくじょ》たり。其《そ》の言《い》うこと足《た》らざる者《もの》に似《に》たり。齊《もすそ》を攝《かか》げて堂《どう》に升《のぼ》るに、鞠躬如《きっきゅうじょ》たり。氣《き》を屛《おさ》めて息《いき》せざる者《もの》に似《に》たり。出《い》でて一等《いっとう》を降《くだ》れば、顏色《がんしょく》を逞《はな》ちて怡怡如《いいじょ》たり。階《かい》を沒《つく》せば、趨《はし》り進《すす》むこと翼如《よくじょ》たり。其《そ》の位《くらい》に復《かえ》れば、踧踖如《しゅくせきじょ》

○他国に使いし、圭を捧げてその君主にまみえるときには、小腰をかがめ、重くて持ちきれないかのようにされた。上げるときは会釈《えしゃく》をするぐらい、下げるときは物を授けるぐらいで顔つきはおごそかで緊張しておののくようにされた。足は小きざみにして君に従っていくような物腰をされた。君の贈物を捧げる儀式では、なごやかでゆったりとされた。自分の土産物を捧げる儀式では、にこやかに楽しそうにされた。
※圭、瑞玉。信任のしるしとして自国の君主からさずけられたもの。

たり。圭《けい》を執《と》れば、鞠躬如《きっきゅうじょ》たり。勝《た》えざるが如《ごと》し。上《あ》ぐることは揖《ゆう》するが如《ごと》く、下《くだ》すことは授《さず》くるが如《ごと》く、勃如《ぼつじょ》として戦《おのの》く色《いろ》あり。足《あし》は蹜蹜如《しゅくしゅくじょ》として循《したが》うこと有《あ》り。享禮《きょうれい》には容色《ようしょく》あり。私覿《してき》には愉愉如《ゆゆじょ》たり。

○先師は衣服にもこまかな注意を払われた。紺色や淡紅色は喪服の飾りだからほかの衣服の襟《えり》や袖の縁《ふち》どりには用いられなかった。紅や紫の色の布はふだん着にはされなかった。暑いときは、ひとえの葛《くず》糸で織ったかたびらを上に着て外出された。祝賀のときに着る黒い衣には小羊の毛皮の服、凶事のときに着る白い衣には小鹿の毛皮の服、祭事のときに着る黄色の衣には狐の毛皮の服を用いられた。ふだん着は長くされたが、右の袂《たもと》は短くして動作が楽にできるようにされた。必ず寝巻を着られ、そ

君子《くんし》は紺緅《かんしゅう》を以《もっ》て飾《かざ》らず。紅紫《こうし》は以《もっ》て褻服《せつぷく》と為《な》さず。暑《しょ》に當《あた》りて縝《ひとえ》の絺綌《ちげき》し、必《かなら》ず表《ひょう》して出《い》ず。緇衣《しい》には羔裘《こうきゅう》、素衣《そい》には麑裘《げいきゅう》、黄衣《こうい》には狐裘《こきゅう》。褻裘《せつきゅう》は長《なが》く、右《みぎ》の袂《たもと》を短《みじか》くす。必《かなら》ず寝衣《しんい》有《あ》り、長《たけ》一《いっ》身《しん》有《ゆう》半《はん》。狐貉《こかく》の厚《あつ》きを以《もっ》て居《お》る。喪《も》を去《のぞ》いては佩《お》びざる所《ところ》無《な》し。帷裳《いしょう》に非《あら》ざれば必《かなら》

の長さは体の一倍半。狐や貉《むじな》の毛皮の厚い敷物の上に坐られた。喪のほかは所定の物を必ず身につけておられた。官服や祭服以外は、必ず布地を節約してせまく縫い込まれた。黒い小羊の毛皮でつくった服や黒い冠をしては死人を弔《とむら》われなかった。退官後も毎月朔日《ついたち》には礼服を着て参賀された。ものいみする時には清浄な衣を着られ、それは麻布で作られた。

○ものいみ中は、必ず平素の食物を変え居室もうつされた。ご飯は精米を好まれ、なますは細切りを好まれた。めしのすえて味の変わった

ず之《れ》を殺《さい》す。羔裘玄冠《こうきゅうげんかん》しては以《もっ》て弔《ちょう》せず。吉月《きちげつ》には必《かなら》ず朝服《ちょうふく》して朝《ちょう》す。齊《ものいみ》すれば必《かなら》ず明衣《めいい》有《あ》り布《ぬの》なり。

齊《ものいみ》すれば必《かなら》ず食《しょく》を變《へん》じ、居《きょ》は必《かなら》ず坐《ざ》を遷《うつ》す。食《いい》は精《しらげ》を厭《いと》わず、膾《なます》は細《ほそ》きを厭《いと》わず。食《いい》の饐《い》して餲《あい》せると、魚《うお》の餒《あざ》れて肉《にく》の敗《やぶ》れたるは食《くら》わず。色《いろ》の惡《あ》しきは食《くら》

のと、魚がくさり肉のくずれたのは食べられなかった。色や臭いの悪いのは食べられなかった。煮加減がよくないのは食べられなかった。季節はずれの物や料理の仕方のよくない物は口にされなかった。又適当なつけ汁がなければ口にされなかった。肉の入ったご馳走が多くても、主食の飯の分量に過ぎないようにされた。唯酒には量はないが乱れて人に迷惑をかけるような飲み方はされなかった。店で買った酒や脯《ほしにく》は口にされなかった。生姜《しょうが》はのけずに食べたが多くは食べられなかった。君に

わず。臭《におい》の悪《あ》しきは食《くら》わず。飪《じん》を失《うしな》えるは食《くら》わず。時《とき》ならざるは食《くら》わず。割《きりめ》正《ただ》しからざれば食《くら》わず。其《そ》の醬《しょう》を得《え》ざれば食《くら》わず。肉《にく》は多《おお》しと雖《いえど》も食《し》の氣《き》に勝《か》たしめず。唯《ただ》酒《さけ》は量無《りょうな》く亂《らん》に及《およ》ばず。沽《か》う酒《さけ》と市《か》う脯《ほしにく》は食《くら》わず。薑《はじかみ》を撤《す》てずして食《くら》う。多《おお》くは食《くら》わず。公《こう》に祭《まつ》れば

召されて祭りに奉仕して、頂いた肉は宵越しにならないように人に分けられた。家の祭りの肉は、三日以内に食べ、それを過ぎれば口にされなかった。口の中に食物を入れたままでは話をされなかった。寝てからは静かにして口をきかれなかった。粗末な飯や野菜の吸物、そして瓜のようなものでも初取りの祭りをされるときは、必ず敬虔そのものであられた。

※初取りの祭り、食事の前にひとつまみを取って器の外におき、食物や料理を考えついた先人に感謝の念をささげること。

○座席の敷物がきち

肉《にく》を宿《とど》めず。祭《まつり》の肉《にく》は三日《みっか》を出《いだ》さず。三日《みっか》を出《い》ずれば之《これ》を食《くら》わず。食《くら》うには語《かた》らず、寝《い》ぬるには言《い》わず。疏食《そし》と菜羹《さいこう》と瓜《うり》と雖《いえど》も、祭《まつ》れば必《かなら》ず齊如《さいじょ》たり。

席《せき》正《ただ》しからざれば、坐《ざ》せず。

郷人《きょうじん》の飲酒《いんしゅ》には杖者《じょうしゃ》出《い》ずれば、斯《ここ》に出《い》ず。

郷人《きょうじん》の儺《おたやらい》には、朝服《ちょうふく》して阼階《そかい》に立《た》つ。

んとしていなければ坐られなかった。

○村人との宴会では杖をつく老人が出てからでないと出られなかった。村人のおにやらいには礼装して東の階段に立たれた。

○人を他国に代理として訪ねさせるときは、その使者を再拝して送り出された。

○康子（魯の大夫季康子）**が薬を先師に贈った。**先師は病中拝礼して頂かれた。そうして言われた。「私の病気に適するかどうかまだわかりませんので、すぐには服用いたしません」

○馬小屋が焼けた。

先師が役所から帰られて、まず「人に怪我はなかったか」

人《ひと》を他《た》邦《ほう》に問《と》わしむるときは、再《さい》拝《はい》して之《これ》を送《おく》る。

康子《こうし》薬《くすり》を饋《おく》る。拝《はい》して之《これ》を受《う》く、曰《のたま》わく、丘《きゅう》未《いま》だ達《たっ》せず、敢《あえ》て嘗《な》めず。

廐《うまや》焚《や》けたり。子《し》朝《ちょう》より退《しりぞ》いて曰《のたま》わく、人《ひと》を傷《そこな》いたりやと。馬《うま》を問《と》わざりき。

君《きみ》食《し》を賜《たま》えば、必《かなら》ず席《せき》を正《ただ》して先《ま》ず之《これ》

と問われ、馬のことは聞かれなかった。
○君から食物を頂いたときは、必ず座席を正して、先ず一口食べられた。生肉を頂いたときは、必ず調理して、祖先の霊に供えられた。君から生き物を頂いたときは、必ず飼育された。
○君に陪食を仰せつかったときは、君が初取りの祭りをされている間に、先ず（毒味）召し上がられた。
○病床に君が見舞いに来られたときは、東を枕にして、寝具の上に礼服をかけ、その上に束帯をおかれた。
○君より呼び出しを受けたときは、車の用意をまたずに、急ぎ

を嘗《な》む。君《きみ》腥《なまぐさき》を賜《たま》えば必《かなら》ず熟《じゅく》して之《これ》を薦《すす》む。君《きみ》生《い》けるを賜《たま》えば、必《かなら》ず之《これ》を畜《か》う。君《きみ》に侍食《じしょく》するに、君《きみ》祭《まつ》れば先《ま》ず飯《はん》す。疾《や》めるとき、君《きみ》之《これ》を視《み》れば、東首《とうしゅ》して朝《ちょう》服《ふく》を加《くわ》え、紳《しん》を拖《こ》く。君《きみ》命《めい》じて召《め》せば、駕《が》を俟《ま》たずして行《ゆ》く。大《たい》廟《びょう》に入《い》りて事《こと》ごとに問《と》う。

歩いて行かれた。
○君のみたまやの祭りの役についたときは、あやまちのないよう事毎に係の人に尋ねられた。
○友達が死んで寄るべのない場合に、先師は「私の家で仮入棺をさせなさい」と言われた。友達からの贈物は、車や馬などの高価なものであっても、祭りのお下がりの肉以外は拝されなかった。
○寝るときは、屍《しかばね》のように（ぶざまに）されなかった。家に居るときには緊張をほぐして、ゆったりとされた。
○先師は、重い喪の服を着た人を見れば、親しい人でも必ずい

朋《ほう》友《ゆう》死《し》して歸《かえ》る所《ところ》無《な》し。曰《のたま》わく、我《われ》に於《おい》て殯《ひん》せよ。朋《ほう》友《ゆう》の饋《おくりもの》は、車馬《しゃば》と雖《いえど》も、祭《まつり》の肉《にく》に非《あら》ざれば、拜《はい》せず。

寢《い》ぬるに尸《し》せず。居《お》るに容《かたち》づくらず。

子《し》、齊《し》衰《さい》の者《もの》を見《み》ては、狎《な》れたりと雖《いえど》も必《かなら》ず變《へん》ず。冕《べん》者《しゃ》と瞽《こ》者《しゃ》とを見《み》ては、褻《せつ》と雖《いえど》も必《かなら》ず貌《かたち》を以《もっ》てす。凶服《きょうふく》の者《もの》には之《これ》

ずまいを改められた。冕の冠をつけた高官や目の不自由な人（楽官）に出会えば必ず態度を改められた。喪服を着た人に出会えば、車の前の横木に手をついて礼をされた。国の地図や戸籍を運ぶ役人に対しても同様であった。他家で手厚いもてなしを受けられたときには、思いがけないという顔をして立って心から礼を言われた。凄《すさま》じい雷や激しい風のときには居ずまいを正して謹慎された。

○車に乗られるときは、必ず正しく立ってとりて紐を持たれた。車の中では、左右を見廻したり、あ

に式《しょく》す。負《ふ》版《はん》の者《もの》に式《しょく》す。盛《せい》饌《せん》あれば、必《かなら》ず色《いろ》を變《へん》じて作《た》つ。迅《じん》雷《らい》風《ふう》烈《れつ》には必《かなら》ず變《へん》ず。

車《くるま》に升《のぼ》りては、必《かなら》ず正《ただ》しく立《た》ちて綏《すい》を執《と》る。車《くるま》の中《なか》にては、内《ない》顧《こ》せず、疾《しつ》言《げん》せず、親《しん》指《し》せず。

色《いろ》みて斯《ここ》に擧《あが》り翔《かけ》りて而《しこう》して後《のち》に集《とど》

わただしく話されたり、人を指さしたりされなかった。
○先師は、ある日、門人たちと山道を歩いておられた。橋の近くまで行くと、雉が人の気配に驚いて、空に舞い上がったが、やがて安全な時と所を見出して再び舞いおりた。先師はこれを見て「人もあの鳥のように機に臨み変に応じて自然に『時の宜しき』を得た行動に出たいものだ」と嘆じられた。子路は時の意味をとりたがえ、師の為に雉を捕らえようとして餌をやった。が、雉は三たびにおいをかいでいずこともなく飛び去った。(異説多し)

まる。曰《のたま》わく、山《さん》梁《りょう》の雌《し》雉《ち》、時《とき》なるかな、時《とき》なるかな。子路《しろ》之《これ》を共《きょう》す。三《み》たび嗅《か》ぎて作《た》つ。

○**先師が言われた。**
「周の初めの先人達の礼楽は、心は篭っているが形は粗雑で野人のようであった。今の人の礼楽は、形の上ではよく整って君子のようである。もし私がどちらかを選ぶとすると先人の礼楽に従おうと思う」

○**先師が言われた。**
「私に従って陳蔡で苦労を共にした者は、今は誰も私の許には居ない」

※その門人達は、或いは地位を得て活動し、或いは師に先立って死んだ者もいたであろう。喜び且つ悲しむ複雑な心境を漏らされたものと思う。

先《せん》進《しん》第《だい》十《じゅう》一《いち》

子《し》曰《のたま》わく、先進《せんしん》の禮樂《れいがく》に於《お》けるや、野人《やじん》なり。後進《こうしん》の禮樂《れいがく》に於《お》けるや、君子《くんし》なり。如《も》し之《これ》を用《もち》うれば則《すなわ》ち吾《われ》は先進《せんしん》に從《したが》わん。

子《し》曰《のたま》わく、我《われ》に陳《ちん》・蔡《さい》に從《したが》う者《もの》は皆《みな》門《もん》に及《およ》ばざるなり。

○**徳行のすぐれた者**には、顔淵（名は回）閔子騫（名は損）冉伯牛（名は耕）仲弓（名は雍）。言語のすぐれた者には、宰我（名は予）子貢（名は賜）。政治にすぐれた者には、冉有（名は求）季路（名は由、字は子路、五十歳を過ぎて季路ともいう）。文学には、子游（名は偃《えん》）子夏（名は商）がいた。

○**先師が言われた。**

「顔回は、私を啓発する者ではない。私の言葉を何の疑問も持たず理解し、喜んでばかりで、私に何も考えさせないから」

○ **先師が言われた。**

「閔子騫は孝行だなあ。誰も父母や兄弟

徳《とっ》行《こう》には顔淵《がんえん》・閔子騫《びんしけん》・冉伯牛《ぜんはくぎゅう》・仲《ちゅう》弓《きゅう》、言語《げんご》には宰我《さいが》・子貢《しこう》、政事《せいじ》には冉有《ぜんゆう》・季路《きろ》、文學《ぶんがく》には子游《しゆう》・子夏《しか》。

子《し》曰《のたま》わく、回《かい》や我《われ》を助《たす》くる者《もの》に非《あら》ざるなり。吾《わ》が言《げん》に於《おい》て説《よろこ》ばざる所《ところ》無《な》し。

子《し》曰《のたま》わく、孝《こう》なるかな閔子騫《びんしけん》。人《ひと》其《そ》の父母《ふぼ》昆《こん》弟《てい》の言《げん》に間《かん》せず。

をそしるようなことは言わない」
※閔子騫は、継母と義弟二人がいて冷遇されていたが、その不平を他人にもらさず、むしろ弁護した。
○**南容は**、白圭の詩を何度もくりかえしくちずさんでいた。先師は兄の娘をめあわせられた。
※白圭の詩、詩経大雅抑篇。「白き玉のきずはなお磨くべし。ことばのきずは、つくろいもならず」
○**季康子が先師に**「弟子の中で誰が本当に学問を好まれますか」と尋ねた。
先師が答えられた。
「顔回という者がおりました。本当に学問が好きでしたが、

南容《なんよう》、白圭《はくけい》を三復《さんぷく》す。孔子《こうし》、其《そ》の兄《あに》の子《こ》を以《もっ》て之《これ》に妻《めあわ》す。

季康子《きこうし》問《と》う、弟子《ていし》孰《たれ》か學《がく》を好《この》むと爲《な》す。孔子《こうし》對《こた》えて曰《のたま》わく、顔回《がんかい》なる者《もの》あり。學《がく》を好《この》む。不幸《ふこう》、短命《たんめい》にして死《し》せり。今《いま》や則《すなわ》ち亡《な》し。

顔淵《がんえん》死《し》す。顔路《がんろ》、子《し》の車《くるま》以《もっ》て之《これ》が槨《かく》を

不幸にして若くして死にました。もう今ではおりません」

○顔淵が亡くなった時、父の顔路は、先師に「先生のお車を頂いて、椁（外棺）を造ってやりたいのですが」とお願いした。

　先師が言われた。

「才が有ろうが無かろうが、子の可愛さは誰でも同じだ。鯉（長男）が死んだとき、棺があって椁はなかった。だが私が車を売ってまでして椁を造らなかったのは、私が大夫の末席にあるので職掌がら徒行してはならなかったからだ」

○顔淵が亡くなった。

　先師は歎いて言わ

為《つく》らんことを請《こ》う。子曰《のたま》わく、才《さい》あるも才《さい》あらざるも、亦《また》各《おの》々《おの》其《そ》の子《こ》と言《い》うなり。鯉《り》や死《し》す、棺《かん》有《あ》りて椁《かく》無《な》し。吾《われ》徒《と》行《こう》して以《もっ》て之《これ》が椁《かく》を為《つく》らざりしは、吾《わ》が大《たい》夫《ふ》の後《しりえ》に従《したが》えるを以《もっ》て徒《と》行《こう》すべからざるなり。

顔《がん》淵《えん》死《し》す。子《し》曰《のたま》わく、噫《ああ》、天《てん》予《われ》を喪《ほろ》ぼせ

れた。

「ああ、天は私をほろぼした。天は私をほろぼした」
○顔淵が亡くなった。
先師は弔いに行かれ、声をあげて泣き、身もだえして悲しまれた。おともの者があとで先師に「先生は身もだえして泣きくずれましたね」と言った。先師が言われた。「そんなに泣いたかね。然しかの人（顔淵）の為に身もだえして泣かなかったら、一体誰の為に泣くんだ」
○顔淵が亡くなった。
弟子達は彼の為に葬儀を盛大にしようと先師に相談した。

先師は、「いけない」と強く止められ

り、天《てん》予《われ》を喪《ほろ》ぼせり。

顔《がん》淵《えん》死《し》す。子《し》之《これ》を哭《こく》して慟《どう》す。従者《じゅうしゃ》曰《い》わく、子《し》慟《どう》せり。曰《のたま》わく、慟《どう》すること有《あ》るか。夫《か》の人《ひと》の為《ため》に慟《どう》するに非《あら》ずして誰《たれ》が為《ため》にかせん。

顔《がん》淵《えん》死《し》す。門人《もんじん》厚《あつ》く之《これ》を葬《ほうむ》らんと欲《ほっ》す。子《し》曰《のたま》わく、不可《ふか》なり。門人《もんじん》厚《あつ》く之《これ》をたが弟子達は、かまわずに盛大な葬儀をやってしまった。すると先師が言われた。
「回は私を父のように思っていてくれたのに、私は子のようにしてやれなかった。それは私のせいではない。みんなあの門人達のやったことだ」
※孔子は顔回の心にもかなない、自分の心にもかなう真情のこもった質素な葬儀を行いたいと思ったのにと複雑な心境。
○季路が神さまにつかえる道を尋ねた。
先師が答えられた。
「まだ人に事えることが充分にできないのに、どうして神さまに事えることができようか」

葬《ほうむ》る。子《し》曰《のたま》わく、回《かい》や、予《われ》を視《み》ること猶《なお》父《ちち》のごとし。予《われ》は視《み》ること猶子《なおこ》のごとくするを得《え》ず。我《われ》に非《あら》ざるなり。夫《か》の二《に》三子《さんし》なり。

季路《きろ》、鬼神《きしん》に事《つか》えんことを問《と》う。子《し》曰《のたま》わく、未《いま》だ人《ひと》に事《つか》うること能《あた》わず、焉《いずく》んぞ能《よ》く鬼《き》に事《つか》えん。曰《い》わく、敢《あえ》て死《し》を問《と》う。

季路は更に死について尋ねた。
先師が答えられた。
「まだ自分が、この世に生まれ、生きていることも分からないのに、どうして死がなんであるかが分かろうか」

○数人の弟子が先師のお側に集っていた。

閔子騫は徳行の高い人らしく、おだやかで落ち着いていた。子路は、武人らしくいかついさまでいた。冉有と子貢は、やわらぎにこやかである。それぞれがよく個性を表しており、先師は満足そうであった。
「ただ由（子路）はどうも畳の上で死ねそうにもないね」と冗《じょう》談《だん》のように言われた。

曰《のたま》わく、未《いま》だ生《せい》を知《し》らず、焉《いずく》んぞ死《し》を知《し》らん。

閔子騫《びんしけん》、側《かたわら》に侍《じ》す。誾誾如《ぎんぎんじょ》たり。子路《しろ》、行行如《こうこうじょ》たり。冉有《ぜんゆう》・子貢《しこう》、侃侃如《かんかんじょ》たり。子《し》樂《たの》しむ。曰《のたま》わく、由《ゆう》の若《ごと》きは其《そ》の死《し》を得《え》ざらん。

魯《ろ》人《ひと》、長府《ちょうふ》を爲《つく》る。閔子騫《びんしけん》曰《い》わく、舊貫《きゅうかん》

○魯の当局が新たに長府（財貨の蔵）を**作った。**閔子騫は、「むかしどおりでどうだろう。どうしてわざわざ作りかえる必要があろうか」と言った。

先師はこれを聞いて言われた。

「彼は、平素は無口であるが、言うときは必ず道理にかなっているね」

○先師が言われた。

「由（子路の名）の大琴はどうも私の家では弾いてもらいたくないな」

それを聞いて弟子達は子路を尊敬しなくなった。すると先師は言われた。

「子路はすでに堂にのぼっているが、ま

に仍《よ》らば、之《これ》を如何《いかん》、何《なん》ぞ必《かなら》ずしも改《あらた》め作《つく》らん。子《し》曰《のたま》わく、夫《か》の人《ひと》は言《い》わず。言《い》えば必《かなら》ず中《あた》ること有《あ》り。

子《し》曰《のたま》わく、由《ゆう》の瑟《しつ》、奚爲《なんす》れぞ丘《きゅう》の門《もん》に於《おい》てせん。門人《もんじん》、子路《しろ》を敬《けい》せず。子《し》曰《のたま》わく、由《ゆう》や堂《どう》に升《のぼ》れり。未《いま》だ室《しつ》に入《い》らざるなり。

だ室に入らないだけのことだ」
※堂・室　堂は正庁表座敷。室は奥の間。
○子貢が師（子張）と商（子夏）とはどちらがまさっているでしょうかと尋ねた。
先師が答えられた。

「師はやり過ぎである。商はやり足らない」

子貢は「それでは師は商よりまさっているでしょうか」と尋ねた。

先師は答えられた。

「過ぎたるはなお及ばざるが如し」
○季氏（季孫子）**は魯公より裕福であるのに、**冉求は季氏に仕えて税金をきびしく取り立てて更に富を増していた。

子貢《しこう》問《と》う、師《し》と商《しょう》とは孰《いず》れか賢《まさ》れる。子曰《しのたま》わく、師《し》や過《す》ぎたり、商《しょう》や及《およ》ばず。曰《い》わく、然《しか》らば則《すなわ》ち師《し》は愈《まさ》れるか。子曰《しのたま》わく、過《す》ぎたるは猶《なお》及《およ》ばざるがごとし。

季氏《きし》、周公《しゅうこう》より富《と》めり。而《しこう》して求《きゅう》や之《これ》が為《ため》に聚斂《しゅうれん》して之《これ》を附益《ふえき》す。子《し》曰《のたま》わく、吾《わ》が徒《と》に非《あら》ざるなり。小子《しょうし》、鼓《こ》を鳴《な》らし先師が珍しく、きびしく言われた。

「彼はわれわれの仲間ではない。諸君は太鼓を鳴らして責めたてたらよかろう」
○**柴**（姓は高、字は子羔《こう》）はきまじめ。
参（姓は曾、字は子輿）はのろま。
師（姓は顓孫《せんそん》、字は子張）は見え坊。
由（姓は仲、字は子路）は粗野でがさつ。
○**先師が言われた。**
「回（顔淵）は聖賢の道に近いが、時に貧乏で食糧にもこと欠くことがある。賜（子貢）は官命を受けなくとも、金もうけをして、予想したことはよく当たる」
○**子張が天性善良な人の在り方について**

て之《これ》を攻《せ》めて可《か》なり。
柴《さい》や愚《ぐ》、参《しん》や魯《ろ》、師《し》や辟《へき》、由《ゆう》や喭《がん》。
子《し》曰《のたま》わく、回《かい》や其《そ》れ庶《ちか》きか。屢《しばしば》空《むな》し。賜《し》は命《めい》を受《う》けずして貨《か》殖《しょく》す。億《おもんぱか》れば則《すなわ》ち屢《しばしば》中《あた》る。
子《し》張《ちょう》善人《ぜんにん》の道《みち》を問《と》う。子《し》曰《のたま》わく、迹《あと》を践《ふ》まず、亦《また》室《しつ》に入《い》らず。

お尋ねした。

先師が答えられた。

「善人が、先覚の跡について実行しないのは惜しいことだ。それでは、道の奥義を掴《つか》むことはできないだろう」
○先師が言われた。
「弁論がしっかりしているというだけで判断したのでは、真の君子かうわべを飾るにせ者か分らない」
○子路が「聞いたらすぐに行おうと思いますがどうでしょうか」と尋ねた。
先師が答えられた。

「父兄がおいでになるではないか、どうしてすぐ行ってよかろうか。よく考えて行うようにしなさい」

冉有が「聞いたらす

子《し》曰《のたま》わく、論《ろん》の篤《あつ》きに是《こ》れ与《くみ》せば、君子《くんし》者《しゃ》か、色《しき》荘《そう》者《しゃ》か。

子《し》路《ろ》問《と》う聞《き》くままに斯《こ》れ諸《これ》を行《おこな》わんか。子《し》曰《のたま》わく、父《ふ》兄《けい》の在《いま》すこと有《あ》り、之《これ》を如《い》何《かん》ぞ其《そ》れ聞《き》くままに斯《こ》れ諸《これ》を行《おこな》わんや。冉《ぜん》有《ゆう》問《と》う聞《き》くままに斯《こ》れ諸《これ》を行《おこな》わんか。子《し》曰《のたま》わく聞《き》くままに斯《こ》れ諸《これ》を行《おこな》ぐ行おうと思いますがどうでしょうか」と尋ねた。

先師は答えられた。

「すぐに行いなさい」

公西華がこれを聞いて不審に思って尋ねた。

「由がすぐ行いましょうかと尋ねたら、先生は、父兄がおいでになるからよく考えて行いなさいと、仰せられました。一方、求にはすぐに行いなさいと仰せられました。私にはどうも先生のお気持ちがわかりません。どうか教えて下さい」

先師が答えられた。

「求はとかく引っ込み思案だからそれを励まし、由はとかく出過ぎるくせがある

え。公西華《こうせいか》曰《い》わく、由《ゆう》や問《と》う聞《き》くままに斯《こ》れ諸《これ》を行《おこな》わんかと。子《し》曰《のたま》わく、父兄《ふけい》の在《いま》すこと有《あ》りと。求《きゅう》や問《と》う聞《き》くままに斯《こ》れ諸《これ》を行《おこな》わんかと。子《し》曰《のたま》わく聞《き》くままに斯《こ》れ諸《これ》を行《おこな》えと。赤《せき》や惑《まど》う。敢《あえ》て問《と》う。子《し》曰《のたま》わく求《きゅう》や退《しりぞ》く、故《ゆえ》に之《これ》を進《すす》む。由《ゆう》や人《ひと》を兼《か》ぬ、故《ゆえ》に之《これ》を退《しりぞ》く。

ので、それをおさえてやったのだ」

〇先師が匡の地で恐ろしい目にあわれたとき、顔淵が一人遅れて追いついた。

先師は喜んで「私は、お前がてっきり死んだものと思っていたよ」と言われた。

顔淵は「先生がおられますのに、私がどうして死ねましょうか」と申し上げた。

〇季子然（魯の大夫）**が**「仲由と冉求は大臣ということができましょうか」と尋ねた。

先師が答えられた。

「私は、あなたが由と求とが大臣かどうかについて問われるとは意外です。所謂大臣というものは、

子《し》、匡《きょう》に畏《い》す。顔《がん》淵《えん》後《おく》れたり。子《し》曰《のたま》わく、吾《われ》女《なんじ》を以《もっ》て死《し》せりと為《な》す。曰《い》わく、子《し》在《いま》す。回《かい》何《なん》ぞ敢《あえ》て死《し》せん。

季《き》子《し》然《ぜん》問《と》う、仲《ちゅう》由《ゆう》・冉《ぜん》求《きゅう》は大《だい》臣《じん》と謂《い》うべきか。子《し》曰《のたま》わく、吾《われ》子《し》を以《もっ》て異《こと》なるを之《こ》れ問《と》うと為《な》す。曽《すなわ》ち由《ゆう》と求《きゅう》とを之《こ》れ問《と》う。所謂《いわゆる》大《だい》臣《じん》なる者《もの》は、道《みち》を以《もっ》て君《きみ》に事《つか》

道を以て君に事え、うまくいかないときは、直ちに身をひくような人物をいうのです。ところが由と求とは（諫めるときに諫めず）頭数だけの臣というべきで、大臣と言い得ないと思います」

　そこで、季子然は「それなら彼等両人は私の言うことには何でも従うものでしょうか」と尋ねた。

　先師が答えられた。「唯、君と父とを殺すような無道な行いには決して従いません」
○子路が、子羔を費の町の代官にさせた。
　先師が言われた。「そんなことをしたらかえってあの青年をそこなうことにな

え、不《ふ》可《か》なれば則《すなわ》ち止《や》む。今《いま》由《ゆう》と求《きゅう》とは具《ぐ》臣《しん》と謂《い》うべし。曰《い》わく、然《しか》らば則《すなわ》ち之《これ》に従《したが》わん者《もの》か。子《し》曰《のたま》わく、君《きみ》と父《ちち》とを弑《しい》すれば、亦《また》従《したが》わざるなり。

子《し》路《ろ》、子《し》羔《こう》をして費《ひ》の宰《さい》たらしむ。子《し》曰《のたま》わく、夫《か》の人《ひと》の子《こ》を賊《そこな》わん。子《し》路《ろ》曰《い》わく、民《みん》人《じん》有《あ》り、社《しゃ》稷《しょく》有《あ》り、何《なん》ぞ必《かなら》ずしも書《しょ》を

ろう」

子路はこれに反発して「費には治むべき人民があり、祭るべき社稷があります。どうして机の上で書を読むだけが学問でありましょうか」と言った。

先師が言われた。

「これだから、私は口達者な人をにくむのだ」

○子路、曽皙、冉有公西華が先師のお側《そば》にくつろいでいた。

先師が言われた。

「私がお前たちより少し年上だからとて、遠慮はいらない。お前たちは、平生よく自分を知って挙げ用いてくれないと歎いているが、若し知って用いてくれたら、

讀《よ》みて然《しか》る後《のち》に學《がく》と爲《な》さん。子《し》曰《のたま》わく、是《こ》の故《ゆえ》に夫《か》の佞者《ねいじゃ》を惡《にく》む。

子路《しろ》、曽皙《そうせき》、冉有《ぜんゆう》、公西華《こうせいか》、侍坐《じざ》す。子《し》曰《のたま》わく、吾《わ》が一日《いちじつ》爾《なんじ》より長《ちょう》ぜるを以《もっ》て、吾《われ》を以《もっ》てすること無《な》かれ。居《お》れば則《すなわ》ち曰《い》わく、吾《われ》を知《し》らずと。如《も》し爾《なんじ》を知《し》る或《あ》らば則《すなわ》ち何《なに》を以《もっ》てせんや。子路《しろ》率爾《そつじ》と

どういうふうにするかね」

　すると子路はいきなりこたえて言った。

「千乗の国が、大国の間に挟まれて、戦争をしかけられ、その上に飢饉が起こって困窮している時に私が治めたら、三年に及ぶころには、勇気をあたえ更に人の道を知らせることができます」と。先師がにやっと笑われた。

　次いで「求（再有）お前はどうかね」と尋ねられた。求はこれにこたえて言った。

「六、七十里、或は五、六十里四方程度の国でしたら、私が治めて三年に及ぶころには、人民の生活を安定させることができ

して對《こた》えて曰《い》わく、千乘《せんじょう》の國《くに》、大國《たいこく》の間《あいだ》に攝《はさ》まれて、之《これ》に加《くわ》うるに、師旅《しりょ》を以《もっ》てし、之《これ》に因《よ》るに飢饉《ききん》を以《もっ》てせんに、由《ゆう》や之《これ》を爲《おさ》めて、三年《さんねん》に及《およ》ぶ比《ころ》には、勇有《ゆうあ》りて且《か》つ方《みち》を知《し》らしむべきなり。夫子《ふうし》之《これ》を哂《わら》う。

求《きゅう》、爾《なんじ》は何如《いかん》。對《こた》えて曰《い》わく、方六七十《ほうろくしちじゅう》如《も》しくは五六十《ごろくじゅう》、求《きゅう》や之《これ》を爲《おさ》め、三年《さんねん》に及《およ》ぶ

ます。礼楽というようなことになりますと高徳の人をまたなければなりません」

　更に「赤（公西華）お前はどうかね」と先師が尋ねられた。

　赤は「私は充分できるというのではありませんが、礼楽を学んで宗廟《みたまや》の祭りや、諸侯の会合の時、礼服や礼冠をつけて補佐役ぐらいの役目につきたいと思います」と答えた。

　最後に「點（曾皙）お前はどうかね」と尋ねられた。彼は大琴を時々思い出したようにひいていたが、かたっと大琴を床において立ち上がり「私は三人の意見とは違いますので」とため

比《ころ》には、民《たみ》を足《た》らしむべきなり。其《そ》の禮《れい》樂《がく》の如《ごと》きは、以《もっ》て君子《くんし》を俟《ま》たん。赤《せき》爾《なんじ》は何《い》如《かん》。對《こた》えて曰《い》わく、之《これ》を能《よ》くすと曰《い》うには非《あら》ず。願《ねが》わくは學《まな》ばん。宗廟《そうびょう》の事《こと》、如《も》しくは會《かい》同《どう》に端章甫《たんしょうほ》して願《ねが》わくは小《しょう》相《しょう》たらん。點《てん》爾《なんじ》は何如《いかん》。瑟《しつ》を鼓《ひ》くこと希《まれ》なり。鏗爾《こうじ》として瑟《しつ》を舍《お》きて作《た》ち、對《こた》

らって言った。

　先師は「ただ皆がそれぞれの志を気楽に言ったまでだから何も気を遣うことはいらないよ」と言われた。そこで彼は、「晩春のよい季節に新しく仕立てた春服を着て、青年五、六人少年六、七人と沂の川のほとりでゆあみをして、舞雩台の涼しい風にあたり、詩を歌いながら帰りたいと思います」と答えた。

　先師はああと深いため息をつかれて言われた。

「私は點の意見に賛同しよう」

　三人が出て行き、曽皙が後に残った。彼は先師に「あの三

えて曰《い》わく、三子者《さんししゃ》の撰《せん》に異《こと》なり。子《し》曰《のたま》わく、何《なん》ぞ傷《いた》まんや、亦《また》各《おのおの》其《そ》の志《こころざし》を言《い》うなり。曰《い》わく、莫春《ばしゅん》には春服《しゅんぷく》既《すで》に成《な》り冠《かん》者《じゃ》五《ご》六人《ろくにん》、童子《どうし》六七人《ろくしちにん》、沂《き》に浴《よく》し、舞雩《ぶう》に風《ふう》し、詠《えい》じて歸《かえ》らん。夫子《ふうし》喟然《きぜん》として歎《たん》じて曰《のたま》わく、吾《われ》は點《てん》に與《くみ》せん。三子者《さんししゃ》出《い》ず。曾皙《そうせき》後《おく》れたり。曾皙《そうせき》曰《い》わく、夫《か》の三子者《さんししゃ》

人の言ったことをどうお聞きになられましたか」と尋ねた。

　先師は言われた。

「ただそれぞれが自分の志を遠慮なく言ったまでのことだ」

　彼は「それではどうして由を笑われたのですか」と重ねて尋ねた。

　先師が答えられた。

「国を治める上に於いては礼が大切であるが、由の言葉には、へりくだりやゆずるところが感じられなかったので笑ったのだよ。求の場合も国を治めることを言ったのではないか。どうして方六、七十里もしくは五、六十里で国でないものがあろうか」


の言《げん》は何如《いかん》。子《し》曰《のたま》わく、亦《また》各《おのおの》其《そ》の志《こころざし》を言《い》えるのみ。曰《い》わく、夫子《ふうし》何《なん》ぞ由《ゆう》を哂《わら》うや。曰《のたま》わく、國《くに》を爲《おさ》むるには禮《れい》を以《もっ》てす。其《そ》の言《げん》讓《ゆず》らず。是《こ》の故《ゆえ》に之《これ》を哂《わら》う。唯《こ》れ求《きゅう》は則《すなわ》ち邦《くに》に非《あら》ずや。安《いずく》んぞ方六七《ほうろくしち》十《じゅう》如《も》しくは五六十《ごろくじゅう》にして邦《くに》に非《あら》ざる者《もの》を見《み》ん。唯《こ》れ赤《せき》は則《すなわ》ち邦《くに》に非《あら》ずや、宗廟《そうびょう》

「謙遜はしているがね。赤の場合も同じことではないか。宗廟や会同の儀式は国の大事な行事である。これもまた国の政治だよ。赤は大変謙遜して補佐役ぐらいのところを引き受けたいと言っていたが、彼が補佐役だったら、誰も彼の上に長官になれる者はないだろう」

※沂、魯の東南の川の名、ほとりに温泉があったという。

※舞雩、天を祀って雨乞いの祭りを行ったところ。樹木の茂る景色のよい台地。

會同《かいどう》は諸侯《しょこう》に非《あら》ずして何《なん》ぞや。赤《せき》や之《これ》が小相《しょうしょう》たらば、孰《たれ》か能《よ》く大相《だいしょう》たらん。

○顔淵が仁の意義を尋ねた。

先師が答えられた。

「私利私欲に打ち克って、社会の秩序と調和を保つ礼に立ち戻《もど》るのが仁である。たとえ一日でも己に克って礼に復れば、天下の人もおのずから仁になっていく。その仁を行うのは、自らの意志によるべきで、他人のたすけによるべきではない」

顔淵が更に尋ねた。

「それではその仁の実践についての方法をお教え下さい」

先師が答えられた。

「礼にはずれたことは視ないように、礼にはずれたことは聴かないように、礼にはずれたことは言わ

顔淵《がんえん》第十二《だいじゅうに》

顔淵《がんえん》、仁《じん》を問《と》う。子《し》曰《のたま》わく、己《おのれ》に克《か》ちて禮《れい》に復《かえ》るを仁《じん》と爲《な》す。一日《いちじつ》己《おのれ》に克《か》ちて禮《れい》に復《かえ》れば、天下《てんか》仁《じん》に歸《き》す。仁《じん》を爲《な》すは己《おのれ》に由《よ》る。而《しこう》して人《ひと》に由《よ》らんや。顔淵《がんえん》曰《い》わく、請《こ》う、其《そ》の目《もく》を問《と》わん。子《し》曰《のたま》わく、禮《れい》に非《あら》ざれば視《み》ること勿《なか》れ、禮《れい》に非《あら》ざれ

ないように、礼にはずれたことは行わないようにすることだ」

顔淵は言った。「私はまことに至らぬ者ではございますが、今お教え下さいましたお言葉を一生かけて実行していきたいと存じます」

○仲弓（冉雍）が仁の意義について尋ねた。

先師が答えられた。

「一歩家を出て社会の人と交わるときには、大事なお客に会うかのようにし、人民を使うときには、大事なお祭りを行うかのようにする。自分が嫌《いや》だと思うことは、人に無理強《じ》いをしない。そうすれば、国においても怨まれ

ば聴《き》くこと勿《なか》れ禮《れい》に非《あら》ざれば言《い》うこと勿《なか》れ、禮《れい》に非《あら》ざれば動《うご》くこと勿《なか》れ。顔淵《がんえん》曰《い》わく、回《かい》、不《ふ》敏《びん》なりと雖《いえど》も、請《こ》う斯《こ》の語《ご》を事《こと》とせん。

仲弓《ちゅうきゅう》、仁《じん》を問《と》う。子《し》曰《のたま》わく、門《もん》を出《い》でては大《たい》賓《ひん》を見《み》るが如《ごと》くし、民《たみ》を使《つか》うには大《たい》祭《さい》に承《つか》えまつるが如《ごと》くす。己《おのれ》の欲《ほっ》せざ

ることがなく、家においても怨まれることはない」

　仲弓は言った。

「私はまことに至らぬ者ではございますが、今お教え下さいましたお言葉を一生かけて実行していきたいと存じます」
○司馬牛（姓は司馬、名は犂《り》または耕、字は子牛）**が仁の意義について尋ねた。**
　先師が答えられた。

「仁者は言葉を慎んでひかえ目にする」

司馬牛は驚いて言った。

「言葉を慎んでひかえ目にすることぐらいで仁者と言えるのですか」

　先師が言われた。

「言ったことを実行

る所《ところ》は人《ひと》に施《ほどこ》すこと勿《なか》れ。邦《くに》に在《あ》りても怨《うらみ》無《な》く、家《いえ》に在《あ》りても怨《うらみ》無《な》し。仲弓《ちゅうきゅう》曰《い》わく、雍《よう》不敏《ふびん》なりと雖《いえど》も請《こ》う斯《こ》の語《ご》を事《こと》とせん。

司馬牛《しばぎゅう》、仁《じん》を問《と》う。子《し》曰《のたま》わく、仁者《じんしゃ》は其《そ》の言《げん》や訒《しの》ぶ。曰《い》わく、其《そ》の言《げん》や訒《しの》ぶ、斯《こ》れ之《これ》を仁《じん》と謂《い》うか。子《し》曰《のたま》わく、之《これ》を為《な》すこするのは甚だ難しい。そこで仁者は言葉をひかえ目にしないでいられないのだ」

○司馬牛が君子について尋ねた。

先師が答えられた。

「くよくよと心配せず、びくびくと恐れない」

司馬牛は驚いて尋ねた。

「心配せず、恐れないくらいで君子と言えるのでしょうか」

先師が答えられた。

「自分を省みて、何のやましいところもなければ、一体何を心配し、何を恐れることがあろうか」

○司馬牛が浮かぬ顔をして子夏に尋ねた。

「人々には兄弟があるのに私だけにはな

と難《かた》し。之《これ》を言《い》うに訒《しの》ぶ無《な》きを得《え》んや。

司《し》馬《ば》牛《ぎゅう》、君子《くんし》を問《と》う。子《し》曰《のたま》わく、君子《くんし》は憂《うれ》えず懼《おそ》れず。曰《い》わく、憂《うれ》えず、懼《おそ》れず、斯《こ》れ之《これ》を君子《くんし》と謂《い》うか。子《し》曰《のたま》わく、内《うち》に省《かえり》みて疚《やま》しからざれば、夫《そ》れ何《なに》をか憂《うれ》え、何《なに》をか懼《おそ》れん。

司《し》馬《ば》牛《ぎゅう》、憂《うれ》えて曰《い》わく、人《ひと》は皆《みな》兄弟《きょうだい》有《あ》り、

い」
　子夏が答えた。
「私は『死生や富貴はすべて天命だ』と聞いている。君子は身を敬んで、人の道に違うことなく、人と交わるのにうやうやしくして礼に適うようにすれば、世界中の人は皆兄弟である。君子は、どうして兄弟がいないことを気に病むことがあろうか」
※司馬牛の兄桓魋《かんたい》は無法もので、弟の司馬牛は常に肩身の狭い思いをしていたのであろう。
〇子張（姓は顓孫《せんそん》、名は師）**が物事の正しい判断力について尋ねた。**
　先師が答えられた。

我獨《われひと》り亡《な》し。子《し》夏《か》曰《い》わく、商《しょう》之《これ》を聞《き》く、死《し》生命《せいめい》有《あ》り富貴《ふうき》天《てん》に在《あ》り。君子《くんし》は敬《つつし》みて失《うしな》うこと無《な》く、人《ひと》と與《まじわ》るに恭《うやうや》しくして禮《れい》有《あ》らば、四海《しかい》の内《うち》皆《みな》兄弟《きょうだい》なり。君子《くんし》何《なん》ぞ兄弟《きょうだい》無《な》きを患《うれ》えんや。

子《し》張《ちょう》明《めい》を問《と》う。子《し》曰《のたま》わく、浸潤《しんじゅん》の譖《そしり》膚《ふ》受《じゅ》の愬《うったえ》行《おこな》われざるは、明《めい》と謂《い》うべきのみ。

「じわじわと浸みこむような悪口や肌を刺すようなうったえに、とかく人は動かされやすいものだが、うかつにそれに乗らないような人なら、明ということができるよ。更にそういう人は遠（目先だけでなく先々まで見抜く）ともいうことができるよ」

○子貢が政治の要道（大切な道）を尋ねた。
先師が答えられた。

「食（食糧）を豊かにし、兵（軍備）を充実し、民に信（道義）を持たせることだ」

子貢が尋ねた。

「どうしてもやむなく捨てなければならないときに、この三

浸潤《しんじゅん》の譖《そしり》膚受《ふじゅ》の愬《うったえ》行《おこな》われざるを遠《えん》とも謂《い》うべきのみ。

子貢《しこう》、政《まつりごと》を問《と》う。子《し》曰《のたま》わく、食《しょく》を足《た》し兵《へい》を足《た》し、民《たみ》之《これ》を信《しん》にす。子貢《しこう》曰《い》わく、必《かなら》ず已《や》むを得《え》ずして去《さ》らば、斯《こ》の三者《さんしゃ》に於《おい》て何《いず》れをか先《さき》にせん。曰《のたま》わく、兵《へい》を去《さ》らん。曰《い》わく、必《かなら》ず已《や》むを得《え》ずして去《さ》らば、斯《こ》の

つの中どれを先にすればよいでしょうか」

先師が言われた。

「兵を捨てよう」

子貢が更に尋ねた。

「どうしてもやむなく捨てなければならないときに、この二つの中どれを先にすればよいでしょうか」

先師が言われた。

「食を捨てよう。昔から食の有無にかかわらず、人は皆死ぬものだ。然し人に信がなくなると社会は成り立たない」
※信にす、これを信ぜしむとよんで、政治家を信頼させるという解釈もある。
○**棘子成**（衛の大夫）が「君子は精神的、本質的にすぐれておればよいので、学問

二者《にしゃ》に於《おい》て何《いず》れをか先《さき》にせん。曰《のたま》わく、食《しょく》を去《さ》らん。古自《いにしえよ》り皆《みな》死《し》有《あ》り、民《たみ》信《しん》無《な》くんば立《た》たず。

棘子成《きょくしせい》曰《い》わく、君子《くんし》は質《しつ》のみ。何《なん》ぞ文《ぶん》を以《もっ》て為《な》さん。子貢《しこう》曰《い》わく、惜《お》しいかな、夫子《ふうし》の君子《くんし》を説《と》くや。駟《し》も舌《した》に及《およ》ばず。文《ぶん》は猶《なお》質《しつ》のごとく質《しつ》は猶《なお》文《ぶん》のごときな

や修養などで修飾する必要があろうか」と言った。子貢がこれを聞いて言った。「惜しいなあ。あなたの君子を説くのは失言ですね。四頭立ての馬車も舌には及びません（失言は容易に訂正できない）。本質と外形とは決して別のものではありません。例えば虎や豹の皮が価値の高いのは毛があるからです。若しもその毛を取り除いたら犬や羊の皮と同じだというようなものです」

○哀公が有若に尋ねられた。

「今年は、饑饉で国の財政が足らないがどうすればよいか」

り。虎《こ》豹《ひょう》の鞹《かく》は猶《なお》犬羊《けんよう》の鞹《かく》のごときなり。

哀公《あいこう》、有若《ゆうじゃく》に問《と》うて曰《い》わく、年饑《としう》えて用《よう》足《た》らず、之《これ》を如何《いか》にせん。有若《ゆうじゃく》對《こた》えて曰《い》わく、盍《なん》ぞ徹《てつ》せざるや。曰《い》わく、二《に》すら吾《われ》猶《なお》足《た》らず、之《これ》を如何《いかん》ぞ其《そ》れ徹《てつ》せんや。對《こた》えて曰《い》わく、百姓《ひゃくせい》足《た》らば、君《きみ》孰《たれ》と與《とも》にか足有若は「どうして十分の一税（徹）になさらないのですか」と答えた。哀公は驚いて「十分の二税でさえ足らないのに、どうして十分の一税にすることができようか」と言われた。有若はこれに対して「国民が十分の一税で足りているのに殿様は、だれとともに足らないと申されるのですか。国民が重税で足らないのに殿様は、誰とともに足ろうと思われるのですか」

○**子張が**「徳をたかめ、迷いを解くには、どうすればよいでしょうか」と尋ねた。先師は答えられた。「忠信《まこと》を旨として、正しい道を履み行う

らざらん。　百姓《ひゃくせい》足《た》らずんば、君《きみ》孰《たれ》と與《とも》にか足《た》らん。

子《し》張《ちょう》徳《とく》を崇《たか》くし惑《まどい》を辨《べん》ぜんことを問《と》う。子《し》曰《のたま》わく、忠信《ちゅうしん》を主《しゅ》として義《ぎ》に従《うつ》るは徳《とく》を崇《たか》くするなり。之《これ》を愛《あい》しては其《そ》の生《せい》を欲《ほっ》し、之《これ》を悪《にく》みては其《そ》の死《し》を欲《ほっ》す。既《すで》に其《そ》の生《せい》を欲《ほっ》して、又《また》其《そ》の死《し》を欲《ほっ》する

のが、徳をたかめることになるのである。愛してはいつまでも生きるように願い、憎んでは早く死ぬるように願う。さきには生きることを願いながら、また死ぬることを願う。これこそ迷いというものだ」

○斉の景公が、政治の要道を尋ねられた。

先師が答えられた。

「君は君らしく、臣は臣らしく、父は父らしく、子は子らしくするように教え導くことだと存じます」

景公が言われた。

「善い言葉だ、まことにもし君が君らしくなく、臣が臣らしくなく、父が父らしくなく、子が子らしくなければ、米があ

は是《こ》れ惑《まどい》なり。

齊《せい》の景公《けいこう》、政《まつりごと》を孔子《こうし》に問《と》う。孔子《こうし》對《こた》えて曰《のたま》わく、君《きみ》君《きみ》たり、臣《しん》臣《しん》たり、父《ちち》父《ちち》たり、子《こ》子《こ》たり。公《こう》曰《い》わく、善《よ》いかな。信《まこと》に如《も》し君《きみ》君《きみ》たらず、臣《しん》臣《しん》たらず、父《ちち》父《ちち》たらず、子《こ》子《こ》たらずんば、粟《ぞく》ありと雖《いえど》も、吾《われ》得《え》て諸《これ》を食《くら》わんや。

ったとしても、私は安んじて食べることができない」
○先師が言われた。
「ただ一言でぴたりと判決を下すことのできるのは由（子路）であろうか」子路は、承諾したことは直ちに行い、翌日までとどめておくことはなかった。
○先師が言われた。
「うったえを聞いて判決を下すことは、私も他の人と変わらない。ただうったえのない世の中にしようと思うのが、私の他の裁判官と違うところだ」
○子張が政治のやり方について尋ねた。
先師が答えられた。
「その位にいて、怠

子《し》曰《のたま》わく、片言《へんげん》以《もっ》て獄《うったえ》を折《さだ》むべき者《もの》は、其《そ》れ由《ゆう》なるか。子路《しろ》は諾《だく》を宿《とど》むること無《な》し。

子《し》曰《のたま》わく、訟《うったえ》を聴《き》くは、吾《われ》猶《なお》人《ひと》のごときなり。必《かなら》ずや訟《うったえ》無《な》からしめんか。

子張《しちょう》、政《まつりごと》を問《と》う。子《し》曰《のたま》わく、之《これ》に居《お》りて倦《う》むこと無《な》く、之《これ》を行《おこな》うに忠《ちゅう》を以《もっ》てす。

ることなく、真心をこめてやることだ」

○先師が言われた。

「博く文物を学んで知見をゆたかにするとともに、礼（の実践）で引きしめていけば、それで道にそむかないであろう」

○先師が言われた。

「君子は、人の美点を伸ばし、人の悪い所は抑えようとするが、小人はその反対である」

○季康子（魯の大夫）**が政治の要道を尋ねた。**

先師が答えられた。

「政は正です。あなたが、率先して正しくされたなら、誰が敢えて不正を行いましょうか」

子《し》曰《のたま》わく、博《ひろ》く文《ぶん》を學《まな》びて、之《これ》を約《やく》するに禮《れい》を以《もっ》てせば、亦《また》以《もっ》て畔《そむ》かざるべし。

子《し》曰《のたま》わく、君子《くんし》は人《ひと》の美《び》を成《な》し、人《ひと》の惡《あく》を成《な》さず。小人《しょうじん》は是《これ》に反《はん》す。

季康子《きこうし》政《まつりごと》を孔子《こうし》に問《と》う。孔子《こうし》對《こた》えて曰《のたま》わく、政《せい》は正《せい》なり。子《し》帥《ひき》いるに正《ただ》しきを以《もっ》てすれば、孰《たれ》か敢《あえ》て正《ただ》しからざらん。

○季康子が盗賊の多いことを心配して、その取り締まり方を先師に尋ねた。
先師は答えられた。

「もしあなたが、私欲を無くされれば、たとい褒美をやったとしても盗みますまい」
○季康子がまた政治の要道を尋ねた。
「もし道にはずれた行いをする者を殺して、善い行いをする立派な人物を挙げ用いたらどうでしょうか」

先師は答えられた。

「あなたが政治をなさるのに、どうして人を殺す必要がありましょうか。あなたが、道に適ったよい行いをなさろうと思われるなら、民は自

季《き》康子《こうし》盗《とう》を患《うれ》えて、孔子《こうし》に問《と》う。孔子《こうし》對《こた》えて曰《のたま》わく、苟《いやし》くも子《し》にして不欲《ふよく》ならば、之《これ》を賞《しょう》すと雖《いえど》も竊《ぬす》まざらん。

季《き》康子《こうし》政《まつりごと》を孔子《こうし》に問《と》うて曰《い》わく、如《も》し無道《むどう》を殺《ころ》して有道《ゆうどう》に就《つ》かば、何如《いかん》。孔子《こうし》對《こた》えて曰《のたま》わく、子《し》政《まつりごと》を爲《な》すに、焉《なん》ぞ殺《さつ》を用《もち》いん。子《し》善《ぜん》を欲《ほっ》すれば、民《たみ》善《ぜん》ならん。君《くん》

然に善くなるでしょう。君子（為政者）の徳は風で、小人（人民）の徳は草です。草に風をあてれば必ずなびきます」

○子張が「士（役人）はどういうのを達人ということができましょうか」と尋ねた。

先師が逆に尋ねられた。

「お前の達人とはどういうのかね」

子張がお答えした。

「国にあっても評判がよく、家にいても評判がよいということでございます」

先師が言われた。

「これは聞人《ぶんじん》（有名人）といい、達人とは言わないよ。元来達人というのは、真正直で、正義を愛し、

子《し》の徳《とく》は風《かぜ》なり。小人《しょうじん》の徳《とく》は草《くさ》なり。草《くさ》、之《これ》に風《かぜ》を尚《くわ》うれば、必《かなら》ず偃《ふ》す。

子《し》張《ちょう》問《と》う、士《し》何《い》如《か》なれば斯《こ》れ之《これ》を達《たつ》と謂《い》うべき。子《し》曰《のたま》わく、何《なん》ぞや爾《なんじ》の所謂《いわゆる》達《たつ》とは。子《し》張《ちょう》對《こた》えて曰《い》わく、邦《くに》に在《あ》りても必《かなら》ず聞《きこ》え家《いえ》に在《あ》りても必《かなら》ず聞《きこ》ゆ。子《し》曰《のたま》わく、是《こ》れ聞《ぶん》なり達《たつ》に非《あら》ざるなり。夫《そ》れ

人の言葉を深く推察してその顔色を正しく観察し、よく考えて人にへりくだる。このようであれば、国にあっても必ず通達し、家にあっても必ず通達する。さて聞人というのは表面は仁者らしく見せかけながら、行いが伴わない。しかも自分では、それでいて疑わず、所謂要領よくやるので、国にあっても必ず評判がよく、家にあっても必ず評判がよいというものだ。

※国—諸侯の国。家—大夫の家。

○**樊遅**（名は須）が先師のお供をして舞雩台のほとりに遊んだ時に尋ねた。

達《たつ》なる者《もの》は、質直《しっちょく》にして義《ぎ》を好《この》み、言《げん》を察《さっ》して色《いろ》を観《み》、慮《おもんばか》りて以《もっ》て人《ひと》に下《くだ》る。邦《くに》に在《あ》りても必《かなら》ず達《たつ》し、家《いえ》に在《あ》りても必《かなら》ず達《たつ》す。夫《そ》れ聞《ぶん》なる者《もの》は、色《いろ》に仁《じん》を取《と》りて行《おこない》は違《たが》い、之《これ》に居《お》りて疑《うたが》わず。邦《くに》に在《あ》りても必《かなら》ず聞《きこ》え、家《いえ》に在《あ》りても必《かなら》ず聞《きこ》ゆ。

樊遅《はんち》従《したが》いて舞雩《ぶう》の下《もと》に遊《あそ》ぶ。曰《い》わく、

「恐れいりますが、徳を積み、慝（心の奥深くひそんでいる悪）を取り除き、迷いを解くことをお教え下さるようお願い致します」

先師が答えられた。

「大変よい質問だね。やるべき事を先にして自分に取り込むことを後まわしにするのが徳をたかく積むことになるのではないかね。自分の悪をきびしく責めて、人の悪を責めることの無いようにするのが慝を取り除くことになるのでないかね。一時の怒りにわが身を忘れて暴発し、その責を親族にまで及ぼすことは、迷いではないかね」

敢《あえ》て徳《とく》を崇《たか》くし慝《とく》を脩《おさ》め惑《まどい》を辨《べん》ぜんことを問《と》う。子《し》曰《のたま》わく、善《よ》いかな、問《と》うこと。事《こと》を先《さき》にして得《う》ることを後《あと》にするは、徳《とく》を崇《たか》くするに非《あら》ずや。其《そ》の悪《あく》を攻《せ》めて人《ひと》の悪《あく》を攻《せ》むること無《な》きは、慝《とく》を脩《おさ》むるに非《あら》ずや。一《いっ》朝《ちょう》の忿《いかり》に其《そ》の身《み》を忘《わす》れて以《もっ》て其《そ》の親《しん》に及《およ》ぼすは惑《まどい》に非《あら》ずや。

○樊遅が仁について尋ねた。

先師が答えられた。

「人を愛することだ」

更に知について尋ねた。

先師が答えられた。

「人を知ることだ」

樊遅はまだよくのみこめないでいた。

そこで先師は重ねて言われた。

「正しい人を引き上げて曲がった人の上におけば、曲がった人を正しくさせることができる」

然し樊遅はなお合点がいかなかったので退出して子夏を訪ねて聞いた。

「さきに私は先生にお目にかかって知について尋ねましたところ、先生は、正し

樊《はん》遅《ち》、仁《じん》を問《と》う。子《し》曰《のたま》わく、人《ひと》を愛《あい》す。知《ち》を問《と》う。子《し》曰《のたま》わく、人《ひと》を知《し》る。樊《はん》遅《ち》未《いま》だ達《たつ》せず。子《し》曰《のたま》わく、直《なお》きを擧《あ》げて諸《これ》を枉《まが》れるに錯《お》けば、能《よ》く枉《まが》れる者《もの》をして直《なお》からしむ。樊《はん》遅《ち》退《しりぞ》きて子《し》夏《か》に見《まみ》えて曰《い》わく、嚮《さき》に吾《われ》夫子《ふうし》に見《まみ》えて知《ち》を問《と》う。子《し》曰《のたま》わく、直《なお》きを擧《あ》げて諸《これ》を枉《まが》れるに錯《お》け

い人を曲がった人の上におけば、曲がった人を正しくすることができると申されましたが、どういう意味でしょうか」

　子夏が答えた。

「内容の深いお言葉だねえ、舜が天下を治めた時、民衆の中から選んで、皐陶を挙げ用いたところ、自ずから不仁の者がすがたをひそめた。又殷の湯王が天下を治めた時、民衆の中から選んで伊尹を挙げ用いたところ、不仁の者は自ずからすがたをひそめた」
※皐陶、舜の賢臣、今の法務大臣として大功績を挙げた。
※伊尹、湯の賢宰相殷建国の大功労者。

ば、能《よ》く枉《まが》れる者《もの》を直《なお》からしむと。何《なん》の謂《いい》ぞや。子夏《しか》曰《い》わく、富《と》めるかな、是《こ》の言《げん》や。舜《しゅん》、天下《てんか》を有《たも》ち、衆《しゅう》に選《えら》びて皐陶《こうよう》を挙《あ》げ、不仁《ふじん》の者《もの》遠《とお》ざかる。湯《とう》、天下《てんか》を有《たも》ち衆《しゅう》に選《えら》びて伊尹《いいん》を挙《あ》げ、不仁《ふじん》の者《もの》遠《とお》ざかる。

子《し》貢《こう》、友《とも》を問《と》う。子《し》曰《のたま》わく、忠《まめ》やかに告《つ》

○子貢が友との交わり方を尋ねた。
先師が答えられた。
「友にあやまちがあれば、真心をこめて諫め導くことが大事である。然し聞き入れられないときには、やめるがよい。無理をして自らをはずかしめるようなはめになってはならない」
○曾先生が言われた。
「君子（立派な人となろうと志す人）は文事（詩書礼楽等）によって友と相会し、その友達同士の切磋琢磨によって仁の道を実行して人間向上の助けとする」

げて善《よ》く之《これ》を道《みちび》き、不可《ふか》なれば則《すなわ》ち止《や》む。自《みずか》ら辱《はずかし》めらるること無《な》かれ。

曾子《そうし》曰《い》わく、君子《くんし》は文《ぶん》を以《もっ》て友《とも》を會《かい》し、友《とも》を以《もっ》て仁《じん》を輔《たす》く。

○子路が政治の要道について尋ねた。
先師が答えられた。

「民の先に立って行い、民の労をねぎらうことだ」

子路は物足りない気がして「今少し」とお願いした。

先師が言われた。

「あきないでやることだ」
○仲弓（姓は冉、名は雍）が大夫季氏の宰（封地のとりしまり）となって、政治の要道を尋ねた。
先師が答えられた。

「それぞれの係の役人を先に立てて働かせ、小さな過失は大目に見て、知徳の優れた人物を挙げ用いるがよい」

仲弓は「どうして

子路第十三《しろだいじゅうさん》

子路《しろ》、政《まつりごと》を問《と》う。子《し》曰《のたま》わく、之《これ》に先《さき》んじ、之《これ》を労《ねぎら》う。益《えき》を請《こ》う。曰《のたま》わく、倦《う》むこと無《な》かれ。

仲弓《ちゅうきゅう》、季《き》氏《し》の宰《さい》と為《な》りて政《まつりごと》を問《と》う。子《し》曰《のたま》わく、有司《ゆうし》を先《さき》にし、小過《しょうか》を赦《ゆる》し、賢才《けんさい》を挙《あ》げよ。曰《い》わく、焉《いずく》んぞ賢才《けんさい》を知《し》りて之《これ》そういう人物を知って挙げればよいですか」と尋ねた。

先師が答えられた。

「先ずお前の知っている人物を挙げよ。そうすれば、お前の知らない人物は、人が捨ててはおかず、必ず推薦してくれる」
○子路が「若し衛の君が、先生をお迎えして政治をおまかせになりましたら、先生は何を先になさいますか」と尋ねた。
先師が答えられた。

「必ず名分を正そうか」

子路が言った。

「これだから先生は世にうといと言われるのでしょうね」

先師が言われた。

「由よ、お前はなん

を挙《あ》げん。曰《のたま》わく、爾《なんじ》の知《し》る所《ところ》を挙《あ》げよ。爾《なんじ》の知《し》らざる所《ところ》、人《ひと》其《そ》れ諸《これ》を舎《す》てんや。

子《し》路《ろ》曰《い》わく、衛《えい》の君《きみ》、子《し》を待《ま》ちて政《まつりごと》を為《な》さば、子《し》将《まさ》に奚《なに》をか先《さき》にせん。子《し》曰《のたま》わく、必《かなら》ずや名《な》を正《ただ》さんか。子《し》路《ろ》曰《い》わく、是《これ》有《あ》るかな、子《し》の迂《う》なるや。奚《なん》ぞ其《そ》れ正《ただ》さん。子《し》曰《のたま》わく、野《や》なるかな、由《ゆう》や。君《くん》子《し》は其《そ》のとがさつな男だろう。君子は知らないことについては、だまってひかえているものだ。名分が正しくなければ、言葉も順当でなくなる。言葉が順当でなくなれば、物事は成就しない。物事が成就しなければ礼楽が興らない。礼楽が興らなければ、刑罰が正当を得なくなる。刑罰が正当を得なくなれば、民は（不安）で手足のおくところもなくなる。だから君子は、役名がつけば、それに相応したことを言わねばならない。言った以上は必ず行わねばならない。そこで君子は、自分の言葉をいい加減にはしないよ」

知《し》らざる所《ところ》に於《お》いては蓋《けだ》し闕如《けつじょ》たり。名《な》正《ただ》しからざれば則《すなわ》ち言《げん》順《したが》わず、言《げん》順《したが》わざれば則《すなわ》ち事《こと》成《な》らず、事《こと》成《な》らざれば則《すなわ》ち禮《れい》樂《がく》興《おこ》らず、禮《れい》樂《がく》興《おこ》らざれば則《すなわ》ち刑《けい》罰《ばつ》中《あた》らず、刑《けい》罰《ばつ》中《あた》らざれば則《すなわ》ち民《たみ》手《しゅ》足《そく》を措《お》く所《ところ》無《な》し。故《ゆえ》に君子《くんし》は之《これ》に名《な》づくれば、必《かなら》ず言《い》うべきなり。之《これ》を言《い》えば必《かなら》ず行《おこな》うべ

○樊遲が、穀物の作り方を教えて頂きたいと願った。
先師が言われた。

「私は、熟練した百姓には及ばないよ」

樊遲は更に野菜の作り方を教えて頂きたいと願った。

先師が言われた。

「私は、熟練した農家には及ばないよ」

樊遲がひきさがると先師が言われた。

「樊須（須は名）は小人（民間の普通一般の人という程度）だなあ。上位に在る者（君子）が礼を好めば、民（小人）は身を慎み敬わないことはない。上位にある者が正しい道を好めば、民は教えなくとも心から服さない

きなり。君子《くんし》其《そ》の言《げん》に於《おい》て苟《いやし》くもする所《ところ》無《な》きなり。

樊遲《はんち》稼《か》を學《まな》ばんと請《こ》う。子《し》曰《のたま》わく、吾《われ》老農《ろうのう》に如《し》かず。圃《ほ》を爲《つく》ることを學《まな》ばんと請《こ》う。曰《のたま》わく、吾《われ》老圃《ろうほ》に如《し》かず。樊遲《はんち》出《い》ず。子《し》曰《のたま》わく、小人《しょうじん》なるかな樊須《はんす》や。上《かみ》禮《れい》を好《この》めば則《すなわ》ち民《たみ》敢《あえ》て敬《けい》せざること

ことはない。上位にある者が、信を好めば、民は誠実を尽くさないことはない。このようであれば、他国の民もその風を望んで、わが子を負うてやってくるであろう。そうして国の生産はあがるようになる。どうして自ら田畑を作る必要があろうか」

○先師が言われた。
「詩経にある三百篇の詩を暗誦していても、政治を任せてその任務を果たすことができず、四方の国々へ使いして、自分の責任において応対することができないようでは、いかに詩の暗誦が多くとも、何の役に立とうか」

莫《な》し。上《かみ》義《ぎ》を好《この》めば則《すなわ》ち民《たみ》敢《あえ》て服《ふく》せざること莫《な》し。上《かみ》信《しん》を好《この》めば則《すなわ》ち民《たみ》敢《あえ》て情《まこと》を用《もち》いざること莫《な》し。夫《そ》れ是《か》くの如《ごと》くんば則《すなわ》ち四《し》方《ほう》の民《たみ》其《そ》の子《こ》を繈負《きょうふ》して至《いた》らん。焉《いずく》んぞ稼《か》を用《もち》いん。

子《し》曰《のたま》わく、詩《し》三《さん》百《びゃく》を誦《しょう》し、之《これ》に授《さず》くるに政《まつりごと》を以《もっ》てして達《たっ》せず、四《し》方《ほう》に使《つかい》して専《せん》對《たい》

○先師が言われた。
「上にある者が、品行正しければ命令しなくともよく行われ、正しくなければ、どんなに厳しい命令を下しても、民はついてくるものではない」
○先師が言われた。
「魯と衛の政治は、兄弟のようによく似ている」
※魯と衛、周建国の功労者である周公を祖とするのが魯で、その弟康叔を祖とするのが衛である。
○先師が、公子荊についてこう言われた。
「彼は、境遇に応じて家庭経済を心得て虚栄を張ることがなかった。はじめ、家財道具が整えられたとき、まあこれでよか

すること能《あた》わざれば、多《おお》しと雖《いえど》も亦《また》奚《なに》を以《もっ》て為《な》さん。

子《し》曰《のたま》わく、其《そ》の身《み》正《ただ》しければ、令《れい》せずして行《おこな》われ、其《そ》の身《み》正《ただ》しからざれば令《れい》すと雖《いえど》も従《したが》わず。

子《し》曰《のたま》わく、魯《ろ》・衛《えい》の政《まつりごと》は兄弟《きょうだい》なり。

子《し》、衛《えい》の公子荊《こうしけい》を謂《のたま》わく、善《よ》く室《しつ》に居《お》れ

ろうと言い、更に一層整えられたときには、まあこれで十分だと言い、いよいよ立派に整ったときには、まあよくなったねと言っている」

※公子荊、荊は名、衛の公子で大夫だった。

○先師が衛の国へ行かれたとき、弟子の冉有が、御者としてお供をして行った。

先師が言われた。

「人口が多いね」

冉有がこれを聞いて「おっしゃるように人口が多いですが、もし先生ならこの上に何をなさいますか」と尋ねた。

先師が答えられた。

「民を裕福にしてやりたい」

り。始《はじ》めて有《ゆう》するや、曰《い》わく、苟《いささ》か合《あ》えり。少《すこ》しく有《ゆう》するや、曰《い》わく、苟《いささ》か完《まった》し。富《と》みて有《ゆう》するや、曰《い》わく、苟《いささ》か美《よ》し。

子《し》、衛《えい》に適《ゆ》く、冉有《ぜんゆう》僕《ぼく》たり。子《し》曰《のたま》わく、庶《おお》きかな。冉有《ぜんゆう》曰《い》わく、既《すで》に庶《おお》し。又《また》何《なに》をか加《くわ》えん。曰《のたま》わく、之《これ》を富《と》まさん。曰《い》わく、既《すで》に富《と》めり。又《また》何《なに》をか加《くわ》えん。曰《のたま》わ冉有は更に「その次に何をなさいますか」と尋ねた。

先師は答えられた。

「人間教育（道徳を主とする）を施そうと思う」
○先師が言われた。
「もしも私を用いて政治を任せるものがあれば、一年だけでもある程度は成果をあげるであろう。三年もすれば立派に目標を達成するであろう」
○先師が言われた。
「世の諺に『善人でも、国を治めて百年になれば、残忍な人をおさえ人を殺すような刑罰を去ることが出来る』とあるが、この言葉は本当だよ」
※善人、人の上に立つための学問修養を

く、之《これ》を教《おし》えん。

子《し》曰《のたま》わく、苟《いやし》くも我《われ》を用《もち》うる者《もの》有《あ》らば期《き》月《げつ》のみにして可《か》ならん。三《さん》年《ねん》にして成《な》すこと有《あ》らん。

子《し》曰《のたま》わく、善《ぜん》人《にん》邦《くに》を為《おさ》むること百《ひゃく》年《ねん》、亦《また》以《もっ》て残《ざん》に勝《か》ちて殺《さつ》を去《さ》るべしと。誠《まこと》なるかな、是《こ》の言《げん》や。

つんでいないが、性格的には善良な人。

〇先師が言われた。

「もしも真の王者が現れたならば、（今のような乱世でも）三十年（一世）もすれば、天下の人はすべて仁に化するであろう」

〇先師が言われた。

「もし自分の身を正しくできれば、政治を行うに当たってなんのむずかしいことがあろうか。然し自分の身を正しくすることができなければ、どうして人を正しくすることができようか」

〇冉先生が役所から退出してこられた。

先師が言われた。

「なんと遅いではないか」

子《し》曰《のたま》わく、如《も》し王者《おうじゃ》有《あ》らば、必《かなら》ず世《よ》にして後《のち》に仁《じん》ならん。

子《し》曰《のたま》わく、苟《いやし》くも其《そ》の身《み》を正《ただ》しくせば、政《まつりごと》に従《したが》うに於《おい》て何《なに》か有《あ》らん。其《そ》の身《み》を正《ただ》しくすること能《あた》わずんば、人《ひと》を正《ただ》しくすることを如何《いかん》せん。

冉子《ぜんし》朝《ちょう》より退《しりぞ》く。子《し》曰《のたま》わく、何《なん》ぞ晏《おそ》き

冉先生は「政務がありました」と答えられた。
先師が言われた。
「それは政務ではなくて季氏の家の事務であろう。私は今現職ではないが、大夫としての待遇（国老）を受けているので、もしも大事な政治上のことであれば、私にも相談がある筈だ」
※孔子は、冉有が公私の別を正さないのを戒めるとともに、間接に季氏の専横を批難したものであろう。
○**定公**（魯の君主）が「一言で国を興隆させるような言葉はないものか」と尋ねられた。
先師が答えられた。

や。對《こた》えて曰《い》わく、政《まつりごと》有《あ》り。子《し》曰《のたま》わく、其《そ》れ事《こと》ならん。如《も》し政有《まつりごとあ》らば、吾《われ》を以《もち》いずと雖《いえど》も、吾《われ》其《そ》れ之《これ》を與《あずか》り聞《き》かん。

定公《ていこう》問《と》う、一言《いちげん》にして以《もっ》て邦《くに》を興《おこ》すべきこと諸《これ》有《あ》りや。孔子《こうし》對《こた》えて曰《のたま》わく、言《げん》は以《もっ》て是《か》くの若《ごと》くなるべからざるも、其《そ》れ幾《ちか》きや。人《ひと》の言《げん》に曰《い》わく、君《きみ》たること

「適当な言葉でないかも分かりませんが、それに近いものがございます。昔の人の言葉に『君となることは難《むずか》しく、臣となることも容易でない』というのがございます。もし君が君らしくすることの難しさを知るならば、一言で国を興隆させるに近いのではないでしょうか」

　更に定公は「一言で国を亡ぼすというような言葉はないかな」と尋ねられた。

　先師が答えられた。

「適当な言葉でないかも存じませんが、昔の人の言葉に『自分は君主となってもなんの楽しみもないが、ただ自分の言う

難《かた》し臣《しん》たること易《やす》からずと。如《も》し君《きみ》たることの難《かた》きを知《し》らば、一言《いちげん》にして邦《くに》を興《おこ》すに幾《ちか》からずや。曰《い》わく、一言《いちげん》にして邦《くに》を喪《ほろ》ぼすべきこと諸《これ》有《あ》りや。孔子《こうし》對《こた》えて曰《のたま》わく、言《げん》は以《もっ》て是《か》くの若《ごと》くなるべからざるも其《そ》れ幾《ちか》きや。人《ひと》の言《げん》に曰《い》わく、予《われ》君《きみ》たるを樂《たの》しむこと無《な》し。唯《ただ》其《そ》の

ことに対して、さからうこともなく、よく従うのが楽しみだ』というのがございます。もし君の言うことが善でさからうものがいなければ、それで結構でございますが、もし悪いのにさからうことがなければ、一言で国を亡ぼすということに近いのではないでしょうか」

○葉公が、政治の要道について尋ねた。

先師が答えられた。

「領内の者が喜べば、領外の者も自ら喜んでやってくるようになります」

※葉公　楚の領域にある葉県の長官。

言《い》うことにして予《われ》に違《たが》うこと莫《な》きを樂《たの》しむなりと。如《も》し其《そ》れ善《ぜん》にして之《これ》に違《たが》うこと莫《な》くば、亦《また》善《よ》からずや。如《も》し不《ふ》善《ぜん》にして之《これ》に違《たが》うこと莫《な》くば、一言《いちげん》にして邦《くに》を喪《ほろ》ぼすに幾《ちか》からずや。

葉公《しょうこう》、政《まつりごと》を問《と》う。子《し》曰《のたま》わく、近《ちか》き者《もの》説《よろこ》べば、遠《とお》き者《もの》來《きた》る。

○子夏が、莒父（魯の町）の代官になって、政治の要道を尋ねた。

先師は答えられた。

「速やかに成果を挙げようと思うな、目先の利にとらわれないようにしなさい。無理に速くしようと思えば、目標には到達できない。目先の利にとらわれると大きなことは完成しないよ」

○葉公が先師に世間話をして「私の村に正直者と評判のある躬という者がおります。彼の父が羊を盗んだのを訴え出て、証人となりました」と言った。

先師が言われた。

「私の方の村の正直

子《し》夏《か》、莒《きょ》父《ほ》の宰《さい》となりて政《まつりごと》を問《と》う。子《し》曰《のたま》わく、速《すみや》かならんと欲《ほっ》すること毋《な》かれ。小利《しょうり》を見《み》ること毋《な》かれ。速《すみや》かならんと欲《ほっ》すれば則《すなわ》ち達《たっ》せず。小利《しょうり》を見《み》れば則《すなわ》ち大事《だいじ》成《な》らず。

葉公《しょうこう》、孔子《こうし》に語《かた》りて曰《い》わく、吾《わ》が黨《とう》に直《ちょく》躬《きゅう》なる者《もの》有《あ》り。其《そ》の父《ちち》、羊《ひつじ》を攘《ぬす》みて、子《こ》之《これ》者は、少し違います。父は子の為に隠し子は父の為に隠します。このように、父と子が互いに隠しかばいあう中に、人情を偽らない本当の正直があると考えます」

○樊遅が仁について尋ねた。

先師が答えられた。

「家におるときもだらけた風をしない。仕事をするときは、身をひきしめて人を敬う。人とは真心を持って交わる。それが仁の行いである。たとえ未開の地へ行ってもおろそかにしてはならない」

○子貢が「どんな人物をすぐれた官吏ということができますか」と尋ねた。

を證《しょう》す。孔子《こうし》曰《のたま》わく、吾《わ》が黨《とう》の直《なお》き者《もの》は是《これ》に異《こと》なり。父《ちち》は子《こ》の爲《ため》に隠《かく》し、子《こ》は父《ちち》の爲《ため》に隠《かく》す。直《なお》きこと其《そ》の中《うち》に在《あ》り。

樊遅《はんち》、仁《じん》を問《と》う。子《し》曰《のたま》わく、居《お》る處《ところ》恭《きょう》、事《こと》を執《と》りて敬《けい》、人《ひと》と與《まじわ》りて忠《ちゅう》なるは、夷《い》狄《てき》に之《ゆ》くと雖《いえど》も棄《す》つべからざるなり。

子貢《しこう》問《と》うて曰《い》わく、何如《いか》なるか斯《こ》れ之《これ》

先師が答えられた。「自分の行いを省みて恥じるようなことはしない。外国へ使いして君の命を辱めないものを士ということができる」

　子貢は更にその次の段階を尋ねた。

先師が答えられた。「身近な親族一同が孝だと揃ってほめ、村人達に兄や先輩に従順であるとほめられるような人である」

　子貢はなお「次の段階は」と尋ねた。

先師が答えられた。「言葉には決していつわりがなく、行いは必ずきびきびとする者である。然しこれはこちこちで融通のきかない小人だが、まあまあその次とす

を士《し》と謂《い》うべき。子《し》曰《のたま》わく、己《おのれ》を行《おこな》うに恥《はじ》有《あ》り、四方《しほう》に使《つかい》して君命《くんめい》を辱《はずか》しめざるは、士《し》と謂《い》うべし。曰《い》わく、敢《あえ》て其《そ》の次《つぎ》を問《と》う。曰《のたま》わく、宗族《そうぞく》孝《こう》を称《しょう》し、郷党《きょうとう》弟《てい》を称《しょう》す。曰《い》わく、敢《あえ》て其《そ》の次《つぎ》を問《と》う。曰《のたま》わく、言《げん》必《かなら》ず信《しん》、行《おこない》必《かなら》ず果《か》、硜硜《こうこう》然《ぜん》として小人《しょうじん》なるかな。抑《そもそも》亦《また》以《もっ》て次《つぎ》と為《な》すべし。曰《い》わ

く、今《いま》の政《まつりごと》に従《したが》う者《もの》は何如《いかん》。子《し》曰《のたま》わく、噫《ああ》、斗筲《としょう》の人《ひと》何《なん》ぞ算《かぞ》うるに足《た》らんや。

子《し》曰《のたま》わく、中行《ちゅうこう》を得《え》て之《これ》に與《くみ》せずんば、必《かなら》ずや狂狷《きょうけん》か。狂者《きょうしゃ》は進《すす》みて取《と》り、狷者《けんしゃ》は爲《な》さざる所《ところ》有《あ》るなり。

子《し》曰《のたま》わく、南人《なんじん》言《い》えること有《あ》り。曰《い》わく、人《ひと》にして恒《つね》無《な》くんば、以《もっ》て巫醫《ふい》を作《な》す

ることができよう」

子貢が最後に「今政治に当たる者はどうでしょう」と尋ねた。

先師は答えられた。

「ああ、枡ではかるような小物ばかりで、とりあげるまでもないよ」

○先師が言われた。

「中道を歩む人と交わることができなければ、必ず狂狷の人と交わりたい。狂者は、高い目標に向かってまっしぐらに進もうとする者であり、狷者は、節操が固く悪いことは断じて行わない者だからである」

○先師が言われた。

「南国の人のことわざに『人として変わらない心がなければ、

祈祷師が占いを、医者が治療をすることもできない』とあるが、名言だねえ。又『徳行が定まらないと、いつもはずかしめを受ける』―易経―とある。そういう人間は占うまでもない」

○先師が言われた。「君子は、誰とも仲良くするが、強いて調子を合せたりしない。小人は誰とも調子を合せるが、心から仲良くしない」

○子貢が「村の誰からも好かれるような人は、立派な人でしょうか」と尋ねた。

先師が答えられた。

「まだ充分ではないねえ」

「それでは村の皆から憎まれるような人

べからずと。善《よ》いかな。其《そ》の徳《とく》を恒《つね》にせざれば、或《あるい》は之《これ》に羞《はじ》を承《すす》めん。子《し》曰《のたま》わく、占《うらな》わざるのみ。

子《し》曰《のたま》わく、君子《くんし》は和《わ》して同《どう》ぜず、小人《しょうじん》は同《どう》じて和《わ》せず。

子貢《しこう》問《と》うて曰《い》わく、郷人《きょうじん》皆《みな》之《これ》を好《よみ》せば何如《いかん》。子《し》曰《のたま》わく、未《いま》だ可《か》ならざるなり。

は悪人でしょうか」と尋ねた。

　先師は答えられた。

「まだそうとは言えないねえ。村人の善い人から好かれ、善くない人から憎《にく》まれる人には及ばないよ」
○先師が言われた。
「君子は事え易いが喜ばせにくい。君子を喜ばせるには、正しい道にかなっていなければ喜ばないから。そして人を使うには、個々の長所に応じた使い方をするから。小人は事えにくいが、喜ばせやすい。小人を喜ばせるには、正しい道にかなわなくても喜ぶから。然し人を使うに当たっては、完全を求めてなんでもさせ

郷人《きょうじん》皆《みな》之《これ》を悪《にく》まば何如《いかん》。子《し》曰《のたま》わく、未《いま》だ可《か》ならざるなり。郷人《きょうじん》の善《よ》き者《もの》は之《これ》を好《よみ》し、其《そ》の善《よ》からざる者《もの》は之《これ》を悪《にく》むに如《し》かざるなり。

子《し》曰《のたま》わく、君子《くんし》は事《つか》え易《やす》くして説《よろこ》ばしめ難《がた》し。之《これ》を説《よろこ》ばしむるに道《みち》を以《もっ》てせざれば説《よろこ》ばざるなり。其《そ》の人《ひと》を使《つか》うに

ようとするので事え
にくいのだ」

○先師が言われた。
「君子は、ゆったりとしていて、おごりたかぶらない。小人は、おごりたかぶって、ゆったりしたところがない」

○先師が言われた。
「剛（物事に恐れず、立ち向かう強さ）、毅（苦難に耐え忍ぶ強さ）木（質実で飾らないこと）、訥（口数が少ないこと）は、最高の徳である仁に近い」

※この章はあまりにも有名であるので、原文のままで覚えておく方がよい。

及《およ》びては之《これ》を器《うつわ》にす。小人《しょうじん》は事《つか》え難《がた》くして説《よろこ》ばしめ易《やす》し。之《これ》を説《よろこ》ばしむるに道《みち》を以《もっ》てせずと雖《いえど》も、説《よろこ》ぶなり。其《そ》の人《ひと》を使《つか》うに及《およ》びては、備《そな》わらんことを求《もと》む。

子《し》曰《のたま》わく、君子《くんし》は泰《ゆたか》にして驕《おご》らず、小人《しょうじん》は驕《おご》りて泰《ゆたか》ならず。

子《し》曰《のたま》わく、剛毅《ごうき》木訥《ぼくとつ》仁《じん》に近《ちか》し。

○**子路が**「どういう人物を士ということができましょうか」と尋ねた。

先師は答えられた。

「互いに磨き合い、責め励まし合い、そしてやわらぎ喜びあうような人を、本当の士ということができるよ。友達とは互いに磨き合い、責め励まし合うのがよく、兄弟の間では、やわらぎ喜びあうのがよろしい」

○**先師が言われた。**

「善人でも七年もみっちり人民に教えたら、身を捨てて戦にゆかせることができる」

※善人　学徳のすぐれた君子に次ぐ善良な人を指すのであろうか。

子《し》路《ろ》問《と》うて曰《い》わく、何《い》如《か》なるか斯《こ》れ之《これ》を士《し》と謂《い》うべき。子《し》曰《のたま》わく、切《せつ》切《せつ》偲《し》偲《し》怡《い》怡《い》如《じょ》たれば、士《し》と謂《い》うべし。朋《ほう》友《ゆう》には切《せつ》切《せつ》偲《し》偲《し》、兄《きょう》弟《だい》には怡《い》怡《い》如《じょ》たり。

子《し》曰《のたま》わく、善《ぜん》人《にん》民《たみ》を教《おし》うること七《しち》年《ねん》、亦《また》以《もっ》て戎《じゅう》に即《つ》かしむべし。

子《し》曰《のたま》わく、教《おし》えざるの民《たみ》を以《もっ》て戦《たたか》う、是《こ》

○先師が言われた。
「充分に教育もしていない民を戦わせるのは、それこそ民をすてるというものだ」

れし之《これ》を棄《す》つと謂《い》う。

○**憲が恥について尋ねた。**

「国に道が行われてよく治まっておるときには事えて俸禄を受ける。国に道が行われないで乱れておるときに、事えて徒らに俸禄を受けるのは恥である」

※憲、孔子の門人。姓は原、名は憲、字は子思、清貧に安んじて節を屈しなかった人。

○**原憲が克**（他人に強引に勝とうとする心）伐（自らその功に誇る心）怨（天をうらみ、人をとがめる心）欲（貪ぼる心）を制御して行わない人を仁者とすることができましょうか」と尋ねた。

先師が言われた。

憲問第十四《けんもんだいじゅうし》

憲《けん》恥《はじ》を問《と》う。子《し》曰《のたま》わく、邦《くに》道《みち》有《あ》れば穀《こく》す。邦《くに》道《みち》無《な》くして穀《こく》するは恥《はじ》なり。

克《こく》・伐《はつ》・怨《えん》・欲《よく》、行《おこな》われざる、以《もっ》て仁《じん》と為《な》すべきや。子《し》曰《のたま》わく、以《もっ》て難《かた》しと為《な》すべし。仁《じん》は則《すなわ》ち吾《われ》知《し》らざるなり。

子《し》曰《のたま》わく、士《し》にして居《きよ》を懐《おも》うは以《もっ》て士《し》

「それは難しいことだが、それだけで仁者であるかどうか私にはわからない」
○先師が言われた。
「士（役人）で、安楽な家庭生活のみを思う者は、立派な士とするには足りない」
○先師が言われた。
「国に道が行われているときは、言葉をきびしくし、行動もきびしくする。国に道が行われていないときは、行動はきびしくするが、言葉はひかえめにする」
○先師が言われた。
「有徳の君子は、必ずよいことをいうが、よいことをいう者が必ずしも徳があるとは限らない。仁

と為《な》すに足《た》らず。

子《し》曰《のたま》わく、邦《くに》道《みち》有《あ》れば、言《げん》を危《たか》くし、行《おこない》を危《たか》くす。邦《くた》道《みち》無《な》ければ、行《おこない》を危《たか》くし、言《げん》は孫《したが》う。

子《し》曰《のたま》わく、徳《とく》有《あ》る者《もの》は必《かなら》ず言《げん》有《あ》り。言《げん》有《あ》る者《もの》は必《かなら》ずしも徳《とく》有《あ》らず。仁《じん》者《しゃ》は必《かなら》ず勇《ゆう》有《あ》り。勇《ゆう》者《しゃ》は必《かなら》ずしも仁《じん》有《あ》らず。

者は必ず勇気があるが、勇者は必ずしも仁があるとは限らない」
○**南宮适が**「羿は弓がうまく、奡は舟を動かすことのできる強い人でしたが、共に天寿を全うすることができませんでした。禹（夏王）と稷（周の先祖）とは、自分で農作をしながら、天下の王となりましたが」と、これについて先師のご意見を聞いた。然し先師は答えられなかった。南宮适が出て行ってから先師が言われた。
「こういう人が本当の君子だね。またこういう人が本当に徳を尊ぶんだね」
※南宮适　孔子の門

南宮适《なんきゅうかつ》、孔子《こうし》に問《と》うて曰《い》わく、羿《げい》は射《しゃ》を善《よ》くし、奡《ごう》は舟《ふね》を盪《うご》かす。倶《とも》に其《そ》の死《し》を得《え》ず。禹《う》と稷《しょく》とは躬《みずか》ら稼《か》して天下《てんか》を有《たも》つ。夫子《ふうし》答《こた》えず。南宮适《なんきゅうかつ》出《い》ず。子《し》曰《のたま》わく、君子《くんし》なるかな、若《かくのごと》き人《ひと》。徳《とく》を尚《たっと》ぶかな若《かくのごと》き人《ひと》。

子《し》曰《のたま》わく、君子《くんし》にして仁《じん》ならざる者《もの》有《あ》

人。姓は南宮、名は縚《とう》または适、字は子容。
※羿　弓の名人。部下の寒浞に殺された。
※奡　大力の人。寒浞の子で夏王に殺された。
○先師が言われた。
「道に志す君子にも仁の道にはずれるものはあるかも知れないが、道に志さない小人であって仁者はいたためしがない」
○先師が言われた。
「真に人を愛するからには、その人を鍛えないでおられようか。真に相手を思うからには、その人を教え導かないでおられようか」
○先師が言われた。
「鄭の国の外交文書を作成するには、卑諶

らんか。未《いま》だ小人《しょうじん》にして仁《じん》なる者《もの》有《あ》らざるなり。

子《し》曰《のたま》わく、之《これ》を愛《あい》して能《よ》く勞《ろう》すること勿《な》からんや。忠《ちゅう》にして能《よ》く誨《おし》うること勿《な》からんや。

子《し》曰《のたま》わく、命《めい》を為《つく》るに卑諶《ひじん》之《これ》を草創《そうそう》し、世叔《せいしゅく》之《これ》を討論《とうろん》し、行人子羽《こうじんしう》之《これ》を脩飾《しゅうしょく》し、東《とう》

（大夫）が草案を作り、世叔（大夫）がその適否を討議し、子羽（外交官）が文章を修飾し、最後に東里にいた子産（宰相）が色づけをして仕上げた」

○ある人が子産（鄭の大夫）**の人物について尋ねた。**

先師が答えられた。

「めぐみ深い人だ」

次に子西（楚の大夫）の人物について尋ねた。

先師が答えられた。

「あの人か、あの人はねえ」（語るまでもない）

更に管仲（斉の大夫）について尋ねた。

先師が答えられた。

「この人は伯氏の領地駢の村三百戸を奪ったが、伯氏は亡くなるまで、やっと粗末な物を食べる貧乏生

里《り》の子《し》産《さん》之《これ》を潤《じゅん》色《しょく》す。

或《ある》ひと子《し》産《さん》を問《と》う。子《し》曰《のたま》わく、恵《けい》人《じん》なり。子《し》西《せい》を問《と》う。曰《のたま》わく、彼《かれ》をや、彼《かれ》をや。管《かん》仲《ちゅう》を問《と》う。曰《のたま》わく、この人《ひと》や、伯《はく》氏《し》の駢《べん》邑《ゆう》三《さん》百《びゃく》を奪《うば》い、疏《そ》食《し》を飯《くら》いて歯《よわい》を没《ぼっ》するまで怨《えん》言《げん》無《な》し。

子《し》曰《のたま》わく、貧《まず》しくして怨《うら》む無《な》きは難《かた》く、

活をしながらも、この人に対して怨みごとを言わなかった」
※管仲は大した人物だと称した。

○先師が言われた。
「貧しくても怨みがましくならないのは、むずかしいが、それに比べて、富んでおごりたかぶらないのはたやすいことだ」

○先師が言われた。
「孟公綽（魯の大夫）は、晋の六卿の一つである趙家や魏家の家老ならば充分だが、小さくとも独立国である滕や薛の大夫の仕事はこなせないな」

○子路が完成された人の資格について尋ねた。
　先師が答えられた。
「臧武仲（魯の大夫）

富《と》みて驕《おご》る無《な》きは易《やす》し。

子《し》曰《のたま》わく、孟《もう》公《こう》綽《しゃく》、趙《ちょう》魏《ぎ》の老《ろう》と為《な》れば則《すなわ》ち優《ゆう》なり。以《もっ》て滕《とう》薛《せつ》の大《たい》夫《ふ》と為《な》るべからず。

子《し》路《ろ》成《せい》人《じん》を問《と》う。子《し》曰《のたま》わく、臧《ぞう》武《ぶ》仲《ちゅう》の知《ち》、公《こう》綽《しゃく》の不《ふ》欲《よく》、卞《べん》莊《そう》子《し》の勇《ゆう》、冉《ぜん》求《きゅう》の藝《げい》の若《ごと》き、之《これ》を文《かざ》るに禮《れい》樂《がく》を以《もっ》てせば、亦《また》以《もっ》て成《せい》の知、孟公綽（魯の大夫）の無欲、卞荘子（魯の卞邑の大夫）の勇、冉求（孔子の弟子）の多藝をかね、さらに礼楽によって磨きをかけたら成人と言ってよかろう。然しながら、今の成人はそれ程でなくともよかろう。利益を得るに当たっては道義を思い、君国の危難を前にしては、一命をかけて当たり、古い約束や、ふだんの軽い言葉であっても忘れなければ、成人といえるだろう」

○先師が公叔文子（衛の大夫）**の人柄を公明賈に尋ねて言われた。**

「あの方は、言わず、笑わず、取らずとい

人《じん》と為《な》すべし。曰《のたま》わく、今《いま》の成人《せいじん》は何《なん》ぞ必《かなら》ずしも然《しか》らん。利《り》を見《み》ては義《ぎ》を思《おも》い、危《あやう》きを見《み》ては命《めい》を授《さず》け、久要《きゅうよう》、平生《へいせい》の言《げん》を忘《わす》れざる、亦《また》以《もっ》て成人《せいじん》と為《な》すべし。

子《し》、公叔文子《こうしゅくぶんし》を公明賈《こうめいか》に問《と》うて曰《のたま》わく、信《まこと》なるか。夫子《ふうし》の言《い》わず、笑《わら》わず、取《と》らざること。公明賈《こうめいか》対《こた》えて曰《い》わく、以《もっ》て告《つ》ぐうようなお人だと聞いていますが、本当でしょうか」

公明賈が答えて言った。

「それはお話した者の間違いです。あの方は、言うべき時になってはじめて言うので、誰も言うことをいやがらないのです。楽しくなってはじめて笑うので、大いに笑っても誰も鼻につかないのです。筋道の立った贈り物だけを受け取るので、誰も気にしないのです」

先師が言われた。

「そうでしょう。うわさのようなことはありますまい」
※其れ然り、豈それ然らんやを、そうか

る者《もの》の過《あやま》てるなり。夫子《ふうし》、時《とき》にして然《しか》る後《のち》に言《い》う、人《ひと》其《そ》の言《い》うことを厭《いと》わざるなり。樂《たの》しみて然《しか》る後《のち》に笑《わら》う、人《ひと》其《そ》の笑《わら》うことを厭《いと》わざるなり。義《ぎ》にして然《しか》る後《のち》に取《と》る、人《ひと》其《そ》の取《と》ることを厭《いと》わざるなり。子《し》曰《のたま》わく、其《そ》れ然《しか》り。豈《あに》其《そ》れ然《しか》らんや。

子《し》曰《のたま》わく、臧《ぞう》武《ぶ》仲《ちゅう》、防《ぼう》を以《もっ》て魯《ろ》に後《のち》を爲《な》

な、そうかしらと半信半疑の気持をあらわすいい方と解する説もある。

○先師が言われた。
「臧武仲は罪を得て魯を追われたが、その領地であった防にふみとどまり、自分の後継ぎを立てたいと魯君に求めた。然しその様子からして魯君に強要したのではないと言っても私は信じない」

○先師が言われた。
「晋の文公は、謀略を用いて正道によらなかった。斉の桓公は正道によって謀略を用いなかった」

○子路が「桓公（斉の君主）が公子の糾（桓公の兄）を殺したとき、糾の家臣の

すを求《もと》む。君《きみ》を要《よう》せずと曰《い》うと雖《いえど》も吾《われ》は信《しん》ぜざるなり。

子《し》曰《のたま》わく、晋《しん》の文《ぶん》公《こう》は譎《いつわ》りて正《ただ》しからず。齊《せい》の桓《かん》公《こう》は正《ただ》しくして譎《いつわ》らず。

子《し》路《ろ》曰《い》わく、桓《かん》公《こう》、公《こう》子《し》糾《きゅう》を殺《ころ》す。召忽《しょうこつ》之《これ》に死《し》し、管《かん》仲《ちゅう》は死《し》せず。曰《い》わく、未《いま》だ仁《じん》ならざるか。子《し》曰《のたま》わく、桓《かん》公《こう》諸《しょ》侯《こう》を九合《きゅうごう》

召忽は共に死んだのに、同じ家臣であった管仲は死にませんでした。管仲はまだ仁者ではないでしょうね」と言った。

先師が言われた。「桓公が諸侯の連盟をつくるのに武力を用いなかったのは、管仲のはたらきによるものだ。その点からして誰がその仁に及ぼうか。誰がその仁に及ぼうか」
○子貢が「管仲は仁者ではないでしょうね。桓公が公子糾を殺した際、共に死ぬことができず、しかも、桓公に仕えて政治を助けたではありませんか」と言った。
先師が言われた。「管仲は、桓公を助

するに兵車《へいしゃ》を以《もっ》てせざるは、管仲《かんちゅう》の力《ちから》なり。其《そ》の仁《じん》に如《し》かんや、其《そ》の仁《じん》に如《し》かんや。

子貢《しこう》曰《いわ》く、管仲《かんちゅう》は仁者《じんしゃ》に非《あら》ざるか。桓公《かんこう》、公子糾《こうしきゅう》を殺《ころ》して死《し》すること能《あた》わず、又之《またこれ》を相《たす》く。子《し》曰《のたま》わく、管仲《かんちゅう》、桓公《かんこう》を相《たす》けて諸侯《しょこう》に覇《は》たらしめ、一《ひと》たび天下《てんか》を匡《ただ》す。民今《たみいま》に到《いた》るまで其《そ》の賜《たまもの》を受《う》く。管仲《かんちゅう》微《な》けて諸侯の覇者（旗がしら）とならせて、天下を救った。民は今に到るまで、そのお蔭を受けている。若し管仲がいなかったならば、私達は異民族に征服されて、その風習である髪をふりみだし、着物を左前にしたであろう。どうしてつまらぬ男女が小さな義理だてをして、どぶの中で首をくくって死に、誰にも気づかれないのと同じであろうか」

○公叔文子（衛の大夫）は家臣の僎を自分と同じ大夫として君公に推薦した。先師はこれを聞いて言われた。「公叔文子は文の諡《おくりな》に値する人だ」

○先師が、衛の霊公

かりせば、吾《われ》其《そ》れ髪《かみ》を被《こうむ》り衽《えり》を左《ひだり》にせん。豈《あに》匹《ひっ》夫《ぷ》匹《ひっ》婦《ぷ》の諒《まこと》を為《な》し自《みずか》ら溝《こう》瀆《とく》に經《くび》れて知《し》るもの莫《な》きが若《ごと》くならんや。

公《こう》叔《しゅく》文《ぶん》子《し》の臣《しん》大《たい》夫《ふ》僎《せん》、文《ぶん》子《し》と同《おな》じく諸《これ》を公《こう》に升《のぼ》す。子《し》之《これ》を聞《き》きて曰《のたま》わく、以《もっ》て文《ぶん》と為《な》すべし。

子《し》、衛《えい》の靈《れい》公《こう》の無《む》道《どう》なるを言《い》う。康《こう》子《し》

は無道な君主だと批難された。
　季康子が尋ねた。「一体おっしゃるとおりだとすると、亡びる筈なのに、どうして亡びないのでしょうか」
　先師が答えられた。「仲叔圉（衛の大夫孔文子）は外交を担当し、祝鮀（大夫）は内政をつかさどり、王孫賈（大夫）が国防に意を注いでおります。このようであってどうして亡びましょうか」
○先師が言われた。
「自分の言葉をかえりみて恥じないようでは、これを実行することは難しい」

曰《い》わく、夫《そ》れ是《か》くの如《ごと》くんば、奚《いか》にしてか喪《ほろ》びざる。孔子《こうし》曰《のたま》わく、仲叔圉《ちゅうしゅくぎょ》は賓客《ひんきゃく》を治《おさ》め、祝鮀《しゅくだ》は宗廟《そうびょう》を治《おさ》め、王孫賈《おうそんか》は軍旅《ぐんりょ》を治《おさ》む。夫《そ》れ是《か》くの如《ごと》くんば、奚《なん》ぞ其《そ》れ喪《ほろ》びん。

子《し》曰《のたま》わく、其《そ》の言《げん》を之《こ》れ怍《は》じざれば、則《すなわ》ち之《これ》を為《な》すや難《かた》し。

○陳成子（斉の大夫）が、主君の簡公を殺した。先師は髪を洗い身を清めて、朝廷に出仕して哀公に申し上げた。

「陳恒が、自分の君を殺しました。これは臣として道をふみはずした者でありますから、どうかお討ちとり下さい」

哀公は「先ずあの三人（孟孫、叔孫、季孫、所謂三桓）に話しなさい」と言われた。

先師は言われた。

「私は大夫の末席につらなる者として大事なことは申し上げないわけにはいかなかったのだが、ご自分で決定されずに『あの三人に話しなさい』と言われた」

陳成子《ちんせいし》簡公《かんこう》を弑《しい》す。孔子《こうし》沐浴《もくよく》して朝《ちょう》し、哀公《あいこう》に告《つ》げて曰《のたま》わく、陳恒《ちんこう》其《そ》の君《きみ》を弑《しい》す。請《こ》う、之《これ》を討《う》たん。公《こう》曰《い》わく、夫《か》の三《さん》子《し》に告《つ》げよ。孔子《こうし》曰《のたま》わく、吾《われ》大夫《たいふ》の後《しりえ》に従《したが》えるを以《もっ》て敢《あえ》て告《つ》げずんばあらざるなり。君《きみ》曰《い》わく、夫《か》の三子《さんし》者《しゃ》に告《つ》げよと。三子《さんし》に之《ゆ》きて告《つ》ぐ。可《き》かず。孔子《こうし》曰《のたま》わく、そこで三人を訪ねて話をされたけれども、何れも聴き入れなかった。

先師が言われた。

「私は大夫の末席につらなる者として言わずにはおれなかったのだ」

※恐らく誰も口をつぐんで言わないのを歎かれてのことであろう。

○子路が主君に仕える心得を尋ねた。

「誠を持って事え、いつわりのないのが第一だ。そうして時によっては、面を犯して諫めるがよい」

○先師が言われた。

「君子は天理にしたがって向上し、小人は人欲にしたがって下落する」

吾《われ》大夫《たいふ》の後《しりえ》に従《したが》えるを以《もっ》て敢《あえ》て告《つ》げずんばあらざるなり。

子路《しろ》君《きみ》に事《つか》えんことを問《と》う。子《し》曰《のたま》わく、欺《あざむ》くこと勿《な》かれ。而《しこう》して之《これ》を犯《おか》せ。

子《し》曰《のたま》わく、君子《くんし》は上達《じょうたつ》し小人《しょうじん》は下達《かたつ》す。

子《し》曰《のたま》わく、古《いにしえ》の學者《がくしゃ》は己《おのれ》の爲《ため》にし、今《いま》の學者《がくしゃ》は人《ひと》の爲《ため》にす。

○**先師が言われた。**
「昔の学んだ人は、自分の（修養）ためにしたが、今の学ぶ人は、人に知られたいためにしている」

○**蘧伯玉**（衛の大夫）**が先師のところへ使者をよこした。**
先師は使者と向かい合って坐られ「蘧先生は、ふだんはどうしておられますか」と尋ねられた。
使者は「先生は、自分の過ちを少なくしようと思って努力しておりますが、まだなかなかそうはまいらないようでございます」と答えた。使者が帰ってから先師が感心して言われた。
「見事な使者だなあ。見事な使者だなあ」

蘧伯玉《きょはくぎょく》、人《ひと》を孔子《こうし》に使《つか》いせしむ。孔子《こうし》之《これ》と坐《ざ》して、問《と》うて曰《のたま》わく、夫子《ふうし》何《なに》をか為《な》す。對《こた》えて曰《い》わく、夫子《ふうし》は其《そ》の過《あやまち》を寡《すく》なくせんと欲《ほっ》して未《いま》だ能《あた》わざるなり。使者《ししゃ》出《い》ず。子《し》曰《のたま》わく、使《つかい》なるかな、使《つかい》なるかな。

子《し》曰《のたま》わく、其《そ》の位《くらい》に在《あ》らざれば、其《そ》の政《まつりごと》

を謀《はか》らず。
曾子《そうし》曰《い》わく、君子《くんし》は思《おも》うこと其《そ》の位《くらい》を出《い》でず。
子《し》曰《のたま》わく、君子《くんし》は其《そ》の言《ことば》の其《そ》の行《おこない》に過《す》ぐるを恥《は》ず。
子《し》曰《のたま》わく、君子《くんし》の道《みち》なる者《もの》三《みつ》、吾《われ》能《よ》くすること無《な》し。仁者《じんしゃ》は憂《うれ》えず、知者《ちしゃ》は惑《まど》わ

○先師が言われた。「その地位にいなければ、みだりにその職務について口出ししないものだ」

○曾先生が言われた。「君子は、自分の職分以上のことは考えないものだ」

○先師が言われた。「君子は、自分の言葉が行い以上になることを恥じる」

○先師が言われた。「君子の道というべきものに三つあるが、私には、まだできない。その三つとは、仁者は内に疚《やま》しいところがないので憂えない、知者は道理を弁えているので迷わ

ない、勇者は義を貫く意志が強いので何事をも恐れないということだ」
　子貢がこれを聞いて言った。
「それは先生が、ご自分でおっしゃったことで、おそらくご謙遜だと思う」
○子貢はよく好んで人をくらべて批評した。
　先師が言われた。
「賜（子貢の名）は賢いんだねえ。私は、自分を修めるのに精一杯で人を批評したりする暇はないよ」
○先師が言われた。
「人が自分を認めてくれないのを気にすることはない。自分にそれだけの能力がないのを気にすることだ」

ず、勇者《ゆうしゃ》は懼《おそ》れず。子《し》貢《こう》曰《い》わく、夫子《ふうし》自《みずか》ら道《い》うなり。

子《し》貢《こう》人《ひと》を方《たくら》ぶ。子《し》曰《のたま》わく、賜《し》や賢《けん》なるかな。夫《そ》れ我《われ》は則《すなわ》ち暇《いとま》あらず。

子《し》曰《のたま》わく、人《ひと》の己《おのれ》を知《し》らざるを患《うれ》えず、其《そ》の不《ふ》能《のう》を患《うれ》うるなり。

子《し》曰《のたま》わく、詐《いつわり》を逆《むか》えず、信《しん》ぜられざるを

○先師が言われた。

「だまされないかと早手まわしもせず、疑われまいかと気も遣わずに、平常心で接して相手の心がわかるような人は、賢者といっていいね」

○微生畝（隠者か）が先師に言った。

「丘よ、おまえはどうしてそんなにあくせくといそがしそうにしているのだ。それは、むしろうまいことを言って人にとり入ろうとしているのではないかね」

先師が言われた。

「いや、べつにこびへつらっているのではありません。私はただ、かたくなでひとりよがりになるのがいやなものですから」

億《おもんぱか》らずして、抑《そもそも》亦《また》先《ま》ず覚《さと》る者《もの》は、是《こ》れ賢《けん》か。

微《び》生《せい》畝《ほ》、孔子《こうし》に謂《い》いて曰《い》わく、丘《★きゅう》、何為《なんす》れぞ是《こ》れ栖《せい》栖《せい》たる者《もの》ぞ。乃《すなわ》ち佞《ねい》を為《な》すこと無《な》からんや。孔子《こうし》對《こた》えて曰《のたま》わく、敢《あえ》て佞《ねい》を為《な》すに非《あら》ざるなり。固《こ》を疾《にく》めばなり。

子《し》曰《のたま》わく、驥《き》は其《そ》の力《ちから》を稱《しょう》せず、其《そ》の徳《とく》

○先師が言われた。「名馬は、単にその走力のみをほめるのではなく、その徳（性質のよさ）の方をほめるのだ」

○ある人が「徳を以て怨みに報いるという言葉がありますが、先生はどうお考えになりますか」と尋ねた。

先師が答えられた。「それでは何を以て徳に報いればよいのか。まっ直ぐな正しさで以て怨みに報い、徳を以て徳に報いるのがよいと思う」

○先師が「私を知ってくれる者がいないねえ」ともらされた。

子貢がおどろいて「どうして先生のような方が世に知られないというようなこ

を稱《しょう》するなり。

或《ある》ひと曰《い》わく、徳《とく》を以《もっ》て怨《うらみ》に報《むく》いば何《い》如《かん》。子《し》曰《のたま》わく、何《なに》を以《もっ》てか徳《とく》に報《むく》いん。直《なお》きを以《もっ》て怨《うらみ》に報《むく》い、徳《とく》を以《もっ》て徳《とく》に報《むく》いん。

子《し》曰《のたま》わく、我《われ》を知《し》ること莫《な》きかな。子《し》貢《こう》曰《い》わく、何為《なんす》れぞ其《そ》れ子《し》を知《し》ること莫《な》とがありましょうか」と言った。

先師が言われた。
「私は知られないからといって、天を怨んだり人をとがめたりはしない。私は身近な低いところから学び、だんだんと天理にしたがって高いところにのぼってきたのだ。私を本当に知っているのは、まあ天かなあ」

○公伯寮（魯人といわれるが不明）が、子路を季孫（魯の権臣）に讒言《ざんげん》した。

子服景伯（魯の大夫）が先師にそのことを話して言った。
「あの方（季孫）はまことに公伯寮の言葉に惑わされています。私の力でも子路

からんや。子曰《のたま》わく、天《てん》を怨《うら》みず、人《ひと》を尤《とが》めず下《か》學《がく》して上達《じょうたつ》す。我《われ》を知《し》る者《もの》は其《そ》れ天《てん》か。

公《こう》伯《はく》寮《りょう》子路《しろ》を季《き》孫《そん》に愬《うった》う。子《し》服《ふく》景《けい》伯《はく》以《もっ》て告《つ》げて曰《い》わく、夫子《ふうし》固《まこと》に公《こう》伯《はく》寮《りょう》に惑《まど》える志《こころざし》有《あ》り。吾《わ》が力《ちから》猶《なお》能《よ》く諸《これ》を市《し》朝《ちょう》に肆《さら》さん。子《し》曰《のたま》わく、道《みち》の將《まさ》に行《おこな》われんと

の潔白を証明し、公伯寮を死刑にして町の広場にさらすことができます」

先師が言われた。

「道が行われようとするのも天命ですし、道がすたれようとするのも天命です。公伯寮ごときが天命をどうすることもできないでしょう」

○先師が言われた。

「賢者は、乱れた世を避ける。その次は他国へ亡命する。その次は人君の顔色や態度を見て朝廷を去る。その次は人君の言葉によって道の行われないことを知り朝廷を去る」そうして先師は、「これを行った人は七人いる」と言われた。

するや、命《めい》なり。道《みち》の将《まさ》に廢《すた》れんとするや、命《めい》なり。公伯寮《こうはくりょう》其《そ》れ命《めい》を如何《いかん》せん。

子《し》曰《のたま》わく、賢者《けんじゃ》は世《よ》を避《さ》く、其《そ》の次《つぎ》は地《ち》を避《さ》く。其《そ》の次《つぎ》は色《いろ》を避《さ》く。其《そ》の次《つぎ》は言《げん》を避《さ》く。子《し》曰《のたま》わく、作《な》す者《もの》七人《しちにん》。

子路《しろ》、石門《せきもん》に宿《やど》る。晨門《しんもん》曰《い》わく、奚《いず》れ自《よ》りぞ。子路《しろ》曰《い》わく、孔氏《こうし》自《よ》りす。曰《い》わく、

○子路が石門（魯の町の外門）に宿った。晨門（朝門を開く役人）が「どちらからおいでですか」と尋ねた。
　子路が「孔家のものです」と答えた。すると晨門が「ああ、あのだめだとわかっていながらも、何とかしようと頑張っている人の家の方ですかな」と言った。
○先師が衛の宿舎で磬（への字型に曲った石の打楽器）を打っておられた時に、もっこを担いで門前を通りかかった男が「ちょっと意味ありげだなあ」と言った。暫くしてまた「俗っぽいなあ、こちこちの固い音だ。自分を

是《こ》れ其《そ》の不可《ふか》なるを知《し》りて、而《しか》も之《これ》を為《な》す者《もの》か。

子《し》、磬《けい》を衛《えい》に撃《う》つ。蕢《あじか》を荷《にな》いて孔氏《こうし》の門《もん》を過《す》ぐる者《もの》有《あ》り。曰《い》わく、心《こころ》有《あ》るかな、磬《けい》を撃《う》つこと。既《すで》にして曰《い》わく、鄙《いや》しきかな、硜《こう》硜《こう》乎《こ》たり。己《おのれ》を知《し》ること莫《な》くんば、斯《こ》れ己《おのれ》のみ。深《ふか》ければ厲《れい》し、浅《あさ》ければ

知って貰えなければ自分の思うようにするだけのことだ」と言い、更に詩を歌いだした。『深い川なら衣をぬぐし、浅い川ならすそからげ』と。これを聞いて、先師が言われた。
「思いきりがいいなあ。だがそれはむずかしいことではない」
○**子張が**「書経の中に『高宗（殷の中興の英主）は、父君の喪中三年間ものを言わなかった』とありますが、どういう意味でございますか」と尋ねた。
先師が言われた。
「どうして必ずしも高宗だけであろうか。昔の君は皆そうであった。君主が薨ると

掲《けい》す。子曰《しのたま》わく、果《か》なるかな。之《これ》を難《かた》しとする末《な》きなり。

子張《しちょうい》曰わく、書《しょ》に云《い》う、高宗《こうそう》、諒陰《りょうあん》三年《さんねん》言《い》わずとは、何《なん》の謂《いい》ぞや。子曰《しのたま》わく、何《なん》ぞ必《かなら》ずしも高宗《こうそう》のみならんや。古《いにしえ》の人《ひと》皆《みな》然《しか》り。君《きみ》薨《こう》ずれば、百官《ひゃっかん》己《おのれ》を總《す》べて以《もっ》て冢《ちょう》宰《さい》に聴《き》くこと三年《さんねん》なり。

すべての役人は、職務をまとめて三年の間、冢宰（総理大臣）の指図を仰ぐのであるから、君主はものを言わなくてもよかった」

○先師が言われた。

「為政者が礼を好むと、民は自らつつしんでよく励むものである」

○子路が君子の条件について尋ねた。

先師は「自分の身を修め、人をうやまうことだ」と答えられた。

子路は更にそれだけでしょうかと尋ねた。

先師は「自分の身を修め、人を安んずることだ」と答えられた。

子《し》曰《のたま》わく、上《かみ》禮《れい》を好《この》めば則《すなわ》ち民《たみ》使《つか》い易《やす》きなり。

子《し》路《ろ》、君《くん》子《し》を問《と》う。子《し》曰《のたま》わく、己《おのれ》を脩《おさ》めて以《もっ》て敬《けい》す。曰《い》わく、斯《か》くの如《ごと》きのみか。曰《のたま》わく、己《おのれ》を脩《おさ》めて以《もっ》て人《ひと》を安《やす》んず。曰《い》わく斯《か》くの如《ごと》きのみか。曰《のたま》わく、己《おのれ》を脩《おさ》めて以《もっ》て百《ひゃく》姓《せい》を安《やす》んず。己《おのれ》を脩《おさ》めて以《もっ》子路はなお、「それだけでしょうか」と尋ねた。

先師は「自分の身を修めて天下万民を安ずることだ。天下万民を安んずることは、堯、舜のような聖天子でも、頭をなやまされたことだ」と答えられた。
○原壌（孔子のおさななじみ）**が、うずくまって先師を待っていた。**
先師は原壌に言われた。

「幼い頃は従順でなく、大人になってからもこれといった善行もなく、そのまま年老いて生きている。これを社会の賊というんだ」そして杖で

て百姓《ひゃくせい》を安《やす》んずるは、堯《ぎょう》・舜《しゅん》も其《そ》れ猶《なお》諸《これ》を病《や》めり。

原壌《げんじょう》、夷《い》して俟《ま》つ。子曰《しのたま》わく、幼《よう》にして孫弟《そんてい》ならず、長《ちょう》じて述《の》ぶること無《な》く、老《お》いて死《し》せず。是《これ》を賊《ぞく》と為《な》す。杖《つえ》を以《もっ》て其《そ》の脛《すね》を叩《たた》く。

闕黨《けっとう》の童子《どうし》、命《めい》を将《おこな》う。或《ある》ひと之《これ》を問《と》

（さとすように）脛を打たれた。

○闕の村の少年が、先師の家で客の取次役をしていた。

ある人が「あの少年は、自分の修養のためにせいを出しているのですか」と尋ねた。

先師が言われた。

「私は、彼が大人のおるべき場所に平然としておるのを見ました。又先輩と肩を並べて歩くのを見ました。彼は自分の修養を心掛けているのではなく、早く大人になりたがっているものです」

うて曰《い》わく、益《えき》する者《もの》か。子《し》曰《のたま》わく、吾《われ》其《そ》の位《くらい》に居《お》るを見《み》るなり。其《そ》の先生《せんせい》と竝《なら》び行《ゆ》くを見《み》るなり。益《えき》を求《もと》むる者《もの》に非《あら》ざるなり。速《すみや》かに成《な》らんと欲《ほっ》する者《もの》なり。

○衛の霊公が、戦陣のことについて尋ねられた。

先師は「私は、祭りの礼儀のことならかって学んだことはありますが、まだ軍隊のことは学んだことがございません」と答えられ、翌日急いで衛を去られた。

○衛を去って楚に行こうとして陳におられた時、呉が陳を攻める事件にあい、食糧がなくなった。そしてお供の人々は餓えて起き上がる気力もなくなっていった。子路は、恨《うら》んで腹を立てて、先師に尋ねた。

「君子も困ることがありますか」

先師は答えられた。

衛靈公第十五《えいれいこうだいじゅうご》

衛靈公《えいのれいこう》、陳《じん》を孔子《こうし》に問《と》う。孔子《こうし》對《こた》えて曰《のたま》わく、俎豆《そとう》の事《こと》は則《すなわ》ち嘗《かつ》て之《これ》を聞《き》けり。軍旅《ぐんりょ》の事《こと》は未《いま》だ之《これ》を學《まな》ばざるなり。明日《めいじつ》遂《つい》に行《さ》る。

陳《ちん》に在《いま》して糧《りょう》を絶《た》つ。從者《じゅうしゃ》病《や》みて能《よ》く興《た》つこと莫《な》し。子路《しろ》慍《うら》み見《まみ》えて曰《い》わく

「君子とてむろん困るさ。だが小人は困ったらすぐにみだれて何をするかわからないよ」
※君子はどんなに困っても平常心を失わないものだと、暗に教えておられるのである。

○先師が「賜（子貢の名）よ、お前は私が多く学んで何でも知っているのですぐれていると思うのか」と言われた。

子貢が答えた。「むろんそう思いますが間違っておりますか」

先師が言われた。「それは間違っている。私はただ一つのことでつらぬいているのだよ」

く、君子《くんし》も亦《また》窮《きゅう》すること有《あ》るか。子《し》曰《のたま》わく、君子《くんし》固《もと》より窮《きゅう》す。小人《しょうじん》窮《きゅう》すれば斯《ここ》に濫《みだ》る。

子《し》曰《のたま》わく、賜《し》や、女《なんじ》は予《われ》を以《もっ》て多《おお》く學《まな》びて之《これ》を識《し》る者《もの》と爲《な》すか。對《こた》えて曰《い》わく、然《しか》り、非《ひ》なるか。曰《のたま》わく、非《ひ》なり。予《われ》は一《いっ》以《もっ》て之《これ》を貫《つらぬ》く。

○先師が言われた。
「由（子路の名）よ、本当に徳を会得している者は少ないねえ」
○先師が言われた。
「自ら政務に当たらずに、うまく天下を治めることができたのは、まあ舜だろうかね。では舜は何をされたのかといえば、身をつつしまれて、真南に向いておられただけだ」
※君主の座は南面、従って臣下は北面。
○子張が「どうすれば思うように道が行われましょうか」と尋ねた。
先師が答えられた。

「言葉にまごころがこもり、行いがねんごろであれば、未開な外国でも行われるで

子《し》曰《のたま》わく、由《ゆう》、徳《とく》を知《し》る者《もの》は鮮《すく》なし。

子《し》曰《のたま》わく、無為《むい》にして治《おさ》むる者《もの》は其《そ》れ舜《しゅん》なるか。夫《そ》れ何《なに》をか為《な》すや。己《おのれ》を恭《うやうや》しくして正《ただ》しく南面《なんめん》するのみ。

子張《しちょう》、行《おこな》われんことを問《と》う。子《し》曰《のたま》わく、言《げん》忠信《ちゅうしん》、行《おこない》篤敬《とっけい》なれば、蠻貊《ばんばく》の邦《くに》と雖《いえど》も行《おこな》われん。言《げん》忠信《ちゅうしん》ならず、行《おこない》篤敬《とっけい》ならざれ

あろうが、言葉にまごころがこもらず、行いがねんごろでなければ、身近な町や村でも行われないであろう。この忠信篤敬の四字が、立っている時には、眼の前にやってくるように見え、車に乗った時には、前の横木によりかかっているように見えるというぐらいにして、はじめて思うように行われるのだ」

子張は、この両句を紳（大帯の前に結んで垂れたところ）に書きつけた。

○先師が言われた。

「史魚はまっ直ぐだなあ。国に道が行われている時は、勿論矢のようにまっ直ぐであるが、道が行わ

ば、州里《しゅうり》と雖《いえど》も行《おこな》われんや。立《た》ちては則《すなわ》ち其《そ》の前《まえ》に参《さん》するを見《み》、輿《よ》に在《あ》りては則《すなわ》ち其《そ》の衡《こう》に倚《よ》るを見《み》るなり。其《そ》れ然《しか》る後《のち》に行《おこな》われん。子《し》張《ちょう》諸《これ》を紳《しん》に書《しょ》す。

子《し》曰《のたま》わく、直《ちょく》なるかな史《し》魚《ぎょ》、邦《くに》に道《みち》有《あ》るにも矢《や》の如《ごと》く、邦《くに》に道《みち》無《な》きにも矢《や》の如《ごと》し。君《くん》子《し》なるかな蘧《きょ》伯《はく》玉《ぎょく》、邦《くに》に道《みち》有《あ》れば則《すなわ》ち

仕《つか》え、邦《くに》に道《みち》無《な》ければ則《すなわ》ち巻《ま》きて之《これ》を懐《ふところ》にすべし。

子《し》曰《のたま》わく、与《とも》に言《い》うべくして之《これ》と言《い》わざれば、人《ひと》を失《うしな》う。与《とも》に言《い》うべからずして之《これ》と言《い》えば、言《げん》を失《うしな》う。知者《ちしゃ》は人《ひと》を失《うしな》わず亦《また》言《げん》を失《うしな》わず。

子《し》曰《のたま》わく、志士《しし》仁人《じんじん》は、生《せい》を求《もと》めて以《もっ》て

れない時にもまっ直ぐである。
蘧伯玉は、君子だなあ。国に道が行われている時は、出て仕え、国に道が行われない時は、退いて（才能を）懐にかくしておくことができる」

○先師が言われた。
「語り合うべき相手とは、語らなければその人を失う。語り合うべきでない人と語れば、言葉をむだにする。知者は人を失わず、また言葉をも失わない」

○先師が言われた。
「志士仁人は、命を惜しがって仁徳をそこなうことはなく、時には命をすてて、仁徳を成し遂げることもある」

※志士は仁に志す人、仁人は成徳の人。

○子貢が、仁の実践について尋ねた。

先師が答えられた。「大工が仕事をよくしようと思えば、必ずまず道具を磨いてするどくする。同様に、仁を実践するには、先ず自分の身を磨かなければならない。それには、その国の賢大夫に事え、そして人徳ある士を友とするがよい」

仁《じん》を害《がい》すること無《な》く、身《み》を殺《ころ》して以《もっ》て仁《じん》を成《な》すこと有《あ》り。

子《し》貢《こう》、仁《じん》を為《な》さんことを問《と》う。子曰《のたま》わく、工《こう》、其《そ》の事《こと》を善《よ》くせんと欲《ほっ》すれば、必《かなら》ず先《ま》ず其《そ》の器《うつわ》を利《するど》くす。是《こ》の邦《くに》に居《お》りては、其《そ》の大夫《たいふ》の賢《けん》なる者《もの》に事《つか》え、其《そ》の士《し》の仁《じん》なる者《もの》を友《とも》とす。

○**顔淵が国の治め方を尋ねた。**
先師が答えられた。
「農耕に適した夏の時代の暦を用い、質素で堅牢《けんろう》だった殷の車に乗り、儀礼用として立派な周の冠をかぶる。音楽は善美な舜時代の韶を奏するがよい。そして今流行の鄭の音楽を禁じ、口上手な人を遠ざけることだ。鄭の音楽はみだらで、口上手な人は、危険だからね」
○**先師が言われた。**
「目先のことに捉《とら》われず、先の先まで思いをめぐらさなければ、必ず身近なところに思いがけない心配事が起こるものだ」
○**先師が言われた。**

顔淵《がんえん》邦《くに》を為《おさ》めんことを問《と》う。子曰《しのたま》わく、夏《か》の時《とき》を行《おこな》い、殷《いん》の輅《ろ》に乗《の》り、周《しゅう》の冕《べん》を服《ふく》す。樂《がく》は則《すなわ》ち韶舞《しょうぶ》。鄭聲《ていせい》を放《はな》ち、佞人《ねいじん》を遠《とお》ざく。鄭聲《ていせい》は淫《いん》、佞人《ねいじん》は殆《あやう》し。

子曰《しのたま》わく、人《ひと》にして遠《とお》き慮《おもんばか》り無ければ、必《かなら》ず近《ちか》き憂《うれい》有《あ》り。

子曰《しのたま》わく、已《や》んぬるかな。吾《われ》未《いま》だ徳《とく》を

「情けないことだなあ。私は色事を好む程、徳を好む者を見たことがない」
※衛の霊公が南子夫人にうつつをぬかして身を修めることを、おろそかにしているのを歎いたものであろう。

○先師が言われた。
「臧文仲は、安閑として大夫の位をぬすむ人というべきであろうか。それは柳下恵のような優れた人物を知りながら、彼を推挙して共に政治に携わらなかったことだ」

○先師が言われた。
「自分に厳しくして人を責めることがゆるやかであれば、人に怨まれることはない」

好《この》むこと色《いろ》を好《この》むが如《ごと》くする者《もの》を見《み》ざるなり。

子《し》曰《のたま》わく、臧《ぞう》文《ぶん》仲《ちゅう》は其《そ》の位《くらい》を竊《ぬす》む者《もの》か。柳《りゅう》下《か》恵《けい》の賢《けん》を知《し》りて与《とも》に立《た》たざるなり。

子《し》曰《のたま》わく、躬《み》自《みずか》ら厚《あつ》くして薄《うす》く人《ひと》を責《せ》むれば則《すなわ》ち怨《うらみ》に遠《とお》ざかる。

子《し》曰《のたま》わく、之《これ》を如《い》何《かん》、之《これ》を如《い》何《かん》と曰《い》わざ

○**先師が言われた。**
「これはどうしよう、これはどうしようと常に自分に問いかけないような者は、私にもどうしようもない」
○**先師が言われた。**
「一日中、おおぜいの者が集まっていながら話が道義に及ばず、小ざかしいことをやっているようでは、人間の向上を望むことは難しいなあ」
○**先師が言われた。**
「道義を本とし、礼によって行い、へりくだって物を言い、まことによってことを成し遂げる。こういう人物が真の君子だなあ」
○**先師が言われた。**
「君子は、自分に能力のないのを気にす

る者《もの》は、吾《われ》之《これ》を如何《いかん》ともする末《な》きのみ。

子《し》曰《のたま》わく、群居《ぐんきょ》して終日《しゅうじつ》言《げん》義《ぎ》に及《およ》ばず、好《この》んで小慧《しょうけい》を行《おこな》う。難《かた》いかな。

子《し》曰《のたま》わく、君子《くんし》、義《ぎ》以《もっ》て質《しつ》と為《な》し、禮《れい》以《もっ》て之《これ》を行《おこな》い、孫《そん》以《もっ》て之《これ》を出《いだ》し、信《しん》以《もっ》て之《これ》を成《な》す。君子《くんし》なるかな。

子《し》曰《のたま》わく、君子《くんし》は能《のう》無《な》きを病《うれ》う。人《ひと》の

るが、人が自分を知ってくれないことを気にしないものだ」
○**先師が言われた。**
「君子は、死後になっても、自分の名が世にたたえられないことを悩みとする」
※世を三十年として三十年も一心に努力しても世に認められないのを悩みとすると解する説もある。
○**先師が言われた。**
「君子は、自分を反省して過ちがあれば、まずその原因を自分に求めるが、小人は人に求める」
○**先師が言われた。**
「君子は、誇りを以ておごそかに、己を持して人とは争わない。大勢といても、片寄って党派をつく

己《おのれ》を知《し》らざるを病《うれ》えず。
子《し》曰《のたま》わく、君子《くんし》は世《よ》を没《お》えて名《な》の称《しょう》せられざるを疾《にく》む。
子《し》曰《のたま》わく、君子《くんし》は諸《これ》を己《おのれ》に求《もと》む。小人《しょうじん》は諸《これ》を人《ひと》に求《もと》む。
子《し》曰《のたま》わく、君子《くんし》は矜《おごそか》にして争《あらそ》わず、群《ぐん》して黨《とう》せず。

らない」
○先師が言われた。
「君子は、言うことがよいというだけでは、人を挙げ用いないが、その人の言うよい言葉はすてない」
○子貢が尋ねた。
「一言で生涯行っていくべき大切なことがありましょうか」
先師が答えられた。
「それは恕かなあ。自分にそうされたくないことは、人におしつけないことだ」
○先師が言われた。
「私は人に対して、みだりにそしったりほめたりしない。もしほめることがあれば、はっきりためしたうえでのことだ。現代の民衆も、三代（夏殷周初期）の人

子《し》曰《のたま》わく、君子《くんし》は言《げん》を以《もっ》て人《ひと》を挙《あ》げず、人《ひと》を以《もっ》て言《げん》を廢《はい》せず。

子貢《しこう》問《と》うて曰《い》わく、一言《いちげん》にして以《もっ》て身《み》を終《お》うるまで之《これ》を行《おこな》うべき者《もの》有《あ》りや。子《し》曰《のたま》わく、其《そ》れ恕《じょ》か。己《おのれ》の欲《ほっ》せざる所《ところ》、人《ひと》に施《ほどこ》すこと勿《なか》れ。

子《し》曰《のたま》わく、吾《われ》の人《ひと》に於《お》けるや、誰《たれ》をか毀《そし》

と同じくまっ直ぐな道を行くものと思われるので、ほめるにしても、そしるにしても、慎重にしなければならない」

○先師が言われた。

「私は、なお記録官が、疑わしいことは書かずにあけてあるのを見たことがある。それを推して考えると、昔は馬を持つ者が、人に貸して乗らせるということがあった。欠文のことで、前後の関係は分からないが、今はそれがない」

※今では人情が薄くなるにつれ、なくなったのであろうかと。甚だ難解の章とされる。

○先師が言われた。

「口の上手な者は、

り誰《たれ》をか譽《ほ》めん。如《も》し譽《ほ》むる所《ところ》の者《もの》有《あ》らば、其《そ》れ試《こころ》むる所《ところ》有《あ》らん。斯《こ》の民《たみ》や、三《さん》代《だい》の直道《ちょくどう》にして行《おこな》う所以《ゆえん》なり。

子《し》曰《のたま》わく、吾《われ》は猶《なお》史《し》の闕文《けつぶん》に及《およ》ぶなり。馬《うま》有《あ》る者《もの》は人《ひと》に借《か》して之《これ》に乗《の》らしむ。今《いま》は則《すなわ》ち亡《な》きかな。

子《し》曰《のたま》わく、巧言《こうげん》は徳《とく》を亂《みだ》る。小忍《しょうしの》ばざ

徳をそこなうことになる。小さいことを忍ばなければ、大きな計画をやりそこなうことになるものだ」

○先師が言われた。「多くの者が悪んでも、必ず自分でよく観察してたしかめる。多くの者が好んでも、自分でよく観察してたしかめることが大事だ」

○先師が言われた。「人が道を弘めるのであって、道が人を弘めるのではない」

○先師が言われた。「あやまって、それに気付きながらも改めないのを、本当のあやまちというのだ」

れば則《すなわ》ち大《たい》謀《ぼう》を乱《みだ》る。

子《し》曰《のたま》わく、衆《しゅう》之《これ》を悪《にく》むも必《かなら》ず察《さつ》し、衆《しゅう》之《これ》を好《この》むも必《かなら》ず察《さつ》す。

子《し》曰《のたま》わく、人《ひと》能《よ》く道《みち》を弘《ひろ》む。道《みち》人《ひと》を弘《ひろ》むるに非《あら》ず。

子《し》曰《のたま》わく、過《あやま》ちて改《あらた》めざる、是《これ》を過《あやまち》と謂《い》う。

○先師が言われた。
「私は、かつて一日中食べず、又一晩中寝ずに考えたが、得るところがなかった。やはり、書を読み、師について学ぶのには及ばないね」

○先師が言われた。
「君子は、道を得ようとつとめるが、食を得ようとしてつとめない。田畑を耕しても時には飢えることがあるが、学んでおれば、人間が立派になるので、俸禄はおのずから得られるものだ。君子は道が会得されないのを憂えても決して貧乏を憂えない」

子《し》曰《のたま》わく、吾《われ》嘗《かつ》て終日《しゅうじつ》食《くら》わず、終夜《しゅうや》寝《い》ねず、以《もっ》て思《おも》う。益《えき》無《な》し。學《まな》ぶに如《し》かざるなり。

子《し》曰《のたま》わく、君子《くんし》は道《みち》を謀《はか》りて食《しょく》を謀《はか》らず。耕《たがや》すも餒《うえ》其《そ》の中《うち》に在《あ》り。學《まな》べば祿《ろく》其《そ》の中《うち》に在《あ》り。君子《くんし》は道《みち》を憂《うれ》えて貧《まず》しきを憂《うれ》えず。

○**先師が言われた。**

「民を治めるに当たって行政知識は十分であっても、これを実行するのに仁徳によらなければ、その地位を得ても、やがて失うことになる。行政知識は十分であり、仁徳を以て実行して、その地位は守り得ても、威儀を正して民に臨まなければ、民は敬わない。行政知識は十分であり、仁徳を以て実行し、威儀を正して民に臨んでも、民を動かすのに礼によらなければ、まだ善政を施すとはいえない」

子《し》曰《のたま》わく、知《ち》は之《これ》に及《およ》べども仁《じん》之《これ》を守《まも》ること能《あた》わざれば、之《これ》を得《う》ると雖《いえど》も必《かなら》ず之《これ》を失《うしな》う。知《ち》は之《これ》に及《およ》び仁《じん》能《よ》く之《これ》を守《まも》れども莊《そう》以《もっ》て之《これ》に涖《のぞ》まざれば、則《すなわ》ち民《たみ》敬《けい》せず。知《ち》は之《これ》に及《およ》び仁《じん》能《よ》く之《これ》を守《まも》り、莊《そう》以《もっ》て之《これ》に涖《のぞ》めども、之《これ》を動《うご》かすに禮《れい》を以《もっ》てせざれば、未《いま》だ善《よ》からざるなり。

子《し》曰《のたま》わく、君子《くんし》は小知《しょうち》すべからずして、大受《たいじゅ》すべきなり。小人《しょうじん》は大受《たいじゅ》すべからずして、小知《しょうち》すべし。

子《し》曰《のたま》わく、民《たみ》の仁《じん》に於《お》けるや、水火《すいか》よりも甚《はなは》だし。水火《すいか》は吾《われ》蹈《ふ》みて死《し》する者《もの》を見《み》る。未《いま》だ仁《じん》を蹈《ふ》みて死《し》する者《もの》を見《み》ざるなり。

○先師が言われた。

「君子には、こまごました事をやらすことはできないが、大きな事はまかせてやらすことができる。小人には、大きな事はまかされないが、こまごました事はやらせることができる」

○先師が言われた。

「民にとって、仁徳は水や火よりも甚だ大切なものである。私は、水におぼれたり、火でやけ死んだりする者を見たことはあるが、まだ仁徳をふんで死んだ者を見たことがない」

子《し》曰《のたま》わく、仁《じん》に當《あた》りては、師《し》にも讓《ゆず》らず。

子《し》曰《のたま》わく、君子《くんし》は貞《てい》にして諒《りょう》ならず。

子《し》曰《のたま》わく、君《きみ》に事《つか》うるには、其《そ》の事《こと》を敬《けい》して、其《そ》の食《しょく》を後《あと》にす。

子《し》曰《のたま》わく、敎《おしえ》有《あ》りて類《るい》無《な》し。

子《し》曰《のたま》わく、道《みち》同《おな》じからざれば、相《あい》爲《ため》に謀《はか》らず。

○**先師が言われた。**
「仁徳を行うに当たっては、先生にも遠慮はいらない」

○**先師が言われた。**
「君子は、正しい行いを積んで変らないが、生真面目すぎることもない」

○**先師が言われた。**
「君に事えるには、慎重にしてその職務に励み、俸禄の事は後まわしにする」

○**先師が言われた。**
「人は教育によって成長するもので、はじめから特別の種類はないのだ」
※人に教育は大切で、貴賤老若男女の別はない。

○**先師が言われた。**
「志す道が同じでなければ、お互いに相

談しない方がよい」
○先師が言われた。「言葉や文章は、思いを正確に伝えることが大切である」
○楽長の冕が、先師を訪ねて来た。先師は、階段の所に来るとねんごろに「階段です」その座席に来ると「あなたの席です」と言われた。皆が席につくと「某《なにがし》はここにいます。某はここにいます」と丁寧に言われた。師冕が退席した後に、側にいた子張が、「目の不自由な楽師と話し合うときの作法でしょうか」と尋ねた。
先師が答えられた。「そうだ、もちろん目の不自由な楽師を助ける作法だ」

子《し》曰《のたま》わく、辭《じ》は達《たっ》するのみ。

師《し》冕《べん》見《まみ》ゆ。階《かい》に及《およ》べり。子《し》曰《のたま》わく、階《かい》なり。席《せき》に及《およ》べり。子《し》曰《のたま》わく、席《せき》なり。皆《みな》坐《ざ》す。子《し》之《これ》に告《つ》げて曰《のたま》わく、某《ぼう》は斯《ここ》に在《あ》り、某《ぼう》は斯《ここ》に在《あ》り。師《し》冕《べん》出《い》ず。子《し》張《ちょう》問《と》うて曰《い》わく、師《し》と言《い》うの道《みち》か。子《し》曰《のたま》わく、然《しか》り。固《もと》より師《し》を相《たす》くるの道《みち》なり。

○季氏（魯の大夫、季康子）**が魯の保護国の顓臾を伐とうとした。**

冉有と季路（子路）が先師にお目にかかって「季氏が、顓臾に対して事を起そうとしています」と申し上げた。

先師が言われた。

「求よ、お前達は間違っているのではないか。そもそも顓臾は、昔、周王が東蒙山の麓に封じて山の神の祭りを司らせた国である。魯の境域の国の重臣である。どういう理由で攻めようとするのか」

冉有が言った。

「かの大夫（季康子）がそうしようと思っているのでございま

季《き》氏《し》第《だい》十《じゅう》六《ろく》

季《き》氏《し》将《まさ》に顓《せん》臾《ゆ》を伐《う》たんとす。冉《ぜん》有《ゆう》、季《き》路《ろ》、孔《こう》子《し》に見《まみ》えて曰《い》わく、季《き》氏《し》、将《まさ》に顓《せん》臾《ゆ》に事《こと》有《あ》らんとす。孔《こう》子《し》曰《のたま》わく、求《きゅう》、乃《すなわ》ち爾《なんじ》是《こ》れ過《あやま》てること無《な》きか。夫《そ》れ顓《せん》臾《ゆ》は昔《むか》者《し》先《せん》王《のう》以《もっ》て東《とう》蒙《もう》の主《しゅ》と爲《な》し、且《か》つ邦《ほう》域《いき》の中《うち》に在《あ》り。是《こ》れ社《しゃ》稷《しょく》の臣《しん》なり。何《なに》を以《もっ》す。私達二人は皆そうしようとは思っていないのでございます」

先師が言われた。

「求（冉有の名）よ、昔の記録官であった周任のことばに『力を尽くし職務を遂行して、果たせなかったならば辞職する』とある。国が危ないのに持ちこたえず、ひっくりかえっても助け起こしもしなければ、どうして大臣を用いる必要があろうか。それにお前の言うことは間違っている。たとえば、虎や野牛がおりから逃げ出し、占いに用いる亀の甲や家宝の玉が箱の中でこわれたら、これは誰のあやまちかね」

てか伐《う》つことを為《な》さん。冉《ぜん》有《ゆう》曰《い》わく、夫《ふう》子《し》之《これ》を欲《ほっ》す。吾《われ》二《に》臣《しん》は皆《みな》欲《ほっ》せざるなり。孔《こう》子《し》曰《のたま》わく、求《きゅう》、周《しゅう》任《にん》言《い》えること有《あ》り。曰《い》わく、力《ちから》を陳《の》べて列《れつ》に就《つ》き、能《あた》わざれば止《や》む、と。危《あやう》くして持《じ》せず、顚《くつがえ》りて扶《たす》けずんば則《すなわ》ち将《は》た焉《いずく》んぞ彼《か》の相《しょう》を用《もち》いん。且《か》つ爾《なんじ》の言《げん》は過《あやま》てり。虎《こ》兕《じ》柙《こう》より出《い》で、亀《き》冉有が言った。

「今、顓臾は守りが固い上、季氏の領域内にある費に近いので、今取らなければ、後世必ず子孫の心配の種となりましょう」

先師が言われた。

「求よ、君子という者は、自分の欲望をかくして何のかのいいわけをすることをにくむものだ。私はこういうことを聞いたことがある。『国（諸侯）や家（卿大夫）を治める者は、民の少ないのを憂えないで、公平でないことを憂え、貧しいのを憂えないで、心の安らかでないのを憂うる』と。私の考えるところでは、均しければ、貧しいと

玉《ぎょく》、櫝《とく》中《ちゅう》に毀《こわ》るれば、是《こ》れ誰《たれ》の過《あやまち》ぞや。冉《ぜん》有《ゆう》曰《い》わく、今《いま》夫《そ》れ顓臾《せんゆ》は固《かた》くして費《ひ》に近《ちか》し。今《いま》取《と》らずんば、後世《こうせい》必《かなら》ず子孫《しそん》の憂《うれい》と爲《な》らん。孔子《こうし》曰《のたま》わく、求《きゅう》、君子《くんし》は夫《か》の之《これ》を欲《ほっ》すと曰《い》うを舍《お》いて必《かなら》ず之《これ》が辭《じ》を爲《つく》るを疾《にく》む。丘《きゅう》や聞《き》く、國《くに》を有《たも》ち家《いえ》を有《たも》つ者《もの》は寡《すく》なきを患《うれ》えずして均《ひと》しからざるを

いう感じがなく、和すれば、少ないという感じがなく、心が安ければ、国が傾く心配はない。そもそもこのようであるから、遠方の民が服さない場合は、文徳（礼楽）を修めて、人が喜んでやってくるようにしむける。すでにやって来た者は、生活を安らかにしてやるのがよい。ところが、今、由（子路）と求（子有）とは大夫（季氏）を助けながら、遠人が服さないのになつけることができず、国がばらばらに分かれているのに守ることができないで、しかも国内で戦を起こそうと考えをめぐらすの

患《うれ》え貧《まず》しきを患《うれ》えずして安《やす》からざるを患《うれ》うと。蓋《けだ》し均《ひと》しければ貧《まず》しきこと無《な》く、和《わ》すれば寡《すく》なきこと無《な》く、安《やす》ければ傾《かたむ》くこと無《な》し。夫《そ》れ是《か》くの如《ごと》くなるが故《ゆえ》に、遠人《えんじん》服《ふく》せざれば則《すなわ》ち文徳《ぶんとく》を修《おさ》めて以《もっ》て之《これ》を來《きた》す。既《すで》に之《これ》を來《きた》せば則《すなわ》ち之《これ》を安《やす》んず。今《いま》、由《ゆう》と求《きゅう》とは夫子《ふうし》を相《たす》け、遠人《えんじん》

は以ての外である。私は季孫の憂いの種は、顓臾にあるのではなくて、却って垣の内（国の内部）にあることを恐れる」

○先師が言われた。「天下に道が行われてよく治まっておれば、文武の政令がすべて天子より出る。天下に道が行われな

服《ふく》せざれども來《きた》すこと能《あた》わず、邦《くに》分崩離《ぶんぽうり》析《せき》すれども守《まも》ること能《あた》わず、而《しこう》して干戈《かんか》を邦内《ほうない》に動《うご》かさんことを謀《はか》る。吾《われ》季孫《きそん》の憂《うれい》は顓臾《せんゆ》に在《あ》らずして蕭牆《しょうしょう》の内《うち》に在《あ》るを恐《おそ》るるなり。

孔子《こうし》曰《のたま》わく、天下《てんか》道《みち》有《あ》れば、則《すなわ》ち禮樂《れいがく》征《せい》伐《ばつ》天子《てんし》より出《い》ず。天下《てんか》道《みち》無《な》ければ、則《すなわ》ち

ければ、天子をないがしろにして、文武の政令は、諸侯より出るようになる。諸侯より出るようになれば、おそらく、十代まで続くものは、まれであろう。大夫より出るようになれば、五代まで続くものはまれであろう。更に諸侯の家臣が、国の政治をとるようになれば、三代まで続くものはまれであろう。天下に道が行われておれば、政治の大権を大夫が執り行うことはない。天下に道が行われて、よく治まっておれば、一般の民衆が、やかましく政治を批判することはない」

禮《れい》樂《がく》征《せい》伐《ばつ》、諸侯《しょこう》より出《い》ず。諸侯《しょこう》より出《い》ずれば、蓋《けだ》し十世《じっせい》にして失《うしな》わざること希《まれ》なり。大夫《たいふ》より出《い》ずれば、五世《ごせい》にして失《うしな》わざること希《まれ》なり。陪臣《ばいしん》國命《こくめい》を執《と》れば、三《さん》世《せい》にして失《うしな》わざること希《まれ》なり。天下《てんか》道《みち》有《あ》れば則《すなわ》ち政《まつりごと》大夫《たいふ》に在《あ》らず。天下《てんか》道《みち》有《あ》れば則《すなわ》ち庶人《しょじん》議《ぎ》せず。

○**先師が言われた。**
「爵禄を魯公から与えられなくなってから五代である。政治を大夫（家老）が執り行うようになってから四代になる。従ってあの三桓（孟孫、叔孫、季孫）の子孫が衰微してきたのも当然である」

○**先師が言われた。**
「交わって益する友に三種類があり、損する友に三種類がある。素直で正直な人を友とし、誠実な人を友とし、知識の豊かな人を友とするのが益である。体裁ぶる人を友とし、人ざわりがよくて誠実のない人を友とし、口先ばかりで調子のよい人を友とするのは損だ」

孔子《こうし》曰《のたま》わく、禄《ろく》の公室《こうしつ》を去《さ》ること五世《ごせい》なり。政《まつりごと》の大夫《たいふ》に逮《およ》ぶこと四世《しせい》なり。故《ゆえ》に夫《か》の三桓《さんかん》の子孫《しそん》は微《び》なり。

孔子《こうし》曰《のたま》わく、益者《えきしゃ》三友《さんゆう》、損者《そんしゃ》三友《さんゆう》。直《なお》きを友《とも》とし、諒《まこと》を友《とも》とし、多聞《たぶん》を友《とも》とするは、益《えき》なり。便辟《べんぺき》を友《とも》とし、善柔《ぜんじゅう》を友《とも》とし、便佞《べんねい》を友《とも》とするは、損《そん》なり。

○先師が言われた。
「人生に於いて、有益な楽しみが三つある。又有害な楽しみも三つある。礼楽を調節することを楽しみ、人の美点を言うことを楽しみ、学徳の優れた友の多いのを楽しむのは有益である。おごってわがままにすることを楽しみ、怠けて遊ぶのを楽しみ、酒もりにふけるのを楽しむのは有害である」

○先師が言われた。
「君子のおそばにいて犯し易い三つのあやまちがある。言うべき時でないのに言うのをがさつという。言わねばならない時に言わないのをかくすという。相手の顔

孔子《こうし》曰《のたま》わく、益者《えきしゃ》三樂《さんらく》、損者《そんしゃ》三樂《さんらく》。禮樂《れいがく》を節《せつ》せんことを樂《たの》しみ、人《ひと》の善《ぜん》を道《い》うことを樂《たの》しみ、賢友《けんゆう》多《おお》きを樂《たの》しむは、益《えき》なり。驕樂《きょうらく》を樂《たの》しみ、佚遊《いつゆう》を樂《たの》しみ、宴樂《えんらく》を樂《たの》しむは、損《そん》なり。

孔子《こうし》曰《のたま》わく、君子《くんし》に侍《はべ》るに三愆《さんけん》有《あ》り。言《げん》未《いま》だ之《これ》に及《およ》ばずして言《い》う、之《これ》を躁《そう》と謂《い》

色も見ないで言うのを**瞽**《こ》（目の不自由な人）という」

○先師が言われた。
「君子（道に志して努力しつつある人）に三つのいましめがある。青年時代には、血気がまだ定まらないので、いましむべきは色欲である。壮年時代には血気が甚だ盛んになるので、いましむべきは、闘争である。老年時代には、血気が衰えてくるので、いましむべきは利欲である」

う。言《げん》之《これ》に及《およ》びて言《い》わざる、之《これ》を隠《いん》と謂《い》う。未《いま》だ顔《がん》色《しょく》を見《み》ずして言《い》う、之《これ》を瞽《こ》と謂《い》う。

孔子《こうし》曰《のたま》わく、君子《くんし》に三《さん》戒《かい》有《あ》り。少《わか》き時《とき》は血《けつ》氣《き》未《いま》だ定《さだ》まらず、之《これ》を戒《いまし》むること色《いろ》に在《あ》り。其《そ》の壮《さか》んなるに及《およ》んで血《けつ》氣《き》方《まさ》に剛《ごう》なり、之《これ》を戒《いまし》むること闘《たたかい》に在《あ》り。其《そ》

○先師が言われた。
「君子に三つの畏れがある。天命を畏れ、大人を畏れ、聖人のことばを畏れる。小人はこれに反し、天命を知らないのでそれを畏れない。大人になれなれしくし、聖人のことばをあなどる」
○先師が言われた。
「生まれながらに知る者は上の人である。学んで知る者は、そ

の老《お》ゆるに及《およ》んでは血氣《けっき》既《すで》に衰《おとろ》う、之《これ》を戒《いまし》むること得《う》るに在《あ》り。

孔子《こうし》曰《のたま》わく、君子《くんし》に三畏《さんい》有《あ》り。天命《てんめい》を畏《おそ》れ、大人《たいじん》を畏《おそ》れ、聖人《せいじん》の言《げん》を畏《おそ》る。小人《しょうじん》は天命《てんめい》を知《し》らずして畏《おそ》れず、大人《たいじん》に狎《な》れ、聖人《せいじん》の言《げん》を侮《あなど》る。

孔子《こうし》曰《のたま》わく、生《うま》れながらにして之《これ》を知《し》

の次である。ゆきづまって苦しみ学ぶ者はその次である。苦しんでも学ばない者は、民も下とする」
○先師が言われた。「君子に九つの思いがある。見るときには、明らかに視たいと思い、聴くときには、さとくありたいと思い、顔色は、常にあたたかくありたいと思い、姿は、うやうやしくありたいと思い、ことばは、まことでありたいと思い、仕事には、つつしんで過ちがないように思い、疑わしいときには、遠慮せず問うことを思い、怒りの心が起きたときは、あとにくる難儀を思い、利得を前

る者《もの》は、上《じょう》なり。學《まな》びて之《これ》を知《し》る者《もの》は、次《つぎ》なり。困《くるし》みて之《これ》を學《まな》ぶは、又《また》其《そ》の次《つぎ》なり。困《くるし》みて學《まな》ばざるは、民《たみ》斯《これ》を下《げ》と爲《な》す。

孔子《こうし》曰《のたま》わく、君子《くんし》に九思《きゅうし》有《あ》り。視《み》るには明《めい》を思《おも》い、聽《き》くには聰《そう》を思《おも》い、色《いろ》には溫《おん》を思《おも》い、貌《かたち》には恭《きょう》を思《おも》い、言《ことば》には忠《ちゅう》を思《おも》い、事《こと》には敬《けい》を思《おも》い、疑《うたが》わしきには問《もん》を思《おも》い、

にしては、道義を思うのである」

○先師が言われた。

「よいことを見ては、追いつけないかのようにそれに向かって努力し、わるいことを見ては、熱い湯に手を入れた時のように急いで改める。私は、そのようにする人を見、またそういうことばを聞いたことがある。世に用いられないで家にいても、初一念を追い求め、正義を行って、その道に達しようとする。私はそういうことばを聞いたことはあるが、まだそのような人物を見たことがない」

忿《いかり》には難《なん》を思《おも》い、得《う》るを見《み》ては義《ぎ》を思《おも》う。

孔子《こうし》曰《のたま》わく、善《ぜん》を見《み》ては及《およ》ばざるが如《ごと》くし、不善《ふぜん》を見《み》ては湯《ゆ》を探《さぐ》るが如《ごと》くす。吾《われ》其《そ》の人《ひと》を見《み》る、吾《われ》其《そ》の語《ご》を聞《き》く。隠居《いんきょ》して以《もっ》て其《そ》の志《こころざし》を求《もと》め、義《ぎ》を行《おこな》いて以《もっ》て其《そ》の道《みち》を達《たっ》す。吾《われ》其《そ》の語《ご》を聞《き》く、未《いま》だ其《そ》の人《ひと》を見《み》ざるなり。

○先師が言われた。

「詩経（小雅、我行其野篇）には『まことに富によらず、ただ（富とは）異なるものによる』とある。斉の景公は、馬四千頭を所有する程裕福であったが、死んだとき、民は有徳の人としてほめたたえる事はなかった。ところが、伯夷と叔斉の兄弟は、周をのがれて首陽山のふもとでわらびを食べ餓えて遂に死んだが、民は今にいたるまでこの兄弟をほめたたえている。この詩はこのことをいったのであろうか」

○陳亢が伯魚（孔子の長男、名は鯉）**に対して尋ねた。**

孔子《こうし》曰《のたま》わく、誠《まこと》に富《とみ》を以《もっ》てせず、亦《また》祇《まさ》に異《こと》なれるを以《もっ》てす。齊《せい》の景公《けいこう》、馬《うま》千駟《せんし》有《あ》り。死《し》するの日《ひ》、民《たみ》徳《とく》として稱《しょう》する無《な》し。伯夷《はくい》、叔齊《しゅくせい》は首陽《しゅよう》の下《もと》に餓《う》う。民《たみ》今《いま》に到《いた》るまで之《これ》を稱《しょう》す。其《そ》れ斯《これ》を之《こ》れ謂《い》うか。

陳亢《ちんこう》、伯魚《はくぎょ》に問《と》うて曰《い》わく、子《し》も亦《また》異聞《いぶん》

「あなたもまた、私達とは別に何か違ったことを教えられたことはありませんか」

　伯魚はこれに答えて言った。

「まだそんなことはありません。ただいつでしたか、父がひとり立っておりました。私が小走りで庭先を通りすぎようとしたら、私を呼び止めて『詩を学んだかね』と尋ねました。私が『まだです』と答えたところ、父は『詩を学ばなければ、立派に人と話ができないよ』と申しました。そこで私は早速他の先生について詩を学びました。またある日、父がひとり立っておりました。私が

有《あ》りや。對《こた》えて曰《い》わく、未《いま》だし。嘗《かつ》て獨《ひと》り立《た》てり。鯉《り》趨《はし》りて庭《にわ》を過《す》ぐ。曰《い》わく、詩《し》を學《まな》びたりや。對《こた》えて曰《い》わく、未《いま》だし。鯉《り》詩《し》を學《まな》ばずんば、以《もっ》て言《い》うこと無《な》し。退《しりぞ》きて詩《し》を學《まな》べり。他日《たじつ》又《また》獨《ひと》り立《た》てり。鯉《り》趨《はし》りて庭《にわ》を過《す》ぐ。曰《い》わく、禮《れい》を學《まな》びたりや。對《こた》えて曰《い》わく、未《いま》だし。禮《れい》を學《まな》ば

小走りで庭を通り過ぎようとしたら、私を呼び止めて、『礼を学んだかね』と尋ねました。私は『まだです』と答えました。父は、『礼を学ばなければ世に立っていけないよ』と申しました。そこで私は早速他の先生について礼を学びました。その二つのことを親しく教えられたぐらいでしょうか」と答えた。

陳亢は、退出してから、他の人に喜んで言った。

「きょうは一つのことを尋ねて、三つのことを知ることができた。詩を学び、礼を学ぶことの大切さと、君子は自分の子

ずんば、以《もっ》て立《た》つこと無《な》し。鯉《り》退《しりぞ》きて禮《れい》を學《まな》べり。斯《こ》の二者《にしゃ》を聞《き》けり。陳亢《ちんこう》退《しりぞ》きて喜《よろこ》びて曰《い》わく、一《いち》を問《と》いて三《さん》を得《え》たり。詩《し》を聞《き》き、禮《れい》を聞《き》き、又《また》君子《くんし》の其《そ》の子《こ》を遠《とお》ざくるを聞《き》くなり。

邦君《ほうくん》の妻《つま》、君《きみ》之《これ》を稱《しょう》して夫人《ふじん》と曰《い》う。夫人《ふじん》自《みずか》ら稱《しょう》して小童《しょうどう》と曰《い》う。邦人《ほうじん》之《これ》を

を遠ざけて、特別扱いをして教えないということを学ぶことができた」

○国君の妻を、国君が呼ぶときは「夫人」といい、夫人みずからは「小童」という。国内の人が夫人を呼ぶときは「君夫人」といい、他国の人に対しては「寡小君」という。他国の人が呼ぶときは、やはり「君夫人」という。

稱《しょう》して君《くん》夫《ぶ》人《じん》と曰《い》う。諸《これ》を異《い》邦《ほう》に稱《しょう》して寡《か》小《しょう》君《くん》と曰《い》う。異《い》邦人《ほうのひと》之《これ》を稱《しょう》して亦《また》君《くん》夫《ぶ》人《じん》と曰《い》う。

○**陽貨が**先師と会いたいと思ったが、先師は、避けて会われなかった。彼は、先師に蒸豚を贈った。先師は、陽貨の留守を見はからってお礼に行かれた。ところが、途中で出会ってしまった。

　陽貨が先師に話しかけた。「まあ私の家に来てください。私はあなたとゆるゆる話したいと思います」

　先師が仕方なしについて行かれると、陽貨は「自分の胸の中に宝を抱きながら国の混乱を傍観している人を仁者と言えましょうか」と尋ねた。

　先師は「言えませ

陽貨《ようか》第十七《だいじゅうしち》

陽貨《ようか》、孔子《こうし》を見《み》んと欲《ほっ》す。孔子《こうし》見《まみ》えず。孔子《こうし》に豚《ぶた》を歸《おく》る。孔子《こうし》其《そ》の亡《な》きを時《とき》として往《ゆ》きて之《これ》を拜《はい》す。諸《これ》に塗《みち》に遇《あ》う。孔子《こうし》に謂《い》いて曰《い》わく、來《きた》れ、予《われ》爾《なんじ》に言《い》わん。曰《い》わく、其《そ》の寶《たから》を懐《いだ》きて其《そ》の邦《くに》を迷《まよ》わす、仁《じん》と謂《い》うべきか。曰《のたま》わく不可《ふか》なり。事《こと》ん」と答えられた。

　陽貨は更に「政事に携わろうと願いながら、しばしばその機会を失う人を知者と言えましょうか」と尋ねた。

　先師は「言えません」と答えられた。

　陽貨は「月日はどんどんと流れ、歳は人を待ってくれませんぞ」と言った。

　先師は「よくわかりました。いずれ私も仕えようと思います」と言われた。
※陽貨　季氏の家臣、名は虎、主人の季桓子を拘禁して、みずから大夫にのしあがり一時国政を専らにした。
○先師が言われた。
「人の生まれつきは、大体同じようなもの

に従《したが》うを好《この》みて亟時《しばしばとき》を失《うしな》う、知《ち》と謂《い》うべきか。曰《のたま》わく、不可《ふか》なり。日月《じつげつ》逝《ゆ》く、歳《とし》我《われ》と與《とも》にせず。孔子《こうし》曰《のたま》わく、諾《だく》。吾《われ》将《まさ》に仕《つか》えんとす。

子《し》曰《のたま》わく、性《せい》、相近《あいちか》きなり。習《ならい》、相遠《あいとお》きなり。

子《し》曰《のたま》わく、唯《ただ》上知《じょうち》と下愚《かぐ》とは移《うつ》らず。

であるが、習慣や学習によって大きくへだたるものだ」
○先師が言われた。
「ただ上位の賢者と下位の愚者とは（努力なくして）移り変わらない」
○先師が武城（魯の小さな町）**に行って高尚な音楽の流れるのを聞かれた。**
先師は、ほほえみながら言われた。

「鶏を料理するのにどうして牛を料理する包丁を使う必要があるのかな」

子游（性は言《げん》、名は偃《えん》、字は子游）は、これに対して「先生はかつて私に『君子が道を学べば、人を愛し、小人が道を学べば、使い易し』と

子《し》、武城《ぶじょう》に之《ゆ》きて絃歌《げんか》の聲《こえ》を聞《き》く。夫《ふう》子《し》莞爾《かんじ》として笑《わら》いて曰《のたま》わく、雞《にわとり》を割《さ》くに焉《いずく》んぞ牛刀《ぎゅうとう》を用《もち》いん。子《し》游《ゆう》對《こた》えて曰《い》わく、昔者《むかし》、偃《えん》や、諸《これ》を夫子《ふうし》に聞《き》けり、曰《のたま》わく、君《くん》子《し》道《みち》を學《まな》べば則《すなわ》ち人《ひと》を愛《あい》し、小人《しょうじん》道《みち》を學《まな》べば則《すなわ》ち使《つか》い易《やす》しと。子《し》曰《のたま》わく、二《に》三子《さんし》、偃《えん》の言《げん》是《ぜ》なり。前言《ぜんげん》は之《これ》に戲《たわむ》れしのみ。

言われましたね」と言った。

　先師は笑いながら言われた。

「偃の言うことは正しい。さっき私が言ったのは冗談だよ」

○公山弗擾が費の町によってそむいた。

　その時に先師を招いた。先師は、それに応じていかれようとされた。

　子路は、にがにがしく思い「行ってはなりません。どうして、わざわざ公山氏の所へ行こうとなさるのですか」と尋ねた。

　先師が答えられた。

「一体私を招く者がどうしていい加減であろうか。もし私を用いるものがあれば、私は、第二の周を東

公《こう》山《ざん》弗《ふつ》擾《じょう》費《ひ》を以《もっ》て畔《そむ》く。召《よ》ぶ。子《し》往《ゆ》かんと欲《ほっ》す。子《し》路《ろ》説《よろこ》ばずして曰《い》わく、之《ゆ》くこと末《な》きのみ。何《なん》ぞ必《かなら》ずしも公《こう》山《ざん》氏《し》に之《こ》れ之《ゆ》かんや。子《し》曰《のたま》わく、夫《そ》れ我《われ》を召《よ》ぶ者《もの》にして、豈《あに》徒《いたずら》ならんや。如《も》し我《われ》を用《もち》うる者《もの》あらば、吾《われ》は其《そ》れ東《とう》周《しゅう》を為《な》さんか。

子《し》張《ちょう》仁《じん》を孔《こう》子《し》に問《と》う。孔《こう》子《し》曰《のたま》わく、能《よ》

方に興すのだがねえ」
※公山弗擾　季氏の家臣、姓は公山、名は弗擾。陽虎の反乱のあと季氏にそむいた。

○子張が、仁について先師に尋ねた。

先師が答えられた。

「五つの事を天下に行うのを仁という」

子張は「五つの事とは、どういうことですか」と尋ねた。

先師は答えられた。

「それは恭寛信敏恵だ。うやうやしければ、人から侮られない。ゆったりとしておおらかなれば、民は慕ってやってくる。まことを以て接すれば、人から頼られる。きびきびと行動すれば、業績があがる。恵みが深ければ、人

く五《いつ》の者《もの》を天下《てんか》に行《おこな》うを仁《じん》と為《な》す。之《これ》を請《こ》い問《と》う。曰《のたま》わく、恭寛信敏恵《きょうかんしんびんけい》なり。恭《きょう》なれば則《すなわ》ち侮《あなど》られず、寛《かん》なれば則《すなわ》ち衆《しゅう》を得《え》、信《しん》なれば則《すなわ》ち人《ひと》任《にん》じ、敏《びん》なれば則《すなわ》ち功《こう》有《あ》り、恵《けい》なれば則《すなわ》ち以《もっ》て人《ひと》を使《つか》うに足《た》る。

佛肸《ひっきつ》召《よ》ぶ。子《し》往《ゆ》かんと欲《ほっ》す。子路《しろ》曰《い》

は気持ちよく働くようになる」

○胇肸の招きに応じて、先師が行こうとされた。

子路が「かつて私は先生から『自ら悪い事をする者の所へ君子は行かない』ということをお聞きしました。然るに今胇肸は中牟の町でそむいているのに、先生が行こうとなさるのは、どういうことなのでしょうか」と尋ねた。

先師は答えられた。

「そうだ。確かに私はそう言ったことがある。だが諺にも、『ほんとうに堅い物は、いくら磨いても薄くならない。ほんとうに白い物は、い

わく、昔者《むかし》由《ゆう》や諸《これ》を夫子《ふうし》に聞《き》けり、曰《のたま》わく、親《みずか》ら其《そ》の身《み》に於《おい》て不善《ふぜん》を為《な》す者《もの》には、君《くん》子《し》入《い》らざるなりと。胇《ひつ》肸《きつ》中《ちゅう》牟《ぼう》を以《もっ》て畔《そむ》く、子《し》の往《ゆ》くや、之《これ》を如何《いかん》。子《し》曰《のたま》わく、然《しか》り。是《こ》の言《げん》有《あ》るなり。堅《かた》しと曰《い》わずや、磨《ま》すれども磷《うすろ》がず。白《しろ》しと曰《い》わずや、涅《でっ》すれども緇《くろ》まず。吾《われ》豈《あに》匏瓜《ほうか》ならんや。焉《いずく》ん

くら黒土にまぶしても黒くならない』というように、案ずることはない。それに私は何の役にもたたない苦瓜でもあるまい。どうして苦瓜のようにぶらさがって何もせずにおることができようか」

○先師が尋ねられた。

「由よ、お前は六言六蔽について聞いたことがあるかね」

子路は「まだ聞いたことがございません」と答えた。

先師が言われた。

「お坐り、私がお前に話してあげよう。仁を好んで学問を嫌がると、その害として情におぼれておろかになる。知を好んで学問を嫌がると、

ぞ能《よ》く繫《かか》りて食《くら》われざらんや。

子《し》曰《のたま》わく、由《ゆう》や、女六言六蔽《なんじりくげんりくへい》を聞《き》けるか。對《こた》えて曰《い》わく、未《いま》だし。居《お》れ、吾女《われなんじ》に語《つ》げん。仁《じん》を好《この》みて學《がく》を好《この》まざれば、其《そ》の蔽《へい》や愚《ぐ》。知《ち》を好《この》みて學《がく》を好《この》まざれば、其《そ》の蔽《へい》や蕩《とう》。信《しん》を好《この》みて學《がく》を好《この》まざれば、其《そ》の蔽《へい》や賊《ぞく》。直《ちょく》を好《この》みて學《がく》を好《この》まざれば、

その害として高遠にはしってとめどもなくなる。信を好んで学問を嫌がると、その害として盲信におちいって人をそこなうことになる。直を好んで学問を嫌がると、その害として窮屈でゆとりがなくなる。勇を好んで学問を嫌がると、その害として乱暴になる。剛を好んで学問を嫌がると、その害として常軌を逸する」

○先師が言われた。

「お前たちは、どうしてあの詩を学ばないのかね。詩は、人の気を奮い起たせ、広く物を見、人と和やかに交わり、怨みごとをもうまく表現する仕方まで教えて

其《そ》の蔽《へい》や絞《こう》。勇《ゆう》を好《この》みて學《がく》を好《この》まざれば、其《そ》の蔽《へい》や亂《らん》。剛《ごう》を好《この》みて學《がく》を好《この》まざれば、其《そ》の蔽《へい》や狂《きょう》。

子《し》曰《のたま》わく、小子《しょうし》、何《なん》ぞ夫《か》の詩《し》を學《まな》ぶこと莫《な》きや。詩《し》は以《もっ》て興《おこ》すべく、以《もっ》て觀《み》るべく、以《もっ》て群《ぐん》すべく、以《もっ》て怨《うら》むべし。邇《ちか》くしては父《ちち》に事《つか》え、遠《とお》くしては君《きみ》に事《つか》え、多《おお》

く鳥獣草木《ちょうじゅうそうもく》の名《な》を識《し》る。

子《し》、伯魚《はくぎょ》に謂《い》いて曰《のたま》わく、女《なんじ》周南《しゅうなん》、召南《しょうなん》を爲《まな》びたるか。人《ひと》にして周南《しゅうなん》、召南《しょうなん》を爲《まな》ばずんば、其《そ》れ猶《なお》正《ただ》しく牆《かき》に面《めん》して立《た》つがごときか。

子《し》曰《のたま》わく、禮《れい》と云《い》い禮《れい》と云《い》うも、玉帛《ぎょくはく》を云《い》わんや。樂《がく》と云《い》い樂《がく》と云《い》うも、鐘鼓《しょうこ》を

くれる。又身近なことでは、父に事えることや、遠くしては君に事えることを知り、その上鳥獣や草木の名を多く知ることができる」

○先師が伯魚（孔子の長男、名は鯉）に**向かって言われた。**

「お前は、詩経の周南、召南を学んだかね。人であって周南や召南を学ばなければ、それは丁度かきに正しく向かって立ったようなものだよ」

※周南、召南、詩経の中の国風。周公召公の徳化による道徳的なものとされる。

○先師が言われた。

「礼だ礼だといっても、単に装飾の玉や帛（絹）をいうので

あろうか。楽だ楽だといっても、単に鐘や太鼓のことをいうのであろうか」

○先師が言われた。「顔色はいかめしくても心が柔弱なのは、小人にたとえると、こそ泥のようなものだろう」

○先師が言われた。「八方美人は、徳をそこなうものだ」

○先師が言われた。「道端でよいことを聴いて、さっそくその聞きかじりを途中で話すのは、徳を棄てるようなものだ」

云《い》わんや。

子《し》曰《のたま》わく、色《いろ》厲《はげ》しくして内《うち》荏《やわらか》なるは、諸《これ》を小人《しょうじん》に譬《たと》うれば、其《そ》れ猶《なお》穿窬《せんゆ》の盗《とう》のごときか。

子《し》曰《のたま》わく、郷原《きょうげん》は徳《とく》の賊《ぞく》なり。

子《し》曰《のたま》わく、道《みち》に聴《き》きて塗《みち》に説《と》くは、徳《とく》を之《こ》れ棄《す》つるなり。

○**先師が言われた。**
「志がいやしくつまらない者とは、一緒に君に仕えることができないだろう。まだ地位や禄を得ないときは、どうしてこれを得ようかと気をもみ、得てしまえば失うことを心配する。かりにもこれを失うことを心配すれば、何をしでかすかわからない」

○**先師が言われた。**
「昔は、民に憂うべき三つのことがあったが、今はどうやらそれさえなくなった。昔の狂（志が大きくて足もとを見ない）は肆（おおまかでこ

子《し》曰《のたま》わく、鄙《ひ》夫《ふ》は與《とも》に君《きみ》に事《つか》うべけんや。其《そ》の未《いま》だ之《これ》を得《え》ざれば、之《これ》を得《え》んことを患《うれ》え、既《すで》に之《これ》を得《う》れば、之《これ》を失《うしな》わんことを患《うれ》う。苟《いやし》くも之《これ》を失《うしな》わんことを患《うれ》うれば、至《いた》らざる所《ところ》無《な》し。

子《し》曰《のたま》わく、古者《いにしえ》民《たみ》に三疾《さんしつ》有《あ》り。今《いま》や或《あるい》は是《こ》れ亡《な》きなり。古《いにしえ》の狂《きょう》や肆《し》、今《いま》の狂《きょう》や

せこせしない）であったが、今の狂は蕩（きままほうだい）。昔の矜（自分をかたく守る）は廉（節目を正して潔い）であったが、今の矜は忿戻（怒って争う）。昔の愚（おろか）は直であったが、今の愚は、詐（ごまかし）ばかりだ」

○先師が言われた。

「巧言令色鮮なし仁」

※學而第一にもある。

○先師が言われた。

「間色の紫が正色の朱に打ち勝つのをにくむ。みだらな鄭の音楽が正統な雅楽を乱すのをにくむ。利口者が国をひっくりかえすのをにくむ」

○先師が「私はもう何も言うまいと思う」

蕩《とう》。古《いにしえ》の矜《きょう》や廉《れん》、今《いま》の矜《きょう》や忿戾《ふんれい》。古《いにしえ》の愚《ぐ》や直《ちょく》、今《いま》の愚《ぐ》や詐《さ》のみ。

子《し》曰《のたま》わく、巧言《こうげん》令色《れいしょく》鮮《すく》なし仁《じん》。

子《し》曰《のたま》わく、紫《むらさき》の朱《しゅ》を奪《うば》うを悪《にく》む。鄭聲《ていせい》の雅《が》樂《がく》を亂《みだ》るを悪《にく》む。利口《りこう》の邦家《ほうか》を覆《くつがえ》すを悪《にく》む。

子《し》曰《のたま》わく、予《われ》言《い》うこと無《な》からんと欲《ほっ》す。

と言われた。

子貢がこれを聞いて「先生がもし何も言われなければ私どもは、どうして先生の教えを学び、伝えることができましょうか」と言った。

先師が言われた。「天は何を言うだろうか。春夏秋冬の四季はめぐっているし、万物は自ら生長しているではないか。天は何を言うだろうか」
※ことばだけを頼りにしてはいけない。
○**孺悲**（哀公の臣）**がお会いしたいといって訪ねてきた。**
先師は病と言って断わられた。取次の者が戸口を出たのを見はからって、大琴を取り、歌って、聞

子貢《しこう》曰《い》わく、子《し》如《も》し言《い》わずんば、則《すなわ》ち小子《しょうし》何《なに》をか述《の》べん。子《し》曰《のたま》わく、天《てん》何《なに》をか言《い》うや、四時《しじ》行《おこな》われ百《ひゃく》物《ぶつ》生《しょう》ず、天《てん》何《なに》をか言《い》うや。

孺悲《じゅひ》、孔子《こうし》に見《まみ》えんと欲《ほっ》す。孔子《こうし》辭《じ》するに疾《やまい》を以《もっ》てす。命《めい》を将《おこな》う者《もの》、戸《と》を出《い》ず。瑟《しつ》を取《と》りて歌《うた》い、之《これ》をして聞《き》かしむ。

宰《さい》我《が》問《と》う、三《さん》年《ねん》の喪《も》は期《き》にして已《すで》に久《ひさ》

こえるようにされた。
※孺悲に反省をうながしたものと思われるが諸説が多い。

○宰我が尋ねた。

「父母のためにする三年の喪というのはその期間がいかにも長すぎます。もし君子が自ら三年も礼を修めなかったなら、礼は必ずすたれましょう。三年も音楽を修めなかったなら、音楽は必ずくずれましょう。旧穀はすでになくなって新穀が出てまいりましょう。また火取りの木をこすって火を改めるのも一年です。従って一年でやめるべきだと思います」

先師が「お前は三年もたたないのに、

し。君子《くんし》三《さん》年《ねん》禮《れい》を爲《な》さずんば、禮《れい》必《かなら》ず壞《やぶ》れん。三《さん》年《ねん》樂《がく》を爲《な》さずんば、樂《がく》必《かなら》ず崩《くず》れん。舊穀《きゅうこく》既《すで》に沒《つ》きて新穀《しんこく》既《すで》に升《のぼ》る、燧《すい》を鑽《き》りて火《ひ》を改《あらた》む。期《き》にして已《や》むべし。

子《し》曰《のたま》わく、夫《か》の稻《いね》を食《くら》い、夫《か》の錦《にしき》を衣《き》て、女《なんじ》に於《おい》て安《やす》きか。曰《い》わく、安《やす》し。女《なんじ》安《やす》くんば則《すなわ》ち之《これ》を爲《な》せ。夫《そ》れ君子《くんし》の喪《も》に居《お》る、旨《うま》きを食《くら》うも甘《あま》からず、樂《がく》を聞《き》くも樂《たの》しからず、居處《きょしょ》安《やす》からず。故《ゆえ》に爲《な》さざるなり。今《いま》女《なんじ》安《やす》くんば則《すなわ》ち之《これ》を爲《な》せ。宰我《さいが》出《い》ず。子《し》曰《のたま》わく、予《よ》の不仁《ふじん》なるや。子《こ》生《う》まれて三年《さんねん》然《しか》る後《のち》に父母《ふぼ》の懐《ふところ》を免《まぬが》る。夫《そ》れ三年《さんねん》の喪《も》は天下《てんか》の通喪《つうも》なり。予《よ》や、三年《さんねん》の愛《あい》其《そ》の父母《ふぼ》に有《あ》るか。

うまい飯をたべ、美しい着物を着ても心は安らかかね」と尋ねられた。

宰我は「安らかです」と答えた。

先師は「お前が安らかならそうしなさい。君子は喪中にはご馳走をたべてもうまくなく、音楽を聞いても楽しくなく、家に在っても安らかでない。そこで政務をとらないのである。今お前の心が安らかならそうするがよい」と言われた。

宰我が出て行った。先師が居合せた門人達に「宰予はなんと不仁なことよ。子が生まれて三年、漸く父母の懐をはなれるのである。一体三年の喪は、世の中の人が誰もやっている共通の喪である。宰予も三年の父母の保育の愛情を受けた筈なのに、忘れてしまったのであろうか」

○先師が言われた。

「腹一杯たべて一日中ぼんやりしているようでは困ったことだねえ。双六や囲碁などのかけごとがあるではないか。まあそれでもする方が、何もしないよりましだ」

○子路が「君子は勇をたっとびますか」と尋ねた。

先師が答えられた。

「君子（上に立つ者）は正義を第一とする。君子が勇敢であって正義がなければ反乱を起こす。小人が勇敢

子《し》曰《のたま》わく、飽《あ》くまでも食《くら》いて日《ひ》を終《お》え、心《こころ》を用《もち》うる所《ところ》無《な》きは、難《かた》いかな。博奕《はくえき》なる者《もの》有《あ》らずや。之《これ》を為《な》すは、猶《なお》已《や》むに賢《まさ》れり。

子路《しろ》曰《い》わく、君子《くんし》勇《ゆう》を尚《たっと》ぶか。子《し》曰《のたま》わく、君子《くんし》義《ぎ》以《もっ》て上《じょう》と為《な》す。君子《くんし》勇《ゆう》有《あ》りて義《ぎ》無《な》ければ乱《らん》を為《な》す。小人《しょうじん》勇《ゆう》有《あ》りて義《ぎ》

であって正義がなければ盗みをするようになる」

○子貢が尋ねた。

「君子でもにくむことがありますか」

先師が答えられた。

「にくむことはあるよ。人の悪を人に吹聴するものをにくむ。下位にいて上位の者をけなす人をにくむ。勇気があっても無作法な人をにくむ。そして思い切りがよくても道理《わけ》のわからない者をにくむよ。さて賜もまたにくむことがあるかね」

これに対して子貢は「私は、さきまわりして物事をさぐっておいて、知ったかぶりをする者をにくみます。傲慢でいて

無《な》ければ盗《とう》を爲《な》す。

子貢《しこう》問《と》うて曰《い》わく、君子《くんし》も亦《また》惡《にく》むこと有《あ》りや。子《し》曰《のたま》わく、惡《にく》むこと有《あ》り。人《ひと》の惡《あく》を稱《しょう》する者《もの》を惡《にく》む。下《しも》に居《い》て上《かみ》を訕《そし》る者《もの》を惡《にく》む。勇《ゆう》にして禮《れい》無《な》き者《もの》を惡《にく》む。果《か》敢《かん》にして窒《ふさ》がる者《もの》を惡《にく》む。曰《のたま》わく、賜《し》や亦《また》惡《にく》むこと有《あ》りや。徼《かす》めて以《もっ》て知《ち》と

それを勇気だと思っている者をにくみます。人の秘密をあばいて正直ぶる人をにくみます」と答えた。

○先師が言われた。「唯教養のない女性と無知な男性とは、あつかいがむずかしい。近づけるとなれて無遠慮になり、遠ざけるとうらむようになる」

○先師が言われた。「年が四十にもなって毛嫌いされたり、にくまれたりする者は、先の見込みはないだろうね」

為《な》す者《もの》を悪《にく》む。不孫《ふそん》にして以《もっ》て勇《ゆう》と為《な》す者《もの》を悪《にく》む。訐《あば》きて以《もっ》て直《ちょく》と為《な》す者《もの》を悪《にく》む。

子《し》曰《のたま》わく、唯《ただ》女子《じょし》と小人《しょうじん》とは養《やしな》い難《がた》しと為《な》す。之《これ》を近《ちか》づくれば則《すなわ》ち不孫《ふそん》なり。之《これ》を遠《とお》ざくれば則《すなわ》ち怨《うら》む。

子《し》曰《のたま》わく、年《とし》四十《しじゅう》にして悪《にく》まるるは、其《そ》

れ終《おわ》らんのみ。

微子《びし》第十八《だいじゅうはち》

微子《びし》は之《これ》を去《さ》り、箕子《きし》は之《これ》が奴《ど》と為《な》り、比《ひ》干《かん》は諫《いさ》めて死《し》す。孔子《こうし》曰《のたま》わく、殷《いん》に三《さん》仁《じん》有《あ》り。

柳下《りゅうか》恵《けい》士師《しし》と為《な》り、三《み》たび黜《しりぞ》けらる。人《ひと》曰《い》わく、子《し》未《いま》だ以《もっ》て去《さ》るべからざるか。曰《い》わく、道《みち》を直《なお》くして人《ひと》に事《つか》うれば、焉《いず》く

○**微子**は、紂王のもとを去り、**箕子**は、止まって奴隷となり、**比干**は諌めて殺された。先師は殷に三人の立派な人物がいたとたたえられた。

※微子　殷の紂王の腹違いの兄、微に封ぜられた。周になって宋に封ぜられて、祖先の祭を続けた。

※箕子　紂王の叔父、箕に封ぜられたが、諌めて奴隷となった。

※比干　紂王の叔父、紂によって心臓をえぐられて死んだ。

○**柳下恵**（魯の大夫）**が士師**（罪人を扱う官）**になり、三度その職を免ぜられた。**

　ある人が「あなたは、それでも国を去ることができないの

ですか」と尋ねた。
　柳下恵は「正しい道を行って事えたならば、どこの国へいっても、やはり三度ぐらいの免職は覚悟しなければなりません。道を曲げて事えるぐらいならば、わざわざ母国を去る必要もないでしょう」と答えた。

〇斉の景公が、先師の待遇について言われた。

「魯の上卿季氏程の事はできないが、季氏と孟氏（下卿）の間ぐらいで召し抱えたいと思う」と。然し、斉内部の事情もあって、景公は「私も年老いた。あなたを用いることができない」と言われた。

に往《ゆ》くとして三《み》たび黜《しりぞ》けられざらん。道《みち》を枉《ま》げて人《ひと》に事《つか》うれば、何《なん》ぞ必《かなら》ずしも父《ふ》母《ぼ》の邦《くに》を去《さ》らん。

齊《せい》の景公《けいこう》、孔子《こうし》を待《ま》ちて曰《い》わく、季氏《きし》の若《ごと》きは則《すなわ》ち吾《われ》能《あた》わず。季孟《きもう》の間《あいだ》を以《もっ》て之《これ》を待《ま》たん。曰《い》わく、吾《われ》老《お》いたり。用《もち》うること能《あた》わざるなりと。孔子《こうし》行《さ》る。

そこで、先師は斉を去ったのである。

○斉の国人が、美人の歌舞団を魯に送ってきた。 魯の季桓子（卿大夫）は、これに誘惑されて三日も政務をとらなかったので、先師は遂に職を辞して魯を去られた。

○楚の狂者の接輿が、先師の車のそばを歌いながら過ぎた。

「鳳よ鳳よ、何と徳の衰えたことよ。過ぎたことは諫めても仕方がない。これからさきのことはまだまにあう。やめたらどうだ、やめたらどうだ。今の政治に当たる者はあぶないぞ」

　先師は車を下りて話そうとされたが、

齊《せい》人《ひと》、女《じょ》樂《がく》を歸《おく》る。季《き》桓《かん》子《し》之《これ》を受《う》け、三《みっ》日《か》朝《ちょう》せず。孔《こう》子《し》行《さ》る。

楚《そ》の狂《きょう》接《せつ》輿《よ》歌《うた》いて孔《こう》子《し》を過《す》ぎて曰《い》わく、鳳《ほう》や鳳《ほう》や、何《なん》ぞ徳《とく》の衰《おとろ》えたる。往《ゆ》く者《もの》は諫《いさ》むべからず。來《きた》る者《もの》は猶《なお》追《お》うべし。已《や》みなん已《や》みなん。今《いま》の政《まつりごと》に從《したが》う者《もの》は殆《あや》うし。孔《こう》子《し》下《お》りて之《これ》と言《い》わんと欲《ほっ》す。

接輿は、小走りに走っていずこかへいってしまった。だから話すことができなかった。
※狂、乱世をあきらめて狂人のまねをしているもの。
○長沮・桀溺が並んで耕していた。
先師が、そこを通られて、子路に渡し場をたずねさせられた。
まず長沮が「あの車で手綱を持っているのは誰かな」と尋ねた。
子路は「孔丘です」と答えた。
長沮が「あの魯の孔丘かな」と言った。
子路は「そうです」と答えた。
長沮は「それなら

趨《はし》りて之《これ》を辟《さ》け、之《これ》と言《い》うことを得《え》ず。

長沮《ちょうそ》、桀溺《けつでき》耦《ぐう》して耕《たがや》す。孔子《こうし》之《これ》を過《す》ぐ。子《し》路《ろ》をして津《しん》を問《と》わしむ。長沮《ちょうそ》曰《い》わく、夫《か》の輿《よ》を執《と》る者《もの》は誰《たれ》とか為《な》す。子《し》路《ろ》曰《い》わく、孔丘《こうきゅう》と為《な》す。曰《い》わく、是《こ》れ魯《ろ》の孔丘《こうきゅう》か。對《こた》えて曰《い》わく、是《これ》なり。曰《い》わく、是《これ》ならば津《しん》を知《し》らん。桀溺《けつでき》に問《と》う。桀《けつ》渡し場ぐらいは知っている筈だ」とて教えてくれなかった。

　そこで隣の桀溺に尋ねた。桀溺は、まず子路に「あなたは誰かな」と尋ねた。子路は「仲由というものです」と答えた。

　桀溺は「魯の孔丘の弟子かな」と尋ねた。子路は「そうです」と答えた。

　桀溺は「大河がどんどん流れて止まるところがないように世の中も皆そうだ。そうして誰と一緒に世を変えようとするのかな。そんな人がいる筈がない。そこでお前さんは、人を選んで、人をさけるような人（孔子をさす）に従うよりは、

溺《でき》曰《い》わく、子《し》は誰《たれ》とか爲《な》す。曰《い》わく、仲由《ちゅうゆう》と爲《な》す。曰《い》わく、是《こ》れ魯《ろ》の孔丘《こうきゅう》の徒《と》か。對《こた》えて曰《い》わく、然《しか》り。曰《い》わく、滔滔《とうとう》たる者《もの》、天下《てんか》皆《みな》是《これ》なり。而《しこう》して誰《たれ》と以《とも》にか之《これ》を易《か》えん。且《か》つ而《なんじ》其《そ》の人《ひと》を辟《さ》くる士《し》に従《したが》わんよりは、豈《あに》世《よ》を辟《さ》くるの士《し》に従《したが》うに若《し》かんや。耰《ゆう》して輟《や》まず。子路《しろ》行《ゆ》き、以《もっ》て告《つ》

世をさける人（隠遁者）に従うほうがよいのではないかな」と言って種の土かけをしてやめなかった。

　子路はその旨を先師に報告した。

　先師は、がっかりして言われた。

「鳥や獣とは共に生活することはできない。私は、この世の人と共に生活しないで誰と共にしようか。もし天下に道が行われてよく治まっておれば、私は何も改めようとしないのだ」

○子路が、先師のお供をしていて遅れた。たまたま杖で竹籠をになった老人に出遭った。
　子路が「先生を見ませんでしたか」と

ぐ。夫子《ふうし》憮然《ぶぜん》として曰《のたま》わく、鳥獣《ちょうじゅう》は與《とも》に群《ぐん》を同《おな》じくすべからず。吾《われ》斯《こ》の人《ひと》の徒《と》と與《とも》にするに非《あら》ずして誰《たれ》と與《とも》にかせん。天下《てんか》道《みち》有《あ》らば、丘《きゅう》は與《とも》に易《か》えざるなり。

子路《しろ》従《したが》いて後《おく》れたり。丈人《じょうじん》の杖《つえ》を以《もっ》て篠《あじか》を荷《にな》うに遇《あ》う。子路《しろ》問《と》うて曰《い》わく、子《し》、夫子《ふうし》を見《み》たるか。丈人《じょうじん》の曰《い》わく、四體《したい》尋ねた。

老人は「手足も働かさず、五穀の見分けもつかないようなどなたを先生と言うのかね」と言ってその杖をつき立てて草を刈りはじめた。

子路は、手を胸に組んでそのそばにじっと立っていた。

すると老人は、子路を引き留めて一夜宿らせ、鶏を料理し黍をたいてご馳走した。そうして二人の子をも丁寧に引き合わせた。

翌日子路は、先師に追いついて、その話をした。

先師は「それは隠者だねえ」と仰せられて、自分も訪ねるべく、まず子路にも

勤《つと》めず、五《ご》穀《こく》分《わか》たず、誰《たれ》をか夫子《ふうし》と為《な》す。其《そ》の杖《つえ》を植《た》てて芸《くさぎ》る。子《し》路《ろ》拱《きょう》して立《た》つ。子《し》路《ろ》を止《とど》めて宿《やど》らしめ、雞《にわとり》を殺《ころ》し、黍《きび》を為《つく》りて之《これ》を食《くら》わしめ、其《そ》の二《に》子《し》を見《まみ》えしむ。明日《めいじつ》子《し》路《ろ》行《ゆ》きて以《もっ》て告《つ》ぐ。子《し》曰《のたま》わく、隠者《いんじゃ》なり。子《し》路《ろ》をして反《かえ》りて之《これ》を見《み》しむ。至《いた》れば則《すなわ》ち行《さ》れり。子《し》路《ろ》曰《い》わく、仕《つか》えざれば義《ぎ》無《な》し。

う一度引きかえらせて、老人と会うように命ぜられた。

　子路が行ってみると老人はいなかった。そこで二人の子に向かって言いおいた。「仕えなければ人としての義が立ちません。長幼の節（序）が捨てられないなら、君臣の大義もどうして捨てられましょうか。道が行われないからといって、自分の一身を潔くすることだけを考えるのは、大義を乱すことになります。君子が出でて仕えるのは君臣の義を行うためです。道が行われていないことは、よく分かっています」

〇野の賢人として名

長幼《ちょうよう》の節《せつ》は廢《はい》すべからざるなり。君臣《くんしん》の義《ぎ》は之《これ》を如何《いかん》ぞ其《そ》れ廢《はい》せん。其《そ》の身《み》を潔《いさぎよ》くせんと欲《ほっ》して大倫《たいりん》を亂《みだ》る。君子《くんし》の仕《つか》うるや、其《そ》の義《ぎ》を行《おこな》わんとなり。道《みち》の行《おこな》われざるや、已《すで》に之《これ》を知《し》れり。

逸民《いつみん》、伯夷《はくい》・叔齊《しゅくせい》・虞仲《ぐちゅう》・夷逸《いいつ》・朱張《しゅちょう》・柳下惠《りゅうかけい》・少連《しょうれん》。子《し》曰《のたま》わく、其《そ》の志《こころざし》を降《くだ》さ高いのは、伯夷、叔斉、虞仲、夷逸、朱張、柳下恵、少連である。

先師が言われた。

「自分の志を高く保って身を辱めなかったのは伯夷と叔斉であろうか。柳下恵と少連は、志を下げ、身を辱めたこともあったが、言うことは人の道にかない、行いは筋道が立っていた。まあそんなところかねえ。虞仲と夷逸は、隠居して遠慮なくものを言ったが、身は清らかで、世の捨て方もほどほどであった。私は、この人達と違い、はじめから隠遁がよいかわるいとかを決めてかからない」

ず其《そ》の身《み》を辱《はずか》しめざるは、伯夷《はくい》、叔齊《しゅくせい》か。柳下恵《りゅうかけい》、少連《しょうれん》を謂《のたま》わく、志《こころざし》を降《くだ》し身《み》を辱《はずか》しむ。言《げん》は倫《みち》に中《あた》り、行《おこない》は慮《おもんばかり》に中《あた》る、其《そ》れ斯《これ》のみ。虞仲《ぐちゅう》、夷逸《いいつ》を謂《のたま》わく、隠居《いんきょ》して放言《ほうげん》し、身《み》は清《せい》に中《あた》り、廢《はい》は權《けん》に中《あた》る。我《われ》は則《すなわ》ち是《これ》に異《こと》なりて、可《か》も無《な》く不可《ふか》も無《な》し。

※孔子は、道義に従って自由自在に行動するというのである。
○楽長の摯は斉に行き、亜飯の干は楚に行き、三飯の繚は蔡に行き、四飯の缺は秦に行き、鼓師の方叔は黄河のほとりに隠れた。振り鼓師の武は漢水のほとりに隠れた。楽長の輔佐役の陽と磬を打ち鳴らす役の襄は、海を越えて島に隠れた。
※殷の末、音楽が乱れたので、各々に逃避したのであろう。
○周公（旦）**が魯公**（子の伯禽）**に向かって言われた。**
「人に君たるの君子は、身内の者をすてず、卿大夫が重用されないからとて怨む

大《たい》師《し》摯《し》は齊《せい》に適《ゆ》く。亞《あ》飯《はん》干《かん》は楚《そ》に適《ゆ》く。三《さん》飯《はん》繚《りょう》は蔡《さい》に適《ゆ》く。四《し》飯《はん》缺《けつ》は秦《しん》に適《ゆ》く。鼓《こ》方《ほう》叔《しゅく》は河《か》に入《い》る。播《は》鼗《とう》武《ぶ》は漢《かん》に入《い》る。少《しょう》師《し》陽《よう》・撃《げき》磬《けい》襄《じょう》は海《うみ》に入《い》る。

周《しゅう》公《こう》、魯《ろ》公《こう》に謂《い》いて曰《のたま》わく、君《くん》子《し》は其《そ》の親《しん》を施《す》てず、大《だい》臣《じん》をして以《もち》いられざるを怨《うら》ましめず、故《こ》舊《きゅう》、大《たい》故《こ》無《な》ければ、則《すなわ》ち棄《す》て

ことのないようにし、古なじみは、大きな過ちがなければ見すてないようにする。一人の人に何もかも備わるのを求めてはならない」

○周の盛時に八人のすぐれた人物がいた。それは、伯達、伯适、仲突、仲忽、叔夜、叔夏、季随、季騧である。

※実はこれらの人については時代も事蹟も分からない。只一人の母から生まれた四組の双生児が揃って賢人であったのは、当時として珍しいことであったので、ここに挿入されたのではなかろうか。

ず。備《そな》わらんことを一人《いちにん》に求《もと》むる無《な》かれ。

周《しゅう》に八士《はっし》有《あ》り、伯達《はくたつ》、伯适《はくかつ》、仲突《ちゅうとつ》、仲忽《ちゅうこつ》、叔夜《しゅくや》、叔夏《しゅくか》、季隨《きずい》、季騧《きか》。

○子張が言った。

「士は、公の任務において、危難を見れば、命を投げ出して当たり、利得を見れば道義を思い、祭りには敬虔な心をもち、喪においては、悲哀の情を思う。そのようであれば、士としてまあよかろう」

○子張が言った。

「一つの徳に固まってひろく徳を修めることがなく、道を信じても心の底からでなければ、居るというほどのこともなく、居ないというほどのことでもないだろう」（居ても居なくても大したことはない）

子《し》張《ちょう》第《だい》十九《じゅうく》

子《し》張《ちょう》曰《い》わく、士《し》は危《あやう》きを見《み》ては命《めい》を致《いた》し、得《う》るを見《み》ては義《ぎ》を思《おも》い、祭《まつり》には敬《けい》を思《おも》い、喪《も》には哀《あい》を思《おも》う。其《そ》れ可《か》ならんのみ。

子《し》張《ちょう》曰《い》わく、徳《とく》を執《と》ること弘《ひろ》からず、道《みち》を信《しん》ずること篤《あつ》からずんば、焉《いずく》んぞ能《よ》く有《あ》りと爲《な》さん。焉《いずく》んぞ能《よ》く亡《な》しと爲《な》さ

○子夏の門人が、子張に人との交際について訪ねた。

　子張が「子夏先生はなんと言われたかね」と尋ねた。

　門人が「子夏先生はよい者とは交わり、よくない者とは交わらないのがよいと言われました」と答えた。

　子張が言った。「私が先師から聞いた所とは違います。先師は『君子は賢者を尊びながら一般の人をも包み込み、善人をほめながら無能の人をもあわれむ』かりに自分が大賢人であるとするならば、どんな人でも受け容れないことがあろうか。かりに自分が愚

ん。

子夏《しか》の門人《もんじん》交《まじわり》を子張《しちょう》に問《と》う。子張《しちょう》曰《い》わく、子夏《しか》は何《なに》をか云《い》える。對《こた》えて曰《い》わく、子夏《しか》曰《い》わく、可《か》なる者《もの》は之《これ》に與《くみ》し、其《そ》の不可《ふか》なる者《もの》は之《これ》を拒《こば》まんと。子張《しちょう》曰《い》わく、吾《わ》が聞《き》く所《ところ》に異《こと》なり。君子《くんし》は賢《けん》を尊《たっと》びて衆《しゅう》を容《い》れ、善《ぜん》を嘉《よみ》して不能《ふのう》を矜《あわれ》む。

か者であるならば、逆に人が自分との交わりをこばむであろう。どうして人をこばむことがありましょうか」

○子夏が言った。
「小さな技芸の道でも見るべきものはあるものだ。然し遠大な志を遂げるには、小さな所にとらわれて動きがとれなくなるのを恐れる。だから君子はそれをしないのだ」

我《われ》の大《たい》賢《けん》ならんか、人《ひと》に於《おい》て何《なん》の容《い》れざる所《ところ》あらん。我《われ》の不《ふ》賢《けん》ならんか、人《ひと》将《はた》我《われ》を拒《こば》まん。之《これ》を如何《いかん》ぞ其《そ》れ人《ひと》を拒《こば》まんや。

子《し》夏《か》曰《い》わく、小道《しょうどう》と雖《いえど》も必《かなら》ず観《み》るべき者《もの》有《あ》り。遠《とお》きを致《いた》さんには泥《なず》まんことを恐《おそ》る、是《ここ》を以《もっ》て君子《くんし》は為《な》さざるなり。

○子夏が言った。
「日々まだ自分の知らないことを知り、月々にすでに知り得たことを忘れないように努める。これを本当に学問が好きだと言えるだろう」

○子夏が言った。
「博く学んで見聞をゆたかにし、志を厚くして切実に師友に問い、自分の実践上のこととして工夫するならば、仁の徳は自ずからそこに生ずるものだ」

○子夏が言った。
「職人たちは、自分の仕事場にいて、その仕事を完成するものだ。君子は、学問をして人の道をきわめる」

子夏《しか》曰《い》わく、日《ひ》に其《そ》の亡《な》き所《ところ》を知《し》り、月《つき》に其《そ》の能《よ》くする所《ところ》を忘《わす》るること無《な》し。學《がく》を好《この》むと謂《い》うべきのみ。

子夏《しか》曰《い》わく、博《ひろ》く學《まな》びて篤《あつ》く志《こころざ》し、切《せつ》に問《と》うて近《ちか》く思《おも》う。仁《じん》其《そ》の中《うち》に在《あ》り。

子夏《しか》曰《い》わく、百工《ひゃっこう》肆《みせ》に居《い》て以《もっ》て其《そ》の事《こと》を成《な》す。君子《くんし》學《まな》びて以《もっ》て其《そ》の道《みち》を致《いた》す。

○**子夏が言った。**
「つまらない人間は、過ちをおかすと、言葉巧みに言い逃れをしようとする」
○**子夏が言った。**
「君子に三つの変化がある。はなれて見るとおごそかである。近づいて見ると温か味がある。その言葉を聞くときびしくておかしがたい」
○**子夏が言った。**
「上に立つ者は、信頼された後に民に労役を課す。まだ信頼されていなければ、民は自分達が苦しめられていると思うだろう。また上の者に信頼されてからはじめて諫めると、よく聴き入れてもらえる。しかしまだ信頼され

子《し》夏《か》曰《い》わく、小人《しょうじん》の過《あやま》つや、必《かなら》ず文《かざ》る。

子《し》夏《か》曰《い》わく、君子《くんし》に三《さん》變《べん》有《あ》り。之《これ》を望《のぞ》めば儼《げん》然《ぜん》たり。之《これ》に即《つ》けば溫《おん》なり。其《そ》の言《げん》を聽《き》けば厲《はげ》し。

子《し》夏《か》曰《い》わく、君子《くんし》信《しん》ぜられて而《しこう》して後《のち》に其《そ》の民《たみ》を勞《ろう》す。未《いま》だ信《しん》ぜられざれば則《すなわ》ち以《もっ》て己《おのれ》を厲《や》ましむと爲《な》す。信《しん》ぜら

ていないうちに諫めると、上の者は却って自分がそしられているように思うだろう」

○子夏が言った。

「孝弟などの大徳は、軌道をはずれてはいけない。坐作進退などの小徳は、多少の出入があっても、あまりとがめるべきではなかろう」

○子游が言った。

「子夏の門人達は、掃除や応対やいろんな作法などについてはよくできているが、そもそもそれは末のことである。その根本になるとまだ教えられていないようだが、これでよいであろうか」

れて而《しこう》して後《のち》に諫《いさ》む。未《いま》だ信《しん》ぜられざれば則《すなわ》ち以《もっ》て己《おのれ》を謗《そし》ると爲《な》す。子《し》夏《か》曰《い》わく、大《だい》徳《とく》は閑《のり》を踰《こ》えず。小徳《しょうとく》は出《しゅつ》入《にゅう》するも可《か》なり。

子《し》游《ゆう》曰《い》わく、子《し》夏《か》の門《もん》人《じん》小子《しょうし》、洒《さい》掃《そう》應《おう》對《たい》進《しん》退《たい》に當《あた》りては則《すなわ》ち可《か》なり。抑々《そもそも》末《すえ》なり。之《これ》に本《もと》づくれば則《すなわ》ち無《な》し。之《これ》を如何《いかん》。

子夏がこれを聞いて言った。
「ああ言游（姓は言、名は偃、字は子游）はまちがっている。君子の道は、何を先に教え、何を後にするか、一律にきめてかかるべきではない。たとえば、草木の種類に応じて、区別して植えるようなものだ。君子が人を教えるのに無理があってよいものだろうか。始めから終わりまで完全に備わっていて、教える順序を考えなくてもいいのはただ聖人だけだろう。
○**子夏が言った。**
「仕えて余力があれば学ぶ。学んで余力ができれば仕えるのがよい」

子夏之《しかこれ》を聞《き》きて曰《い》わく、噫《ああ》、言游《げんゆう》過《あやま》てり。君子《くんし》の道《みち》は孰《いず》れをか先《さき》に傳《つた》え、孰《いず》れをか後《のち》に倦《う》まん。諸《これ》を草木《そうもく》の區《く》して以《もっ》て別《わか》つに譬《たと》う。君子《くんし》の道《みち》は焉《いずく》んぞ誣《し》うべけんや。始《はじ》め有《あ》り卒《おわ》り有《あ》る者《もの》は、其《そ》れ唯《ただ》聖人《せいじん》か。

子夏《しか》曰《い》わく、仕《つか》えて優《ゆう》なれば則《すなわ》ち學《まな》ぶ。學《まな》びて優《ゆう》なれば則《すなわ》ち仕《つか》う。

○子游が言った。
「喪は、ひたすら悲しみをつくすばかりだ」

○子游が言った。
「私の友達の子張は、人が容易にできないことをやり遂げるすぐれた人物ではあるが、まだ仁者とは言えないだろう」

○曾先生が言われた。
「実に堂々たるものだなあ。だが子張は、ともに仁の道を歩むのは難しい」

○曾先生が言われた。
「私が、先師から親しくお聞きしたことがある。それは『人が自分の真情を出し尽してしまうことは

子《し》游《ゆう》曰《い》わく、喪《も》は哀《あい》を致《いた》して止《や》む。

子《し》游《ゆう》曰《い》わく、吾《わ》が友《とも》張《ちょう》や、能《よ》くし難《がた》きを為《な》すなり。然《しか》れども未《いま》だ仁《じん》ならず。

曾《そう》子《し》曰《い》わく、堂堂《どうどう》たるかな張《ちょう》や、與《とも》に竝《なら》びて仁《じん》を為《な》し難《がた》し。

曾《そう》子《し》曰《い》わく、吾《われ》諸《これ》を夫子《ふうし》に聞《き》けり。人《ひと》未《いま》だ自《みずか》ら致《いた》す者《もの》有《あ》らざるなり。必《かなら》ずや

まずないものだが、あるとすれば、親の喪だろうか』と」

○曾先生が言われた。「私が、先師から親しくお聞きしたことがある。それは『孟荘子（魯の大夫）の孝行は、他の事はまねることができても、父が亡くなってから、父の家臣と家政とを変えなかったのは、甚だまねのできないことだ』と」

○孟氏（魯の大夫、孟孫氏）**が陽膚**（曾子の門人）を獄官の長とした時、陽膚がその心得について尋ねた。
曽先生が答えられた。
「上の者が、正しい

親《おや》の喪《も》か。

曾子《そうし》曰《い》わく、吾《われ》諸《これ》を夫子《ふうし》に聞《き》けり。孟《もう》荘子《そうし》の孝《こう》や、其《そ》の他《た》は能《よ》くすべきなり。其《そ》の父《ちち》の臣《しん》と父《ちち》の政《まつりごと》とを改《あらた》めざるは、是《こ》れ能《よ》くし難《がた》きなり。

孟氏《もうし》陽膚《ようふ》をして士師《しし》たらしむ。曾子《そうし》に問《と》う。曾子《そうし》曰《い》わく、上《かみ》其《そ》の道《みち》を失《うしな》いて道を失い、民心が離散しているので、あわれみをかけてやるのがよい。もしも犯罪の事実がわかったならば、悲しみあわれんで決して自分の手柄として喜んではならない」

○子貢が言った。

「殷の紂王の悪事は、それほど甚だしいものではなかった。然し悪いという評判がたって、天下の悪が、全部彼に集まったのである。そこで君子は下流におるのをいやがるのだ」

○子貢が言った。

「君子のあやまちは、日蝕や月蝕のようなものだ。君子は高い地位にあるので、過ちをおかすと、すべての

民《たみ》散《さん》ずること久《ひさ》し。如《も》し其《そ》の情《じょう》を得《え》ば、則《すなわ》ち哀《あい》矜《きょう》して喜《よろこ》ぶこと勿《な》かれ。

子《し》貢《こう》曰《い》わく、紂《ちゅう》の不《ふ》善《ぜん》や、是《か》くの如《ごと》く之《こ》れ甚《はなは》だしからざるなり。是《ここ》を以《もっ》て君《くん》子《し》は下《か》流《りゅう》に居《お》ることを悪《にく》む。天《てん》下《か》の悪《あく》皆《みな》焉《ここ》に帰《き》す。

子《し》貢《こう》曰《い》わく、君《くん》子《し》の過《あやまち》や、日《じつ》月《げつ》の食《しょく》の如《ごと》

人がこれを見る。然し改めると人はまた、日蝕、月蝕が終わったときのように、前の如く仰ぎ見るのである」

○衛の公孫朝が、子貢に「仲尼（孔子）はだれに学んだのですか」と尋ねた。

子貢が答えた。

「周の文王武王の道は、まだなくならずに人々に伝わっています。それによって賢者はその大きなこと（世を治め、人を治める道など）を心得ています。不賢者も、その小さいこと（日常生活上の道）は心得ております。従って文王武王の道はどこにでもあります。先生は誰からでも学ばれました。い

し。過《あやま》つや人皆《ひとみな》之《これ》を見《み》る、更《あらた》むるや人皆《ひとみな》之《これ》を仰《あお》ぐ。

衛《えい》の公孫朝《こうそんちょう》、子貢《しこう》に問《と》うて曰《い》わく、仲尼《ちゅうじ》焉《いずく》にか學《まな》べる。子貢《しこう》曰《い》わく、文武《ぶんぶ》の道《みち》未《いま》だ地《ち》に墜《お》ちずして人《ひと》に在《あ》り。賢者《けんじゃ》は其《そ》の大《だい》なる者《もの》を識《し》り、不賢者《ふけんじゃ》は其《そ》の小《しょう》なる者《もの》を識《し》る。文武《ぶんぶ》の道《みち》有《あ》らざること莫《な》し。

わばすべての人が先生で、これといって決まった先生がおられたわけではありません」

○叔孫武叔（魯の大夫）**が、役所に於いて他の大夫に「子貢は甚だ有能で仲尼（孔子）よりすぐれているなあ」と話した。**

子服景伯（魯の孟孫氏の一族）が、これを子貢に知らせた。

これに対して子貢が言った。

「これを役所の垣にたとえると、私の垣は肩位の高さですから家の中のよさがのぞけましょう。先生の垣は数尋《すうひろ》ですので、その門を見つけてはいって見ないと御霊屋の美しさや文武百

夫子《ふうし》焉《いずく》にか學《まな》ばざらん。而《しこう》して亦《また》何《なん》の常師《じょうし》か之《こ》れ有《あ》らん。

叔孫《しゅくそん》武叔《ぶしゅく》、大夫《たいふ》に朝《ちょう》に語《かた》りて曰《い》わく、子《し》貢《こう》は仲尼《ちゅうじ》より賢《まさ》れり。子服景伯《しふくけいはく》以《もっ》て子《し》貢《こう》に告《つ》ぐ。子貢《しこう》曰《い》わく、諸《これ》を宮牆《きゅうしょう》に譬《たと》うれば賜《し》の牆《かき》や肩《かた》に及《およ》べり、室家《しっか》の好《よ》きを闚《うかが》い見《み》ん。夫子《ふうし》の牆《かき》や數仭《すうじん》、其《そ》の門《もん》を得《え》

て入らざれば、宗廟《そうびょう》の美《び》、百官《ひゃっかん》の富《とみ》を見《み》ず。其《そ》の門《もん》を得《う》る者《もの》或《あるい》は寡《すく》なし。夫子《ふうし》の云《い》うこと、亦《また》宜《うべ》ならずや。

叔《しゅく》孫《そん》武《ぶ》叔《しゅく》、仲尼《ちゅうじ》を毀《そし》る。子貢《しこう》曰《い》わく、以《もっ》て爲《な》すこと無《な》かれ。仲尼《ちゅうじ》は毀《そし》るべからざるなり。他《た》人《にん》の賢《けん》者《じゃ》は丘陵《きゅうりょう》なり。猶《なお》踰《こ》ゆべきなり。仲尼《ちゅうじ》は日《じっ》月《げつ》なり。得《え》て

官の盛んなよそおいを見ることができません。しかもその門を見つけてはいることも甚だ少ないので、あの方がそういわれるのも、もっともだと思われますね」

○叔孫武叔が仲尼をそしった。

これに対して子貢が言った。

「そんなことはおっしゃらない方がよかろうと存じます。仲尼先生のことは、そしることはできません。他の賢者は小高い丘のようなものだから、なお越えることができます。仲尼先生は、太陽や月のようなものだから、越えることはできません。仲尼先生をそ

して絶交しようと思っても、太陽や月のようなあの方を、どうしてそこなうことができましょうか。却って自らの身のほどをさらけだすことになりましょう」

○陳子禽（名は亢）が、子貢に向かっていった。

「あなたは、ご謙遜が過ぎます。仲尼先生が、どうしてあなたよりすぐれているものですか」

子貢が驚いて言った。「君子はただ一言で知者（物の判断の正しい人）ともな

踰《こ》ゆること無《な》し。人《ひと》自《みずか》ら絶《た》たんと欲《ほっ》すと雖《いえど》も、其《そ》れ何《なん》ぞ日月《じつげつ》を傷《やぶ》らんや。多《まさ》に其《そ》の量《りょう》を知《し》らざるを見《み》るなり。

陳《ちん》子《し》禽《きん》、子《し》貢《こう》に謂《い》いて曰《い》わく、子《し》は恭《きょう》を為《な》すなり。仲尼《ちゅうじ》豈《あに》子《し》より賢《まさ》らんや。子《し》貢《こう》曰《い》わく、君子《くんし》は一言《いちげん》以《もっ》て知《ち》と為《な》し、一言《いちげん》以《もっ》て不知《ふち》と為《な》す。言《げん》は慎《つつし》まざるべから

り、又愚者ともなるものだ。だから言葉はつつしまねばならない。先生に及ぶことのできないのは、ちょうど天にはしごをかけて上ることができないようなものだ。もし先生が国家を治めることになれば、いわゆる『これを立つればここに立ち、これを導けばここに行われ、これを安んずればここに来り、これを動かせばここに和らぐ、その生くるや栄え、その死するや哀しまる』である。どうして私ごときが及ぶことできようか」

ざるなり。夫子《ふうし》の及《およ》ぶべからざるや、猶《なお》天《てん》の階《きざはし》して升《のぼ》るべからざるがごときなり。夫子《ふうし》にして邦家《ほうか》を得《う》るならば、所謂《いわゆる》之《これ》を立《た》つれば斯《ここ》に立《た》ち、之《これ》を道《みちび》けば斯《ここ》に行《おこな》われ、之《これ》を綏《やす》んずれば斯《ここ》に來《きた》り、之《これ》を動《うご》かせば斯《ここ》に和《やわ》らぐ。其《そ》の生《い》くるや榮《さか》え、其《そ》の死《し》するや哀《かな》しまる。之《これ》を如何《いかん》ぞ其《そ》れ及《およ》ぶべけんや。

○堯帝が、天子の位を舜帝に譲られたときに言われた。

「ああ、なんじ舜よ。天命は、今やなんじの身に下って、帝位につくべき時であるぞ。よく中道をふんで政を行なえ。もし天下万民を困窮させることがあれば、天の恵みは永久に断絶するであろう」

舜帝もまた夏の禹王に同じ言葉を以て位を譲られた。

（殷の湯王が天子の位についたとき、天帝に告げて言われた）

「私はふつつかな履という者でございますが、つつしんで黒い牡牛をいけにえにして、あえてはっきりと至大至高の天帝

堯曰第二十《ぎょうえつだいにじゅう》

堯《ぎょう》曰《い》わく、咨《ああ》爾《なんじ》舜《しゅん》、天《てん》の暦《れき》數《すう》爾《なんじ》の躬《み》に在《あ》り。允《まこと》に其《そ》の中《ちゅう》を執《と》れ。四《し》海《かい》困《こん》窮《きゅう》せば、天《てん》祿《ろく》永《なが》く終《お》えん。舜《しゅん》も亦《また》以《もっ》て禹《う》に命《めい》ず。曰《い》わく、予《われ》小子《しょうし》履《り》、敢《あえ》て玄《げん》牡《ぼ》を用《もち》いて、敢《あえ》て昭《あき》らかに皇皇《こうこう》たる后帝《こうてい》に告《つ》ぐ。罪《つみ》有《あ》らば敢《あえ》て赦《ゆる》さず。帝臣《ていしん》蔽《かく》さず。簡《えら》ぶこと

に申し上げます。私は、天帝に罪を得た者（夏の桀王）は許しませんでした。天帝の臣下（賢人）はその徳がかくれないように、すべてみ心のままに選びましょう。もしわが身に罪があれば、それはわれひとりの罪であって、万民（万邦の民）をわずらわさないでください。万民に罪があればそれは万民の罪ではなくて、すべて私にあるのでございます」

（**周の武王**も、天子となった時、天帝に誓って言われた）

「周に下された大きな賜物がございます。それは善人が多いことでございます。いかに親しい身内の者

帝《てい》の心《こころ》に在《あ》り。朕《わ》が躬《み》罪《つみ》有《あ》らば、萬方《ばんぽう》を以《もっ》てすること無《な》かれ。萬方《ばんぽう》罪《つみ》有《あ》らば、罪《つみ》朕《わ》が躬《み》に在《あ》らん。周《しゅう》に大《おお》いなる賚《たまもの》有《あ》り。善人《ぜんにん》是《こ》れ富《と》めり。周親《しゅうしん》有《あ》りと雖《いえど》も、仁人《じんじん》に如《し》かず。百姓《ひゃくせい》過《あやまち》有《あ》らば、予《われ》一人《いちにん》に在《あ》らん。

權量《けんりょう》を謹《つつし》み、法度《ほうど》を審《つまび》らかにし、廢官《はいかん》を

がおりましょうとも、仁人の多いのには及びません。このように仁人が多くても、なお百姓（民）に罪があれば、それは私一人の罪でございます」

（**武王は**）「度量衡を厳正にし、礼楽制度をととのえ、すたれた官職を復活させれば、四方の政はうまくいくであろう。滅んだ国を復興させ、絶えた家をひきつがせ野にある賢者を挙げ用いれば、天下の民は、心から喜んで従うようになるだろう。民の生活の上で、重んずることは食、喪、祭である。又、上に立つ者が寛《おおらか》であれば人望が得られ、

修《おさ》むれば、四方《しほう》の政《まつりごと》行《おこな》われん。滅國《めっこく》を興《おこ》し絶世《ぜっせい》を繼《つ》ぎ、逸民《いつみん》を擧《あ》ぐれば、天下《てんか》の民《たみ》心《こころ》を歸《き》せん。民《たみ》に重《おも》んずる所《ところ》は、食《しょく》、喪《そう》、祭《さい》。寛《かん》なれば則《すなわ》ち衆《しゅう》を得《え》、信《しん》なれば則《すなわ》ち民《たみ》任《にん》じ、敏《びん》なれば則《すなわ》ち功《こう》有《あ》り、公《こう》なれば則《すなわ》ち説《よろこ》ぶ。

子張《しちょう》孔子《こうし》に問《と》うて曰《い》わく、何如《いか》なれば

信《まこと》があれば民より頼られ、機敏なれば功績が上がり、公正であれば民はよろこぶ」と政治の要道を示された。

○子張が先師に尋ねた。

「どのようにすれば政治を立派にやっていくことができましょうか」

先師が答えられた。

「五美を尊び、四悪をしりぞけることだ」

子張は尋ねた。

「何を五美というのでしょうか」

先師が答えられた。

「君子は恵して費さず、労して怨みず、欲して貪らず、泰に

斯《こ》れ以《もっ》て政《まつりごと》に従《したが》うべき。子《し》曰《のたま》わく、五《ご》美《び》を尊《たっと》び四《し》悪《あく》を屏《しりぞ》くれば、斯《こ》れ以《もっ》て政《まつりごと》に従《したが》うべし。子《し》張《ちょう》曰《い》わく、何《なに》をか五《ご》美《び》と謂《い》う。子《し》曰《のたま》わく、君《くん》子《し》は恵《けい》して費《つい》やさず、労《ろう》して怨《うら》みず、欲《ほっ》して貪《むさぼ》らず、泰《ゆたか》にして驕《おご》らず威《い》にして猛《たけ》からず。子《し》張《ちょう》曰《い》わく、何《なに》をか恵《けい》して費《つい》やさずと謂《い》う。子《し》曰《のたま》わく、民《たみ》の利《り》とす

して驕らず、威にして猛からずの五つだ」

　子張が更に「どういうことを恵して費さずというのですか」と尋ねた。

　先師が答えられた。

「民が自ら利益とするところによって民に利益を得させる。これこそ恵んで費用をかけないことではなかろうか。正当な労役を選んで課すならば、一体誰を怨もうか。欲することが仁であり、得ることが仁であれば、また何をむさぼることがあろうか。上に立つ者が、大勢小勢や貴賤にかかわりなく侮

る所《ところ》に因《よ》りて之《これ》を利《り》す。斯《こ》れ亦《また》恵《けい》して費《ついや》さざるにあらずや。其《そ》の勞《ろう》すべきを擇《えら》びて之《これ》を勞《ろう》す。又《また》誰《たれ》をか怨《うら》みん。仁《じん》を欲《ほっ》して仁《じん》を得《え》たり。又《また》焉《なに》をか貪《むさぼ》らん。君子《くんし》は衆寡《しゅうか》と無《な》く、小大《しょうだい》と無《な》く、敢《あえ》て慢《あなど》ること無《な》し。斯《こ》れ亦《またゆたか》泰にして驕《おご》らざるにあらずや。君子《くんし》は其《そ》の衣冠《いかん》を正《ただ》しくし、

ることがない。これこそゆたかにしておごらないということではなかろうか。上に立つ者が、その服や冠を正しく整え、そのまなざしを重々しくして、いかにもおごそかにしていると、自然に人から畏敬される。これこそ威厳があってたけだけしくないということではなかろうか」

次いで子張が「何を四悪というのでしょうか」と尋ねた。

先師が答えられた「民を教えないで、罪を犯したからとて殺すのを虐(むごい)という。注意もしないでよい成果を求めるのを暴(むちゃ)という。命令をゆる

其《そ》の瞻視《せんし》を尊《たっと》くす。儼然《げんぜん》として人《ひと》望《のぞ》みて之《これ》を畏《おそ》る。斯《こ》れ亦《また》威《い》にして猛《たけ》からざるにあらずや。子張《しちょう》曰《い》わく、何《なん》をか四悪《しあく》と謂《い》う。子《し》曰《のたま》わく、教《おし》えずして殺《ころ》す、之《これ》を虐《ぎゃく》と謂《い》う。戒《いまし》めずして成《な》るを見《み》る、之《これ》を暴《ぼう》と謂《い》う。令《れい》を慢《ゆる》くして期《き》を致《いた》す、之《これ》を賊《ぞく》と謂《い》う。之《これ》を猶《ひと》しく人《ひと》に与《あた》うるに、

くしておいて実行の期限だけをきびしくするのを賊（そこなう）という。どうせ出すものは出さねばならないのに、けちけちして出ししぶるのを有司（小役人根性）という」

〇先師が言われた。

「天命を知らなければ、君子たるの資格がない。

　礼を知らなければ世に立つことができない。

　言葉を知らなければ、人を知ることができない」

出内《すいとう》の吝《やぶさか》なる、之《これ》を有司《ゆうし》と謂《い》う。

孔子《こうし》曰《のたま》わく、命《めい》を知《し》らざれば、以《もっ》て君子《くんし》たること無《な》きなり。禮《れい》を知《し》らざれば、以《もっ》て立《た》つこと無《な》きなり。言《げん》を知《し》らざれば、以《もっ》て人《ひと》を知《し》ること無《な》きなり。

昭和六十年六月廿八日
有源山論語堂に於て
伊與田覺謹書

あとがき

頂門の一針

昭和五十八年十二月十三日、生涯の師父と仰いだ　安岡正篤先生を失った私は、甚だ不肖の弟子ながら、孔子の弟子達の故事に倣《なら》って、一年の心喪に服した。その間山中に在って、静かに先師の遺教を反芻《はんすう》するにつけ「仰げば弥々《いよいよ》高く、鑽《き》れば弥々堅くして、これに従わんと欲すと雖も由無し」という顔回の述懐が一入身に滲みて、次第に立つ気力を失っていく自分をどうすることもできなかった。

ところが翌年十二月七日、先師の一周忌の「瓠堂忌《こどうき》」に於て、新井正明氏（関西師友協会会長）が挨拶の中に引かれた論語雍也篇の「冉求《ぜんきゅう》曰わく、子の道を説《よろこ》ばざるに非ず、力足らざればなり。子曰わく、力足らざる者は中道にして廃す。今女《なんじ》は畫《かぎ》れり」という一節に、私は非常な衝撃を受けた。まさにこれが頂門の一針となって、私は漸く自らに立ち還る機縁を得たのである。幼少より論語に育てられながら、私も矢張り「論語読みの論語知らず」の徒に過ぎなかったと慚愧の念にかられると共に、論語に対する新たな感謝の心が油然として湧いて来たのは不思議であった。

孔子と曽子の夢

それから間もない十二月十九日の未明、私は、温和にして端厳《たんごん》なる孔子が若い曽子を伴って、遙々論語堂に訪ねて来られた夢を見た。成人教学研修所は、孔子の一生にあやかって、志学寮・而立堂・不惑軒・論語堂（知命藏）そして耳順洞と建て、更に今従心窟を夢想しているが、特に論語堂の孔子像開幕式には、孔子第七十七代の直裔　孔徳成先生父子の臨席を仰いだ。その後二回も家族と共に来駕を賜り、私もまた朝夕生ける孔子に見《まみ》えるが如く聖像を礼拝していたが、未だかってその夢を見たことはなかった。

ここに於て、私は凡愚の身ではあるが、最早や右顧左眄することなく、終りの日まで只管斯の道に随喜し、斯の教学普及の為に微力を捧げ尽そうと、深く心に契ったのである。

論語浄書の発願

周知の如く、論語は、孔子及びその弟子の言行を最もよく伝えた書物である。従って当研修所のテキストは、すべて漢文の原典を使って来た。この頃論語に対する関心は頓《とみ》に高まったとはいえ、漢字や漢文に対してはなお敬遠するのが一般である。

然し現代の世相の混迷、道義の頽廃を見る時、論語子路篇の「子、衛に適《ゆ》く、冉《ぜん》有《ゆう》僕たり。子曰わく、庶《おお》きかな。冉有曰わく、既に庶し、又何をか加えん。曰わく、これを富まさん。曰わく既に富めり、又何をか加えん。曰わく、これを教えん」の一節を想い起し、真の教学作興の急務が痛感されるのである。

それには先ず数千年の星霜風雪に堪えて変らない生命の書、古典を読むことが、まわり道のようで結局速いのである。中でも、日本人の聖書《バイブル》として誰でもが親しめるものは論語である。そこでこれを老いも若きも、男も女も、ともに気楽に素読できるように、全文を読み下し、全漢字に仮名を附けることを思い立ったのである。

特に文字を稽古したわけでもなく、甚だ稚拙なことは汗顔の至りではあったが、先ず隗《かい》より始めよと、翌新年早々から筆をとったのである。論語堂で香を焚《た》き一字一字に祈りを込めて書いてはいったが、未熟な私は、忽ち雑念妄想に襲われて、一枚を書くに数枚も失敗するなど容易に進まなかった。それでも一枚を書き終える毎に、孔子の尊像に供え合掌礼拝した。

そして巻頭には、論語堂に掛る、山本珍石畫伯が論語の文字を以て描いた凝神の作に、孔徳成先生の親しく題賛された孔子像を掲載させて頂いた。まことに論語の結ぶ縁尋の機《はたらき》は甚だ妙といわねばならない。

先ず恩師安岡先生の霊前に捧げ、次いで九月一日、論語をわが国に伝えた大恩人、百済《くだら》の王仁博士の墓前に供えた。更に九月二十八日には、台北孔子廟の釈奠《せきてん》（孔子祭）に参列し、敬んで孔子廟に献納した。また遠祖の教を奉体し、その祭祀を継承して世界の奇蹟と称せられる至聖孔子の直裔孔徳成先生をはじめ、宗聖曽子第七十四代の直裔曽憲禕先生、亜聖孟子第七十四代の直裔孟繁驥先生に親しく進呈できたことは、筆舌に尽し難い道慶であった。

幸に本書は、発刊当初から予想外に多くの方々の共鳴を得ることができたのは斯の道の為に有難い極みである。この頃、更にこれを広く一般に普及するようにという要請が澎湃《ほうはい》として起って参ったので、今般これを縮小し、且つ簡単な頭註を加えて再刊することにした。因みにもとの方は「座右仮名論語」と呼び、本書は「ポケット仮名論語」と呼ぶことにした。

この拙い書写本が、論語普及のために、少しでもお役に立てば幸いである。ただ仮名遣いに於ては、私は本来の歴史的仮名遣いを尊重するが、読者の混乱を慮って現代仮名遣いに従うことにした。ご諒承を乞う。

なお本書の訓《よ》み方は、論語堂に収蔵する古今先覚の諸本を参考にさせて頂き、浄書に当っては、写経の大先達富久力松氏や広慶太郎氏から無言のご鞭撻を賜った。また河西善三郎、重松武臣両氏及び村下好伴氏には校正の労をお願いした。ここに謹んで深甚の謝意をささげるものである。

昭和六十一年六月十五日

有源山論語堂に於て

伊與田　覺

現代訳の増補に当って

本書は、小生の修行の為に筆寫した拙い物であったが、意外に多くの方々の共鳴を得て、草の根的に頒布を続けることが出来た。

その間、個人はもとより、各地に熱心な素読会や講座が簇出しているのも、望外の同慶である。

はじめから要望もあって、難解と思われる語句に簡単な頭註を加えたが、なお全文の現代訳を熱望する声が絶えなかった。これに対して、論語はバイブルと同じく世界で最も参考文献の多い書物であるので、今更浅学の私が蛇足を加える必要はないと答えてきた。

しかし時世は、その根底がぐらつき、日に混迷を続けて、逝く所を知らないのが現状であり、老匹夫と雖も一入その責を感ずるのである。これを打開する道はいろいろあろうが、先ず、古今中外に通ずる日本人の心を呼び覚ますことが急務であると思う。そこで日本の最古典である論語を、誰にでも親しめるようにと拙書「仮名論語」に現代訳の増補を考えるようになった。

早速論語堂に収蔵する古今の註釈書を参照させて頂きながら数回稿を重ねた。偶々本年は論語堂建立二十五周年に当り奇しくも「仮名論語」も二十五刷になるので、甚だ不充分ながら現代訳を併せて上梓することにした。従って不備の点も多かろうと思うが、諸賢の忌憚のないご批正を賜って逐次補正していきたい。

なお上梓に当り、孔子第七十七代の直裔、孔徳成先生から、扉の文字の揮毫を頂くことができたのは、無上の光栄且つ冥加である。

また道縁の深い増田周作、村下好伴、廣池明徳の諸君が、わが事として、添削校正の労を惜しまれなかったことは、有難い極みであった。

おわりに、老妻が、快く私の読む原稿に耳を傾けて助言してくれたのも、また論語の余徳というべきであろうか。

平成十一年三月十日

有源舎に於て

伊與田 覺

新装改訂版発行に当たって

今年百歳を迎えられた伊與田覺論語普及会学監が、戦後日本の世相の混迷、道義の頽廃を憂えて論語の普及によってこれを正そうと発願され、『仮名論語』を浄書して三十年の歳月が経ちました。伊與田先生が「あとがき」で述べておられるように、「それには先ず数千年の星霜風雪に堪えて変らない生命の書、古典を読むことが、まわり道のようで結局速いのである。中でも、日本人の聖書として誰でもが親しめるものは論語である」として、「香を焚き一字一字に祈りを込めて」墨書された『仮名論語』です。上梓して二年後、この論語を家毎に備え、家族が和やかに素読を楽しむことを目指して、昭和六十二年に「論語普及会」が設立されました。以来、村下好伴会長が先頭に立たれ、たぎる思いで全国に足を運び各地の寺子屋で講義を重ね、論語の普及に邁進し、今や当初の十倍を越す講筵の拡大に繋がりました。

お陰様で『仮名論語』も第四十二刷、十四万部まで頒布され今日に至りましたが、引き続き役員一同、百万部頒布の悲願達成に向けて尽力しております。昨年四月の論語普及会通常総会では、全国一般書店にも広く販売できる体裁にリニューアルして一気に拡大を目指そうという提案が採択され、表紙体裁や書籍コードの取得だけでなく、小学校・中学校等でも使い易いような現代訳の一部見直し、併せて初心者でも引き易い索引を備えた新装改訂版を発行しようということになりました。

現代訳については、伊與田先生が「快く私の読む原稿に耳を傾けて助言してくれた」と言われる幸子夫人との口語訳であり、出来るだけ内容を変えずに、教育現場での活用を念頭に、常体と敬体の整合、音便の修正、送り仮名の付け方など時代の変遷による訂正を行いました。ただ孔子の生きた春秋時代という歴史背景からくる表現は、原典から逸脱しない範囲で、主体的、能動的な表現に改めたところもあります。

また索引は、論語を初めて手にされる方の手引きとなるように人名索引を新たに設け、語句索引も出来る限り多くの章句を挙げることに努めました。

こうした作業を進める過程で、墨書の読み下し文にも一部修正すべきものが見つかりましたので、先生のご了承を得て、改めて論語の全章句について、何晏『論語集解』や皇侃『論語義疏』の所謂古注と朱熹の『論語集注』（新注）の原文を比較しながら慎重に精査することになりました。これまでと同様に古注・新注にこだわらず、孔子の言おうとしたところが伝わり易い文体であること、同時に素読に適した語調であるという観点を重視しながら、一方では既に多くの読者に親しまれた『仮名論語』であることも考慮して、必要最小限の訂正にしました。

また今回の改訂に当っては、伊與田先生からの「三十年で大変する」の言葉に励まされ幅広く検討することが出来ましたが、現代仮名遣いと歴史的仮名遣いの問題についても真摯に検討しました。平成二十一年の文部科学省「文語文においては、原則として歴史的仮名遣いを用いるものとし」の告示を受け、既に小中学校で歴史的仮名遣いの教科書が採用されている実情を踏まえ、『仮名論語』も変更してはどうかとの提案がありましたが、先生自ら「読者の混乱を慮って現代仮名遣いに従うことにした」と述べられた昭和六十年当時とあまり変わらず、現時点でも一般への歴史的仮名遣いの浸透が進んでいないこと、それよりも何よりも先生の手による書き直しは極めて難しいことから、歴史的仮名遣いへの変更は見送ることにしました。

今回の改訂作業はほぼ一年を要し、多くの方々にご意見やご提案を賜りました。ここに厚く御礼申し上げます。特に現代訳については、論語普及会広島県会員の池田弘満元学校長に幾度も高速バスで大阪まで往復して戴き、教育現場の体験を活かした数々の提言を戴きました。索引の増強では、森田達雄理事に休日を返上して、人名索引と索引語句の抽出に精力的に携わって戴きました。また読み下し文の精査では、『論語之友』編集長でもある山本正進監事から貴重な『文淵閣四庫全書』の原典資料の提供も含めて、校正根拠と整合性について様々な角度からご助言を戴きました。御三方に一方ならずご協力を頂き衷心より感謝を申し上げます。
論語素読の輪が拡がることを祈念して。

平成二十七年六月十五日

特定非営利活動法人　論語普及会

目黒　泰禪

愛蔵版刊行に寄せて　―素読の効用―

読書を大別すると音読と黙読がある。特に意味の習得は第二として機械的に音読するのが素読である。

中でも『論語』は韻を踏んでいる文章が多いので、読後餘音《よいん》の嫋々《じょうじょう》たるを覚えるのである。従って古来初心者の入門書としても重要視されて来たわけである。

その不磨の書を自分の目で見て自分の口より発し、自分の耳で聴くわけである。更に甚《はなは》だ微小であるが、自分の皮膚からも吸収して止まないのである。何《いず》れにしろその量たるや微々たるものではあるが、それを怠ることなく十回、百回、千回と続けるなかに計り知れない量となって体内に充実してくるのである。そうしてやがて自ら外にも溢れ出て人の注目を浴びるに到るのである。そういう自然の表現を風韻といい、その風韻を発するような人格を風格ともいうのである。

大聖孔子は敢て自らを語らなかった人であったが、没後二千五百年にも及びながらなおその風韻は世界に及びつつある。

私はかって、新和歌山のホテルで数学の世界的泰斗《たいと》であった岡潔《おかきよし》先生御夫妻と天下の大導師と称された安岡正篤先生御夫妻の和やかな語らい中に終始侍座する幸運に恵まれたことが懐かしく想い起されるのである。

談隅々両先生が、幼少の頃の思い出話に及んだ。

岡先生は和歌山県橋本の旧家に生まれた。

幼少の頃、父は仕事で外に出ることが多かったので、専ら祖父の薫陶を受けた。祖父は漢籍に詳しく、岡先生の小学校入学以前から、『論語』をはじめ、四書の素読を教えられた。ところが中学校の入学試験で「算術」の不出来な為、不合格となり、一年浪人をして中学校に入学したが、三高と京大では理科方面を専攻して、遂に数学で身を立てることになった。然し退職後は思いがけなく各方面から随想を請われているが、幼少の頃の素読が大いに役立っているように思うと話され、一同は匍匐《ほふく》転倒して笑い合った。

これを受けて安岡先生が自分もまた幼少から四書の素読を教えられ殆《ほと》んど暗誦《あんしょう》し、理科方面にも興味があったので、担任の先生が出張される時にはよく代行を命ぜられたという。中学校では数学や理科に興味を持ち常に百点満点を頂いたが、一高で独逸《どいつ》語、東大では法学で政治学を専攻した。東洋思想は独学し、大学の卒業記念に『王陽明研究』を出版したところ、一般の人からは文科出身と目されることが多い。幼少の頃の素読に起因するように思うとて、お開きになったのである。

私は七歳より、毎日欠かさず『論語』を素読してきた。今日百歳にしてこの愛蔵版の出版に立ち会えたのも、この素読の効用に負う所が大きいと思う。

皆さんにも是非、本書を座右に置き、その効用を体得していただければ、幸いこれに勝るものはない。

平成二十七年六月十五日

伊與田　覺

〈巻頭〉　孔　子　像
作　者　山本珍石畫伯
題　賛　孔　徳成先生
（孔子直裔第七十七代）
（論語普及会事務局蔵）

〈著者略歴〉

伊與田覺（いよた・さとる）

大正５年高知県に生まれる。

学生時代から安岡正篤氏に師事。昭和15年青少年の学塾・有源舎発足。21年太平思想研究所を設立。28年大学生の精神道場有源学院を創立。32年関西師友協会設立に参与し理事・事務局長に就任。その教学道場として44年には財団法人成人教学研修所の設立に携わり、常務理事、所長に就任。62年論語普及会を設立し、学監として論語精神の昂揚に尽力する。著書に『「大学」を素読する』『己を修め人を治める道　「大学」を味読する』『「孝経」　人生をひらく心得』『安岡正篤先生からの手紙』『中庸に学ぶ』『いかにして人物となるか』『人生を導く先哲の言葉』『男の風格をつくる論語』『「孝経」を素読する』ほか、『「論語」一日一言』の監修（いずれも致知出版社）などがある。

愛蔵版「仮名論語」

平成二十七年　六　月十五日第一刷発行
令和　三　年十二月　十　日第四刷発行

著　者　伊與田　覺
発行者　藤尾　秀昭
発行所　致知出版社
〒150-0001　東京都渋谷区神宮前四の二十四の九
TEL（〇三）三七九六—二一一一
編集　特定非営利活動法人　論語普及会
装幀　川上成夫＋奥田朝子
装画（オブジェ制作）渡邊恭成「Series RoundWave」銅、金銀彩
印刷・製本　中央精版印刷

人名索引

人名漢字の一字の仮名順に並べ、同じ仮名の場合は漢字の画数順としました。

但し同一人物、同宗族は纏めました。なお同じ頁に複数回登場する場合は＊印を付けました。

あ 行

哀公‹あいこう› 19、32、66、168、213
晏平仲‹あんぺいちゅう› 57
夷逸‹いいつ› 287、288
伊尹‹いいん› 178
禹‹う› 106、108、109、203、307
偃‹えん› 子游 72、263＊
王孫賈‹おうそんか› 29、212

か 行

夏后氏‹かこうし› 32
回‹かい› 顔回 15＊、52、53＊、68、71＊、121、142、146、150、153、162
顔淵‹がんえん› 顔回 62、63、83、115、121、142、143、144、145＊、153、161＊、162、233
顔回‹がんかい› 顔淵、回 66、143
顔路‹がんろ› 143
[亞飯] 干‹かん› 289
[齊の] 桓公‹かんこう› 209＊、210＊
桓魋‹かんたい› 89
簡公‹かんこう› 213
管氏‹かんし› 管仲 33＊、34＊
管仲‹かんちゅう› 管氏 33＊、205、209、210＊
季騧‹きか› 290
季桓子‹きかんし› 282
季康子‹きこうし› 康子 20、68、143、172、173＊
季氏‹きし› 季、季孫氏 23、25、69、149、180、245＊、281
季孫‹きそん› 季氏 220、249
季子然‹きしぜん› 153
季隨‹きずい› 290
季文子‹きぶんし› 59
季路‹きろ› 子路 62、142、146、245
箕子‹きし› 280
丘‹きゅう› 孔子 62＊、64＊、89、94、96、135、148、218、247、285
求‹きゅう› 冉求 52＊、69＊、149、152＊、153、154、156＊、159、245、246、247、248
[公子] 糾‹きゅう› 209、210
蘧伯玉‹きょはくぎょく› 215、230
堯‹ぎょう› 79、107＊、225、307
棘子成‹きょくしせい› 167
虞仲‹ぐちゅう› 287、288
[衛の公子] 荊‹けい› 185
[齊の] 景公‹けいこう› 170、257、281
羿‹げい› 203
[四飯] 缺‹けつ› 289
桀溺‹けつでき› 283＊
憲‹けん› 原思 201
言游‹げんゆう› 子游 297
原思‹げんし› 憲 67
原壤‹げんじょう› 225
呉孟子‹ごもうし› 93
公山‹こうざん› 公山弗擾 264
公山弗擾‹こうざんふつじょう› 公山氏 264

孔丘〈こうきゅう〉孔子　283＊、284
孔子〈こうし〉丘、孔丘、仲尼　19、20、23、31、66、87、93＊、107、110、127、143＊、170＊、172＊、173＊、189、190、192、193、203、212、213＊、215＊、218＊、227＊、245＊、246、247、249、251＊、252＊、253、254＊、255、256、257、261＊、262、264、273＊、280、281＊、282＊、283、309、313
孔氏〈こうし〉　221、222
孔文子〈こうぶんし〉仲叔圉　56
公綽〈こうしゃく〉孟公綽　206
公叔文子〈こうしゅくぶんし〉文子　207、211
公西華〈こうせいか〉赤、子華　95、152、155
公孫朝〈こうそんちょう〉　301
公伯寮〈こうはくりょう〉　220＊、221
公明賈〈こうめいか〉　207＊
公冶長〈こうやちょう〉　48
康子〈こうし〉季康子　135、211
高宗〈こうそう〉　223＊
皐陶〈こうよう〉　178
奡〈ごう〉　203

さ　行

左丘明〈さきゅうめい〉　62＊
柴〈さい〉子羔　150
宰我〈さいが〉宰予　32＊、77、142、273、275
宰予〈さいよ〉宰我　53
崔子〈さいし〉　58、59＊
三家者〈さんかしゃ〉　23
三桓〈さんかん〉孟孫氏、叔孫氏、季孫氏　251
[行人]子羽〈しう〉　204
子夏〈しか〉商　4、15、26、72、142、165、177、178、192、292＊、293、294＊、295＊、296＊、297＊
商〈しょう〉子夏　26、149＊、165
子華〈しか〉赤　66
子禽〈しきん〉陳亢　5
子羔〈しこう〉柴　154
子貢〈しこう〉賜　5、6、9＊、17、30、49、52、55＊、56、79、85、112、113、117、142、147、149、166＊、167、178、193、196、210、217＊、219、232、237、273、277、300＊、301＊、302＊、303、304＊
賜〈し〉子貢　9、30、49、53＊、55、69＊、150、217、228、277、302
子産〈しさん〉　56、205＊
子西〈しせい〉　205
子賤〈しせん〉　49
子桑伯子〈しそうはくし〉　65
子張〈しちょう〉師、張　18、21、57、150、165、169、171、174＊、223、229、230、244、264、291＊、292＊、309、310＊、312
師〈し〉子張　149＊、150
子服景伯〈しふくけいはく〉　220、302
[令尹]子文〈しぶん〉　57
子游〈しゆう〉偃、言游　14、46、72、142、263、296、298＊
子路〈しろ〉季路、仲由、由　51＊、56、62、63、78、83、87＊、95、96、116、124、139、147、148、151、154＊、155＊、171、180、181＊、199、206、209、214、220、221＊、224、227、264、265、276、283＊、284、285＊、286＊
史魚〈しぎょ〉　230

司馬牛〈しばぎゅう〉 163、164＊
[大師]摯〈し〉 105、289
漆雕開〈しっちょうかい〉 50
朱張〈しゅちょう〉 287
孺悲〈じゅひ〉 273
周公〈しゅうこう〉 81、103、149、289
周任〈しゅうにん〉 246
叔夏〈しゅくか〉 290
叔齊〈しゅくせい〉 61、85、257、287、288
叔孫武叔〈しゅくそんぶしゅく〉 302、303
叔夜〈しゅくや〉 290
祝鮀〈しゅくだ〉 73、212
舜〈しゅん〉 79、106、107、178、225、229、307＊
少連〈しょうれん〉 287、288
召忽〈しょうこつ〉 209
昭公〈しょうこう〉 93
葉公〈しょうこう〉 87、191、192
[撃磬]襄〈じょう〉 289
稷〈しょく〉 203
申棖〈しんとう〉 棖 54
參〈しん〉 曾子 43、150
世叔〈せいしゅく〉 204
赤〈せき〉 公西華 52＊、67、152、157、159、160
[楚の狂]接輿〈せつよ〉 282
[大夫]僎〈せん〉 211
冉求〈ぜんきゅう〉 求、冉子、冉有 71、153、206
冉子〈ぜんし〉 冉求 66、67、188
冉有〈ぜんゆう〉 冉求 25、85、142、147、151、155、186＊、245、246、247
冉伯牛〈ぜんはくぎゅう〉 伯牛 142
宋朝〈そうちょう〉 73
曾子〈そうし〉 參 2、5、43＊、99、100＊、101＊、102、179、216、298＊、299＊
曾晳〈そうせき〉 點 155、158＊
臧武仲〈ぞうぶちゅう〉 206、208
臧文仲〈ぞうぶんちゅう〉 57、234

た 行

泰伯〈たいはく〉 98
澹臺滅明〈たんだいめつめい〉 72
仲弓〈ちゅうきゅう〉 雍 65＊、68、142、162、163、180
仲忽〈ちゅうこつ〉 290
仲尼〈ちゅうじ〉 孔子 301、302、303＊、304
仲叔圉〈ちゅうしゅくぎょ〉 孔文子 212
仲突〈ちゅうとつ〉 290
仲由〈ちゅうゆう〉 子路 68、153、284
紂〈ちゅう〉 300
長沮〈ちょうそ〉 283＊
張〈ちょう〉 子張 298＊
直躬〈ちょっきゅう〉 192
陳亢〈ちんこう〉 子禽 257、259
陳子禽〈ちんしきん〉 陳亢 304
陳恆〈ちんこう〉 陳成子 213
陳成子〈ちんせいし〉 陳恆 213
陳文子〈ちんぶんし〉 58
定公〈ていこう〉 31、189
點〈てん〉 曾晳 157、158
棖〈とう〉 申棖 54
湯〈とう〉 履 178

な 行

南宮适〈なんきゅうかつ〉 南容 203＊
南容〈なんよう〉 南宮适 48、143
南子〈なんし〉 78
甯武子〈ねいぶし〉 60

は 行

伯夷‹はくい› 61、85、257、287、288
伯适‹はくかつ› 290
伯牛‹はくぎゅう› 冉伯牛 70
伯魚‹はくぎょ› 鯉 257、269
伯氏‹はくし› 205
伯達‹はくたつ› 290
樊須‹はんす› 樊遅 183
樊遅‹はんち› 樊須 13＊、75、175、177＊、183＊、193
比干‹ひかん› 280
卑諶‹ひじん› 204
微子‹びし› 280
微生高‹びせいこう› 61
微生畝‹びせいほ› 218
胇肸‹ひっきつ› 265、266
閔子騫‹びんしけん› 69、70、142＊、147＊
巫馬期‹ふばき› 93＊
[播鼗]武‹ぶ› 289
武王‹ぶおう› 107
[晋の]文公‹ぶんこう› 209
文子‹ぶんし› 公叔文子 211
文王‹ぶんのう› 112
卞莊子‹べんそうし› 206
[師]冕‹べん› 244＊
[鼓]方叔‹ほうしゅく› 289

ま 行

孟懿子‹もういし› 孟孫 13
孟孫‹もうそん› 孟懿子 13
孟敬子‹もうけいし› 100
孟公綽‹もうこうしゃく› 206
孟氏‹もうし› 孟、孟孫氏 299
孟之反‹もうしはん› 72
孟莊子‹もうそうし› 299
孟武伯‹もうぶはく› 14、51

や 行

由‹ゆう› 子路 18、51＊、69、117、124、147、148＊、150、152＊、153、154、156、159、171、181、229、248、266、267
有子‹ゆうし› 有若 1、7＊
有若‹ゆうじゃく› 有子 168＊
予‹よ› 宰我 53、54，275*
[少師]陽‹よう› 289
陽貨‹ようか› 261
陽膚‹ようふ› 299
雍‹よう› 仲弓 49、65＊、163

ら 行

履‹り› 湯 307
鯉‹り› 伯魚 144、258＊、259
柳下恵‹りゅうかけい› 234、280、287、288
[三飯]繚‹りょう› 289
林放‹りんぽう› 24、25
[衛の]靈公‹れいこう› 211、227
魯公‹ろこう› 289
牢‹ろう› 113
老彭‹ろうほう› 80

語句索引

文頭漢字の一字の和訓による五十音順に並べました。
但し同義、同類は纏めました。

あ

咨[ああ]、爾[なんじ]舜　307
噫[ああ]、言游[げんゆう]過[あやま]てり　297
噫、天[てん]予[われ]を喪ぼせり　144
噫、斗筲[としょう]の人　195
嗚呼[ああ]、曽[すなわ]ち泰山を林放にも如かず　25
愛[あい]　3*、169、177、204、263、275
哀矜[あいきょう]して喜ぶこと勿[な]かれ　300
哀公[あいこう]問う　19、66
哀公、社を宰我[さいが]に問う　32
哀公、有若[ゆうじゃく]に問う　168
相爲[あいため]に謀[はか]らず　243
敢[あえ]て昭らかに皇皇たる后帝　307
敢て慢[あなど]ること無し　311
敢て後[おく]るるに非ざるなり　73
敢て玄牡[げんぼ]を用いて　307
敢て徳を崇[たか]くし慝[とく]を脩め　176
敢て佞[ねい]を爲すに非ざるなり　218
仰[あお]げば彌々[いよいよ]高く　115
騂[あか]くして且[か]つ角[つの]あらば　68
惡衣惡食[あくいあくしょく]を恥ずる者は　41
飽[あ]くまでも食[くら]いて　276
上ぐることは揖[ゆう]するが如く　130
淺[あさ]ければ掲[けい]す　222
欺[あざむ]くこと勿[な]かれ　214
欺くべきも、罔[し]うべからざるなり　77
足躩如[かくじょ]たり　128、129
足は蹜蹜如[しゅくしゅくじょ]として循[したが]う　130
朝[あした]に道を聞けば　41
蕢[あじか]を荷[にな]いて孔氏の門を過ぐる　222
遊ぶこと必ず方[ほう]あり　44
篤[あつ]く志し、切に問う　294
篤く信じて學[がく]を好み　104
迹[あと]を踐[ふ]まず、亦[また]室に入らず　150
兄の子を以て之に妻[めあわ]す　48、143
豈[あに]徒[いたずら]ならんや　264
豈爾を思わざらんや、室是れ遠ければ　125
豈匹夫匹婦[ひっぷひっぷ]の諒[まこと]を爲し　211
亞飯[あはん]干[かん]は楚[そ]に適[ゆ]く　289
訐[あば]きて以て直と爲す者を惡む　278
危[あやう]きを見ては命を授け(致し)　207、291
危くして持[じ]せず　246
過[あやまち]有れば、人必ず之を知る　94
過ちて改めざる、是[これ]を過と謂う　239
過つや人皆之を見る　301
過つや、必ず文[かざ]る　295
過や、各々其の黨に於いてす　40
過や、日月の食の如し　300
過てば則ち改むるに憚[はばか]ること　5、123
過てること無きか　245
過を寡[すく]なくせんと欲して　215
過を貳[ふた]たびせず　66
過を見て、内に自ら訟[せ]むる　63
過を觀て斯[ここ]に仁を知る　40
更[あらた]むるや人皆之を仰ぐ　301
或[ある]ひと　20、33、49、54、118、219、225
或ひと子産[しさん]を問う　205
或ひと醯[す]を乞う　61
或ひと禘[てい]の説を問う　28
有れども無きが若く　101
晏平仲[あんぺいちゅう]善[よ]く人と交わる　57

い

意毋[な]く、必毋く、固毋く、我毋し　111
威にして猛[たけ]からざる　312
威にして猛からず　97、310
怡怡如[いいじょ]たり　129、199
伊尹[いいん]を擧[あ]げ　178
食[いい]の饐[い]して餲[あい]せる　132
食は精[しらげ]を厭[いと]わず　132
言いて信あらば　4
言うこと能[あた]わざる者に似たり　127
言えば必ず中[あた]る　148
言えば必ず行うべきなり　182
家に在りても怨[うらみ]無し　163
家に在りても必ず聞ゆ　174、175
桴[いかだ]に乘[の]りて海に浮ばん　50
忿[いかり]には難を思い　256
怒[いかり]を遷[うつ]さず　66
何如なるか斯れ之を士と謂う　193、199
何如なれば斯れ之を達と謂うべき　174
何如なれば斯れ以て政[まつりごと]に従う　309
何如[いかん]ぞ其れ知ならん　57
衣冠を正しくし、其の瞻視を尊くす　311
衣服を惡[あ]しくして美を黻冕に致し　108
郁郁乎[いくいくこ]として文なるかな　29
行くに徑[こみち]に由[よ]らず　72
生くるや榮[さか]え　305
生けるには之に事[つか]うるに禮を以て　13
生けるを賜えば　136
苟[いささ]か合えり(完[まった]し)(美[よ]し)　186
帷裳[いしょう]に非ざれば必ず之を殺[さい]す　131
惡[いず]くにか名を成さん　39
安[いずく]んぞ方六七十如しくは五六十　159
焉[いずく]んぞ稼[か]を用いん　184
焉んぞ儉[けん]なるを得ん　33
焉んぞ賢才[けんさい]を知りて之を擧げん　180
焉んぞ剛[ごう]なるを得ん　54
焉んぞ死を知らん　147
焉んぞ誣[し]うべけんや　297
焉んぞ仁なるを得ん　58、59
焉んぞ知なるを得ん　37
焉んぞ佞[ねい]を用いん　50
焉んぞ能[よ]く有りと爲さん　291
焉んぞ能く繋[かか]りて食われざらんや　266
焉んぞ能く鬼[き]に事[つか]えん　146
焉んぞ能く亡[な]しと爲さん　291
焉んぞ來者の今に如かざるを知らんや　121
孰[いず]れをか忍ぶ　23
至らざる所無し　271
異端[いたん]を攻[おさ]むるは、斯れ害のみ　17
一言[いちげん]にして(以て)邦を興す　189、190
一言にして邦を喪ぼす　190、191
一言にして以て身を終うる　237
一言以て之を蔽[おお]う　11
一言以て知(不知)と爲し(す)　304
一隅を擧げて、三隅を以て反らざれば　82
一日[いちじつ]己に克[か]ちて禮に復れば　161
一日爾[なんじ]より長ぜる　155
一日も其の力を仁に用いること有らんか　40
一等を降れば　129
一は則ち以て喜び(懼[おそ]る)　45
一を聞いて以て十(二)を知る　53
一を問いて三を得たり　259
一人に求むる無かれ　290
一簣[いっき]を覆[くつがえ]すと雖[いえど]も　120
一簣を成さずして、止む　120
一身有半[いっしんゆうはん]　131
一簞[いったん]の食[し]、一瓢[いっぴょう]の飲[いん]　71
一朝[いっちょう]の忿[いかり]に其の身を忘れ　176
一變[いっぺん]せば魯に至らん　76
一邦[いっぽう]に至りて則ち又曰わく　59
一以[いつもっ]て之を貫[つらぬ]く　43、228
五の者を天下に行うを仁と爲す　265
逸民[いつみん]　287、309

佚遊[いつゆう]を樂しみ　252
詐[いつわり]を逆[むか]えず　217
譎[いつわ]りて正しからず　209
夷[い]して俟[ま]つ　225
夷狄[いてき]に之[ゆ]くと雖[いえど]も　193
夷狄の君あるは　25
出でて一等を降れば　129
出でては則ち公卿[こうけい]に事え　119
出でては則ち弟　3
暇[いとま]あらず　217
古[いにしえ]の學者は己の爲にし　214
古の狂[きょう]や肆[し]、今の狂や蕩[とう]　271
古の矜[きょう]や廉、今の矜や忿戾[ふんれい]　272
古の愚[ぐ]や直、今の愚や詐[さ]のみ　272
古の賢人なり　85
古の人[ひと]皆然[しか]り　223
古の道なり　30
古自[よ]り皆死有り　167
古を好み(む)　80、88
古者[いにしえ]言を之れ出さざる　45
古者、民に三疾[さんしつ]有り　271
寝[い]ぬるに尸[し]せず　137
寝ぬるには言わず　134
禱[いの]らんことを請う　95
異邦人[いほうのひと]之を稱して亦君夫人　260
異聞[いぶん]有りや　257
今[いま]上[かみ]に拝するは泰[おご]れるなり　111
今女[なんじ]は畫[かぎ]れり　71
今の學者[がくしゃ]は人の爲にす　214
今の孝は是れ能く養う　14
今の政[まつりごと]に從う者は　195、282
今は則[すなわ]ち亡[な]きかな　238
今や則ち亡[な]し　66、143
今や或[あるい]は是れ亡きなり　271
今や純[いと]なるは儉[けん]なり　111
今吾[われ]人に於けるや　54
戒[いまし]むること鬭[たたかい]に在り　253
戒めずして成るを見る、之を暴と謂う　312
未だ一簣[いっき]を成さずして、止む　120
未だ學を好む者を聞かざるなり　66
未だ嘗[かっ]て飽かざるなり　82
未だ嘗て偃[えん]の室に至らざる　72
未だ嘗て誨[おし]うること無くんばあらず　82
未だ顔色を見ずして言う、之を瞽と謂う　253
未だ之れ有らざるなり　2
未だ之を得ざれば　271
未だ之を行うこと能[あた]わざれば　56
未だ之を思わざるなり　126
未だ室に入らざるなり　148
未だ小人にして仁なる者有らざるなり　204
未だ知らず、焉[いずく]んぞ仁なるを得ん　59
未だ信ぜられざれば　295、296
未だ仁ならず　298
未だ仁を蹈[ふ]みて死する者を見ざる　242
未だ生を知らず　147
未だ善を盡[つく]さざるなり　35
未だ其の止[とど]まるを見ざるなり　121
未だ與[とも]に議[はか]る(權る)(立つ)　41、125
未だ與に道に適[ゆ]くべからず　125
未だ人に事[つか]うること能[あた]わず　146
未だ學[まな]ばずと曰うと雖も　4
陋[いや]しきこと之を如何せん　118
鄙[いや]しきかな、硜硜乎[こうこうこ]たり　222
苟[いやし]くも仁に志せば、惡むこと無き　38
苟くも過有れば、人必ず之を知る　94
苟くも之を失わんことを患うれば　271
苟くも子[し]にして不欲ならば　173
苟くも其の身を正しくせば　188
苟くも我を用うる者有らば　187
入りては則ち孝　3
入りては則ち父兄に事[つか]う　119
容[い]れられざるが如くす　128
色難[かた]し　15
色に在り　253

色に仁を取りて行は違[たが]い　175
色には溫を思い　255
色の惡[あ]しきは食わず　132
色厲[はげ]しくして内荏[やわらか]なる　270
色勃如[ぼつじょ]たり　128、129
色みて斯に擧[あが]り　138
色を好むが如くする　120、234
色を避[さ]く　221
隱と謂う　253
隱居[いんきょ]して以て其の志を求め　256
隱居して放言し　288
隱者なり　286
飲食[いんしょく]を菲[うす]くして　108
殷[いん]に三仁[さんじん]有り　280
殷に服事す　108
殷の禮は吾[われ]能[よ]く之を言えども　27
殷の輅[ろ]に乘り　233
殷は夏[か]の禮に因[よ]る　22
殷人[いんひと]は柏[はく]を以てし　32

う

禹[う]と稷とは躬ら稼して天下を有つ　203
禹は吾間然すること無し　108、109
魚の餒[あざ]れて肉の敗れたるは食わず　132
動かせば斯に和らぐ　305
失わんことを恐る　106
薄く人を責むれば　234
疑わしきを闕[か]き　18
疑わしきには問を思い　255
内に省みて疚[やま]しからざれば　164
内に自ら省みるなり　44
内に自ら訟[せ]むる者　63
訟[うったえ]無からしめんか　171
訟を聽[き]くは　171
器[うつわ]　16、198　[き]の項目有り
器を利[するど]くす　232
迂[う]なるや　181
馬有る者は人に借して之に乘らしむ　238
馬十乘有り、棄てて之を違[さ]る　58
馬進まざるなり　73
馬千駟[せんし]有り　257
馬を問わざりき　135
廐[うまや]焚[や]けたり　135
旨[うま]きを食うも甘からず　275
生れながらにして之を知る者　88、254
海に入る　289
倦[う]むこと無かれ　180
占[うらな]わざるのみ　196
怨[うら]み(む)　42、85、86、163、205
怨に遠ざかる　234
怨を匿[かく]して其の人を友とする　62
怨、是[ここ]を用て希[まれ]なり　61
慍[うら]む色無し　58
沽[う]らんかな　118
得[う]るを見ては義を思う(い)　256、291
憂[うれい]に堪えず　71
憂[うれ]えず、懼[おそ]れず　164

え

繪[え]の事は素[しろ]きを後にす　26
衛の君を爲[たす]けんか　85
衛の君、子を待ちて政を爲さば　181
衛の公子[こうし]荊[けい]を謂わく　185
衛の公孫朝[こうそんちょう]、子貢に問う　301
衛の靈公の無道[むどう]なるを言う　211
衛靈公[えいのれいこう]、陳[じん]を孔子に問う　227
詠[えい]じて歸[かえ]らん　158
易[えき]を學べば、以て大過無かるべし　87
益する者か　226
益無し　240
益を請[こ]う　180
益を求むる者に非ざるなり　226

益者三友　251
益者三樂　252
繹如[えきじょ]たり　34
簡[えら]ぶこと帝の心に在り　307
擇[えら]びて仁に處[お]らずんば　37
燕居[えんきょ]するや　81
怨言[えんげん]無し　205
遠[えん]とも謂うべきのみ　166
遠人[えんじん]服[ふく]せざれば　248
偃[えん]の言[げん]是[ぜ]なり　263
偃の室に至らざる　72
偃や、諸[これ]を夫子[ふうし]に聞けり　263
宴樂[えんらく]を樂しむは、損なり　252

お

老いて死せず　225
老の將[まさ]に至らんとするを知らざる　87
老ゆるに及んでは血氣[けっき]既に衰う　254
往[おう]を告げて來[らい]を知る者なり　10
往を保[ほ]せざるなり　92
奧[おう]に媚[こ]びんよりは　29
王者有らば、必ず世にして後に仁ならん　188
王孫賈[おうそんか]問う　29
王孫賈は軍旅[ぐんりょ]を治む　212
大いなるかな孔子　110
大いなるかな堯[ぎょう]の君たるや　107
多[おおき]を以て寡[すくなき]に問い　101
多[おお]く聞きて疑わしきを闕[か]き　18
多く聞きて、其の善き者を擇び　91
多く鳥獸草木の名を識[し]る　268
多くは食[くら]わず　133
多く見て殆[あやう]きを闕き　18
多く見て之を識[しる]すは　91
多しと雖も亦奚[またなに]を以て爲さん　185
庶[おお]きかな　186
犯されて校[むく]いず　101
行いて餘力[よりょく]あれば　3
行[おこない]必ず果[か]　194
行篤敬[とっけい]なれば　229
行に悔[くい]寡[すく]なければ　19
行に敏[びん]ならんと欲す　46
行は慮[おもんばかり]に中[あた]る　288
行を危[たか]くし、言は孫[したが]う　202
行えば、則[すなわ]ち悔寡[くいすく]なし　18
行われざる所あり　7
奢[おご]れば則ち不孫[ふそん]　96
驕[おごり]且[か]つ吝[やぶさか]ならしめば　104
惜[お]しいかな　121、167
教[おし]うること七年　199
教[おしえ]有りて類[るい]無し　243
教えざるの民を以て戰う　199
教えずして殺す　312
教えん　187
誨[おし]うること勿[な]からんや　204
誨うること無くんばあらず　82
誨えて倦[う]まず　80、95
誨えんか　18
愛[おし]む　30、31
畏[おそ]るるに足[た]らざるのみ　122
陷[おとしい]るべからざるなり　77
各々[おのおの]其の志を言う(える)　158、159
各々其の子と言うなり　144
各々其の黨[とう]に於てす　40
己[おのれ]立たんと欲して人を立て　79
己達せんと欲して人を達す　79
己に克[か]ちて禮に復[かえ]る　161
己に如[し]かざる者を友とする　5、123
己の欲せざる所　162、237
己を恭[うやうや]しくして正しく南面　229
己を行うに恥有り　194
己を行うや恭[きょう]　57
己を脩[おさ]めて　224
己を知らざるを患[うれ]えず　10、217

己を知ること莫[な]くんば　222
己を知る莫きを患えず　42
己を謗[そし]ると爲す　296
己を厲[や]ましむと爲す　295
思[おもい]邪[よこしま]無し　11
思うて學ばざれば則ち殆[あやう]し　17
重からざれば則ち威あらず　4
重からずや　102
重んずる所は、食・喪・祭　309
慮[おもんばか]りて以て人に下る　175
億[おもんばか]れば則ち屢々[しばしば]中[あた]る　150
居[お]るに容[かたち]づくらず　137
居れば則ち曰わく、吾を知らずと　155
居れ、吾[われ]女[なんじ]に語[つ]げん　267
親の喪か　299
終を慎[つつし]み遠きを追えば　5
溫にして厲[はげ]し　97
溫良恭儉讓[おんりょうきょうけんじょう]　6
縕袍[おんぽう]を衣[き]　124

か

河[か]、圖[と]を出[いだ]さず　114
果[か]なるかな。之を難しとする　223
果敢[かかん]にして窒[ふさ]がる者を惡む　277
夏[か]の時を行い、殷の輅[ろ]に乘り　233
夏の禮に困[よ]る　22
夏の禮は吾[われ]能[よ]く之を言えども　27
夏后氏[かこうし]は松を以てし　32
稼[か]を學ばんと請う　183
我毋[がな]し　111
駕[が]を俟[ま]たずして行く　136
沽[か]う酒と市[か]う脯[ほしにく]は食わず　133
回[かい]何ぞ敢[あえ]て死せん　153
回や一を聞いて以て十を知る　53
回や愚[おろか]ならず　15
回や其の心三月仁に違[たが]わず　68
回や其の樂しみを改めず　71
回や其れ庶[ちか]きか。屢々[しばしば]空[むな]し　150
回や、我を助くる者に非ざるなり　142
回や、予[われ]を視ること猶[なお]父のごとし　146
回、不敏[ふびん]なりと雖も、請う　162
怪・力・亂・神を語らず　88
階を沒[つく]せば、趨[はし]り進む　129
會同[かいどう]　157、160
歸[かえ]らんか、歸らんか　60
繫[かか]りて食[くら]われざらんや　267
下學[かがく]して上達す　220
下愚[かぐ]とは移らず　262
下大夫[かたいふ]と言えば、侃侃如たり　127
下達[かたつ]す　214
下問[かもん]を恥じず　56
下流に居ることを惡む　300
雅樂[ががく]を亂[みだ]るを惡[にく]む　272
雅頌[がしょう]各々其の所を得たり　119
牆[かき]に面して立つがごときか　269
槨[かく]を爲[つく]らんことを請う　143
斯[か]くの如きのみか　224
是[か]くの如く之れ甚だしからざるなり　300
樂[がく]必ず崩[くず]れん　274
樂正しく、雅頌各々其の所を得たり　119
樂と云い樂と云うも　269
樂に成る　103
樂は則ち韶舞[しょうぶ]、鄭聲[ていせい]を放ち　233
樂は其れ知るべきなり　34
樂を如何にせん　24
樂を語りて曰わく　34
樂を聞くも樂しからず　275
樂を爲すことの斯[ここ]に至らんとは　85
學[がく]に志し　12
學の講ぜざる　80
學は及ばざるが如くするも　106
學を好む　8、64、66、143、294
翔[かけ]りて而[しこう]して後に集[とど]まる　138

寡小君[かしょうくん]と曰う　260
貨殖[かしょく]す　150
徼[かす]めて以て知と爲す者を惡む　277
難[かた]いかな　235、276
難いかな、今の世に免れんこと　73
難いかな、恒[つね]有[あ]ること　90
難きを先にして獲[う]ることを後にす　75
難しと爲すべし　201
堅[かた]しと曰わずや　266
貌[かたち]には恭[きょう]を思い　255
哀しみて傷[やぶ]らず　32
必ず色を變[へん]じて作[た]つ　138
必ず貌[かたち]を以てす　137
必ず之を畜[か]う　136
必ず之を殺[さい]す　131
必ず熟[じゅく]して之を薦[すす]む　136
必ず寢衣[しんい]有り　131
必ず席を正して先ず之を嘗[な]む　135
必ず其の政を聞く　6
必ず正しく立ちて綏[すい]を執る　138
必ず近き憂有り　233
必ず鄰[となり]有り　46
必ず表[ひょう]して出ず　131
必ず先ず其の器を利[するど]くす　232
必ずや訟[うったえ]無からしめんか　171
必ずや親の喪か　298
必ずや狂狷[きょうけん]か　195
必ずや射か　25
必ずや聖か　79
必ずや名を正さんか　181
必ず已[や]むを得ずして去らば　166
必ず世にして後に仁ならん　188
可なり、簡なり　65
可なる者は之に與[くみ]し　292
可も無く不可も無し　288
夫[か]の稲を食い　274
夫の三子(者)に告げよ　213
夫の二三子なり　146
夫の錦を衣て、女[なんじ]に於て安きか　274
夫の佞者[ねいじゃ]を惡[にく]む　155
夫の人の子を賊[そこな]わん　154
夫の人の爲に慟[どう]するに非ずして　145
夫の人は言わず。言えば必ず中る　148
夫の輿[よ]を執[と]る者は誰とか爲す　283
上[かみ]義を好めば、則ち民　184
上信を好めば、則ち民　184
上其の道を失いて民散ずること久し　299
上に居[お]りて寛ならず　36
上に事[つか]うるや敬　57
上に拜するは泰[おご]れるなり　111
上禮を好めば、則ち民敢えて敬せざる　183
上を犯すを好む者は鮮[すく]なし　1
上を語るべきなり　75
上、禮を好めば、則ち民使い易きなり　224
神を祭ること神在すが如くす　28
髪を被[こうむ]り衽[えり]を左にせん　211
彼をや、彼をや　205
官の事は攝[か]ねず　33
棺[かん]有りて椁[かく]無し　144
寛なれば則ち衆を得　265、309
漢に入る　289
簡に居て簡を行うは　65
干戈[かんか]を邦内[ほうない]に動かさん　249
侃侃如[かんかんじょ]たり　127、147
桓公[かんこう]諸侯を九合[きゅうごう]するに　209
桓公は正しくして譎[いつわ]らず　209
桓公、公子糾[きゅう]を殺す(して)　209、210
桓公を相[たす]けて諸侯に覇たらしめ　210
桓魋[かんたい]其れ予を如何にせん　89
煥乎[かんこ]として其れ文章有り　107
管氏[かんし]に三歸[さんき]あり　33
管氏にして禮を知らば　34
管氏も亦[また]樹[じゅ]して門を塞[ふさ]ぐ　33
管氏も亦反坫[はんてん]あり　34

管仲[かんちゅう]は倹[けん]なるか　33
管仲微[な]かりせば　210
管仲の器は小なるかな　33
管仲の力なり　210
管仲は死せず　209
管仲は仁者に非[あら]ざるか　210
管仲は禮を知るか　33
管仲を問う　205
管仲、桓公を相[たす]けて　210
莞爾[かんじ]として笑いて曰わく　263
冠者[かんじゃ]五六人、童子六七人　158
關雎[かんしょ]の亂[おわり]　105
關雎は樂しみて淫[いん]せず　32
間然すること無し　109
顔淵[がんえん]曰わく　63、161、162
顔淵後[おく]れたり　153
顔淵、喟然[きぜん]として歎じて曰わく　115
顔淵・季路侍[じ]す　62
顔淵死す　143、144、145
顔淵に謂いて曰わく　83
顔淵を謂いて曰わく　121
顔淵、邦を爲[おさ]めんことを問う　233
顔淵、仁を問う　161
顔回なる者有り　66、143
顔色を正しくして、斯に信　100
顔色を逞[はな]ちて怡怡如たり　129
顔色を見ずして言う　253
顔路[がんろ]、子の車以て之が槨を爲らん　143

き

器[き]　33、49　[うつわ]の項目有り
沂[き]に浴し、舞雩[ぶう]に風し　158
杞[き]は徴[しるし]とするに足らざるなり　27
期にして已[すで]に久し　273
期にして已[や]むべし　274
期月[きげつ]のみにして可ならん　187
鬼[き]に非ずして之を祭るは諂[へつらい]なり　22
鬼に事えん　146
鬼神[きしん]に致し、衣服を悪しくして　108
鬼神に事えんことを問う　146
鬼神を敬して之を遠ざく　75
氣[き]を屏[おさ]めて息せざる者に似たり　129
餼羊[きよう]を去らん　30
驥[き]は其の力を稱[しょう]せず　218
義[ぎ]　57、75、207、286、287，291
義に徙[うつ]るは徳を崇[たか]くするなり　169
義に之れ與[とも]に比[したが]う　41
義に喩[さと]り　43
義にして然[しか]る後に取る　208
義に近ければ、言復[ふ]むべきなり　7
義以て上と爲す　276
義を行いて以て其の道を達す　256
義を聞きて徙[うつ]る能[あた]わざる　81
義を好み(めば)　175、184
義を見て爲さざるは勇無きなり　22
儀[ぎ]の封人、見[まみ]えんことを請う　34
巍巍乎[ぎぎこ]たり。舜・禹の天下　106
巍巍乎として　107
既往[きおう]は咎[とが]めず　32
飢饉[ききん]を以てせんに　156
龜玉[きぎょく]、櫝中[とくちゅう]に毀[こわ]るれば　246
聞く有らんことを恐る　56
聞くままに斯れ諸を行なわんか　151
聽[き]くには聰[そう]を思い　255
季桓子[きかんし]之を受け、三日朝せず　282
季康子[きこうし]問う　20、68、143
季康子、盗を患[うれ]えて、孔子に問う　173
季康子、政を孔子に問う　172、173
季氏[きし]の若[ごと]きは則ち吾能わず　281
季氏の宰と爲[な]りて政を問う　180
季氏、周公より富めり　149
季氏、泰山[たいざん]に旅[りょ]す　25
季氏、閔子騫[びんしけん]をして　69

季氏、將に顓臾[せんゆ]を伐[う]たんとす　245
季子然[きしぜん]問う　153
季孫[きそん]の憂[うれい]は顓臾[せんゆ]　249
季文子[きぶんし]、三たび思うて　59
季孟[きもう]の間を以て　281
季路[きろ]、鬼神に事えんことを問う　146
箕子[きし]は之が奴[ど]と爲り　280
喟然[きぜん]として歎じて曰わく　115
來[きた]る者は猶[なお]追うべし　282
來れ、予[われ]爾[なんじ]に言わん　261
吉月[きちげつ]には必ず朝服して朝す　132
鞠躬如[きっきゅうじょ]たり　128、129、130
危邦[きほう]には入らず　104
君[きみ]在[いま]せば、踧踖如[しゅくせきじょ]たり　127
君曰わく、夫[か]の三子者に　213
君君たり、臣臣たり　170
君薨[こう]ずれば、百官、己を總べて　223
君之[これ]を稱[しょう]して夫人と曰う　259
君之を視れば、東首[とうしゅ]して　136
君たること難し　189
君孰[たれ]と與[とも]にか足らざらん　168
君と父とを弑[しい]すれば　154
君に侍食[じしょく]するに、君祭れば　136
君にして禮を知らば　93
君に事[つか]うるに數々[しばしば]すれば　46
君に事うるには、其の事を敬し　243
君に事うるに禮を盡[つく]せば　31
君に事えて能く其の身を致し　4
君に事え、多く鳥獸草木の名を識る　268
君に事えんことを問う　214
君祭れば先ず飯す　136
君命じて召せば、駕[が]を俟たず　136
君を弑[しい]す　213
君を要せずと曰うと雖も　209
君、生けるを賜[たま]えば　136
君、呉に取[めと]れり。同姓なる　93
君、食[し]を賜えば　135
君、臣を使うに禮を以てし　31
君、腥[なまぐさ]を賜えば必ず熟して　136
君、召して擯[ひん]たらしむれば　128
虐[ぎゃく]と謂う　312
九夷[きゅうい]に居らんと欲す　118
九合[きゅうごう]する　209
九思[きゅうし]有り　255
九人のみ　108
九百を與[あた]う　67
丘[きゅう]未だ達せず、敢て嘗[な]めず　135
丘の禱[いの]ること久し　96
丘の學を好むに如かざるなり　64
丘の門に於てせん　148
丘は與[とも]に易[か]えざるなり　285
丘も亦[また]之を恥ず　62
丘や幸なり　94
丘、何為[なんす]れぞ是れ栖栖[せいせい]　218
丘陵なり　303
求[きゅう]は政に從わしむべきか　69
求や何如[いかん]　52
求や問う、聞くままに斯れ諸を　152
求や藝あり　69
求や退く、故に之を進む　152
求、爾は何如　156
宮室を卑[いや]しくして力を溝洫に盡す　109
宮牆[きゅうしょう]に譬[たと]う　302
翕如[きゅうじょ]たり　34
舊惡[きゅうあく]を念[おも]わず　61
舊貫[きゅうかん]に仍[よ]らば、之を如何　147
舊穀[きゅうこく]既に沒きて新穀既に升る　274
舊令尹[きゅうれいいん]の政、必ず以て新令尹　58
朽木[きゅうぼく]は雕[ほ]るべからず　53
久要[きゅうよう]、平生の言を忘れざる　207
牛刀[ぎゅうとう]を用いん　263
居[きょ]は必ず坐を遷[うつ]す　132
居安きを求むること無し　8
居處[きょしょ]安からず　275

御[ぎょ]を執[と]らんか、射を執らんか　110
莒父[きょほ]の宰となりて政を問う　192
蘧伯玉[きょはくぎょく]、邦に道有れば　230
蘧伯玉、人を孔子に使いせしむ　215
狂にして直ならず　106
狂簡[きょうかん]、斐然として章を成す　61
狂狷[きょうけん]か　195
狂者[きょうしゃ]は進みて取り　195
皦如[きょうじょ]たり、繹如[えきじょ]たり　34
郷原[きょうげん]は徳の賊なり　270
郷人[きょうじん]の飲酒には　134
郷人の儺[おにやらい]には、朝服して　134
郷人の善き者は之を好[よみ]し　197
郷人皆之を惡[にく]まば何如　197
郷人皆之を好[よみ]せば何如　196
郷黨[きょうとう]弟を稱[しょう]す　194
郷黨に於て恂恂如たり　127
兄弟[きょうだい] 164、165、185、199 [けいてい]項目有り
匡[きょう]に畏[い]す　112、153
匡人[きょうひと]其れ予[われ]を如何にせん　112
恭寛信敏惠[きょうかんしんびんけい]なり　265
恭なれば則ち侮[あなど]られず　265
恭にして安し　97
恭にして禮無ければ　98
恭、禮に近ければ、恥辱に遠ざかる　8
凶服[きょうふく]の者には之に式[しょく]す　137
襁負[きょうふ]して至らん　184
驕樂[きょうらく]を樂しみ、佚遊を樂しみ　252
享禮[きょうれい]には容色あり　130
堯[ぎょう]曰わく、咨[ああ]、爾[なんじ]舜　307
堯・舜も其れ猶[なお]諸を病めり　79、225
堯の君たるや　107
棘子成[きょくしせい]曰わく　167
玉帛[ぎょくはく]を云わんや　269
割[きりめ]正しからざれば食わず　133
鑽[き]れば彌々[いよいよ]堅し　115
誾誾如[ぎんぎんじょ]たり　127、147

く

愚[ぐ]　60、267、272
耦[ぐう]して耕す　283
悔[くい]寡[すく]なし　19
草、之に風を尚[くわ]うれば、必ず偃す　174
具臣[ぐしん]と謂うべし　154
藥を饋[おく]る　135
下[くだ]すことは授くるが如く　130
顚[くつがえ]りて扶[たす]けずんば　246
邦に非ずや　159
邦に在りても怨無く　163
邦に在りても必ず聞え(達し)　174、175
邦に道有るときは則ち知なり　60
邦に道有るにも矢の如く　230
邦に道有れば則ち仕[つか]え　230
邦に道有れば廢[す]てられず　48
邦に道無きときは則ち愚なり　60
邦に道無きにも矢の如し　230
邦に道無ければ刑戮[けいりく]より免れん　48
邦道有るに、貧しくして　105
邦道無きに、富み且つ貴[たっと]きは　105
邦を爲[おさ]めんことを問う　233
邦、道有れば穀[こく]す　201
邦、道有れば、言を危[たか]くし　202
邦、道無くして穀するは恥なり　201
邦、道無ければ、行を危くし　202
邦、分崩離析すれども守ること　249
國[くに]を爲[おさ]むるには禮を以てす　159
國を有[たも]ち家を有つ者は　247
位無[くらいな]きを患えず　42
位を過ぐれば、色勃如たり　129
位を竊[ぬす]む者か　234
食[くら]うには語らず　134
困[くるし]みて之を學ぶは　255
車に升りては、必ず正しく立ち　138
車の中にては、内顧[ないこ]せず　138

君子義以て上[じょう]と爲す　276
君子之に居らば、何の陋しきか之有らん　118
君子三年禮を爲さずんば　274
君子者か、色莊者か　151
君子者無くんば　49
君子者を見るを得ば　90
君子人か、君子人なり　102
君子たること無きなり　313
君子ならずや　1
君子なり　74、141
君子なるかな　49、203、230、235
君子何ぞ兄弟無きを患えんや　165
君子に九思[きゅうし]有り　255
君子に三畏[さんい]有り　254
君子に三戒[さんかい]有り　253
君子に三變[さんぺん]有り　295
君子にして仁ならざる者有らんか　203
君子に侍るに三愆[さんけん]有り　252
君子の過や、日月の食の如し　300
君子の斯[ここ]に至るや　35
君子の儒と爲[な]れ　72
君子の其の子を遠ざくる　259
君子の仕うるや、其の義を　287
君子の天下に於けるや　41
君子の德は風なり　173
君子の道なる者三　216
君子の道は焉んぞ誣[し]うべけんや　297
君子の道は孰[いず]れをか先に傳[つた]え　297
君子の道四有り　56
君子の喪に居る　274
君子は爭う所無し　25
君子は一言以て知と爲し　304
君子は器ならず　16
君子は憂えず懼[おそ]れず　164
君子は多からんや。多からざるなり　113
君子は矜[おごそか]にして爭わず　236
君子は思うこと其の位を出でず　216
君子は夫[か]の之を欲す　247
君子は下流に居ることを惡む　300
君子は紺緅[かんしゅう]を以て飾らず　131
君子は義に喩[さと]り、小人は利に喩る　43
君子は刑を懐[おも]い、小人は惠を懐う　42
君子は賢を尊[たっと]びて衆を容れ　292
君子は言に訥[とつ]にして、行に敏　46
君子は言を以て人を擧げず　237
君子は之に名づくれば、必ず言う　182
君子は諸を己に求む　236
君子は質のみ　167
君子は衆寡[しゅうか]と無く、小大と無く　311
君子は周して比せず　17
君子は上達し、小人は下達す　214
君子は小知すべからずして　242
君子は食飽[あ]くを求むること無く　8
君子は食を終るの間も、仁に違うこと　39
君子は仁を去りて惡くにか名を成さん　39
君子は其の衣冠を正しくし　311
君子は其の言の其の行に過ぐるを　216
君子は其の知らざる所に於ては　181
君子は其の親[しん]を施[す]てず　289
君子は坦[たいら]かに蕩蕩[とうとう]たり　97
君子は事え易くして説ばしめ難し　197
君子は敬[つつし]みて失うこと無く　165
君子は貞[てい]にして諒[りょう]ならず　243
君子は黨[とう]せず　93
君子は德を懐い、小人は土を懐う　41
君子は急[とぼ]しきを周[すく]うて富める　67
君子は能無きを病[うれ]う　235
君子は人の美を成し　172
君子は博[ひろ]く文を學び　77
君子は文を以て友を會し　179
君子は道を憂えて貧しきを憂えず　240
君子は道を謀りて食を謀らず　240
君子は本を務む、本立ちて道生ず　2
君子は逝[ゆ]かしむべきも陷る　77

君子は泰[ゆたか]にして驕らず　198
君子は世を沒えて名の稱せられざる　236
君子は和して同ぜず　196
君子、學びて以て其の道を致す　294
君子道を學べば則ち人を愛し　263
君子道に貴[たっと]ぶ所の者三　100
君子も亦[また]窮[きゅう]すること有るか　228
君子も亦黨[とう]するか　93
君子も亦惡[にく]むこと有りや　277
君子固[もと]より窮す　228
君子勇を尚[たっと]ぶか　276
君子を行うことは　94
君子を問う　17、164、224
君子、重からざれば則ち威　4
君子、義以て質と爲し　235
君子、親[しん]に篤[あつ]ければ　99
君子、信ぜられて而して後に　295
君子、其の言に於て、苟くも　183
君子、勇有りて義無ければ亂を爲す　276
君臣の義は之を如何ぞ　287
君夫人[くんぷじん]　260
君命を辱しめざるは　194
群して黨せず　236
群居[ぐんきょ]して終日　235
軍旅の事は未だ之を學ばざる　227

け

惠　42、57、
惠して費[ついや]さず　310
惠なれば則ち以て人を使うに足る　265
惠人[けいじん]なり　205
敬　3、36，57、75、148、183、193、
224、241、243、255、291
敬して違わず、勞して怨みず　44
敬せずんば何を以て別たんや　14
敬に居て簡を行い　65
敬忠[けいちゅう]にして以て勸ましむる　20
輕裘[けいきゅう]を衣[き]たり　67
兄弟[けいてい]に友に、有政に施すと　21
藝[げい]あり　113
藝に游ぶ　82
羿[げい]は射を善くし　203
麑裘[げいきゅう]　131
刑罰[けいばつ]中[あた]らざれば　182
刑戮[けいりく]より免れん　48
圭[けい]を執れば、鞠躬如[きっきゅうじょ]たり　130
磬[けい]を衛に撃つ　222
撃磬[げきけい]襄[じょう]は海に入る　289
蓋[けだ]し闕如[けつじょ]たり　182
蓋し知らずして之を作る者有らん　91
血氣[けっき]未[いま]だ定まらず　253
血氣[けっき]方[まさ]に剛なり　253
闕如[けつじょ]たり　182
闕党[けっとう]の童子、命を將[おこな]う　225
闕文[けつぶん]に及ぶなり　238
儉[けん]なれば則ち固[いや]し　96
憲、恥を問う　201
賢なるかな回や　71
賢を知りて　234
賢を賢として色に易[か]え　4
賢を尊[たっと]びて衆を容れ　292
賢を見ては齊[ひと]しからんことを思い　44
賢才を擧げよ　180
賢人なり　85
賢者は其の大なる者を識り　301
賢者は世を避く　221
賢友多きを樂しむは、益なり　252
言[げん]有る者は必ずしも徳有らず　202
言未だ之に及ばずして言う、之を操　252
言必ず信　194
言義に及ばず、好んで小慧を行う　235
言語には宰我・子貢　142
言之に及びて言わざる、之を隠　253

言順[したが]わざれば則ち事成らず　182
言忠信、行篤敬[とっけい]なれば　229
言に愼み、有道に就きて正す　8
言は愼まざるべからざるなり　304
言は倫[みち]に中[あた]り、行は慮に中る　288
言は以て是くの若[ごと]くなる　189、190
言復[ふ]むべきなり　7
言を避く(失う)　221、231
言を察して色を觀[み]　175
言を知らざれば、以て人を知る　313
言を危[たか]くし、行を危くす　202
言游[げんゆう]過[あやま]てり　297
絃歌[げんか]の聲[こえ]を聞く　263
原思[げんし]、之が宰たり　67
狷者[けんしゃ]は爲さざる所有るなり　195
原壤[げんじょう]、夷[い]して俟[ま]つ　225
儼然[げんぜん]たり　295
儼然として人望みて之を畏[おそ]る　312
犬馬[けんば]に至るまで皆能く養う　14
犬羊[けんよう]の鞹[かく]のごときなり　168
玄牡[げんぼ]を用いて　307
權量[けんりょう]を謹み、法度を審らか　308

こ

子[こ]生まれて三年、然る後に父母　275
子子たり　170
子之[これ]を證[しょう]す　192
子は父の爲に隠す　193
固[こ]毋[な]く、我毋し　111
固を疾[にく]めばなり　218
狐貉[こかく]の厚き以て居る　131
狐貉を衣[き]たる者と立ちて　124
故舊[こきゅう]遺[わす]れざれば　99
故舊、大故[たいこ]無ければ　289
虎兕[こじ]、柙[こう]より出で　246
虎豹[こひょう]の鞹は猶犬羊の鞹のごとき　168
觚[こ]、觚ならず　76
瑚璉[これん]なり　49
鼓[こ]を鳴らして之を攻めて　149
鼓方叔[こほうしゅく]は河に入る　289
瞽[こ]と謂う　253
瞽者[こしゃ]　115、137
孝　3、15、21、194、299
孝と謂う可し　7、45
孝なるかな惟れ孝　20
孝なるかな閔子騫[びんしけん]　142
孝を鬼神に致し　108
孝を問う　13、14、15、
孝慈[こうじ]なれば則ち忠あり　20
孝弟なる者は、其れ仁を為す　2
孝弟にして上を犯すを好む者　1
黄衣[こうい]には狐裘[こきゅう]　131
請[こ]う、斯の語を事とせん　162、163
工[こう]、其の事を善くせんと　232
弘毅[こうき]ならざるべからず　102
剛毅木訥[ごうきぼくとつ]、仁に近し　198
剛なる者を見ず　54
剛を好みて學を好まざれば　268
奡[ごう]は舟を盪[うご]かす　203
羔裘[こうきゅう]玄冠しては以て弔せず　132
口給[こうきゅう]を以てすれば　50
溝洫[こうきょく]に盡す　109
溝瀆[こうとく]に經[くび]れて　211
皇皇[こうこう]たる后帝に告ぐ　307
巧言は德を亂[みだ]る　238
巧言令色、足恭[すうきょう]なるは　62
巧言令色、鮮[すく]なし仁　2、272
巧笑[こうしょう]倩[せん]たり、美目盼たり　26
行行如[こうこうじょ]たり　147
行人[こうじん]子羽[しう]之を脩飾し　204
空空如[こうこうじょ]たり　114
硜硜然[こうこうぜん]として小人なるかな　194
悾悾[こうこう]にして信ならずんば　106

こ

公なれば則ち説[よろこ]ぶ　309
公に祭れば肉を宿[とど]めず　133
公山弗擾[こうざんふつじょう]、費を以て畔く　264
公子[こうし]糾[きゅう]を殺す(し)　209、210
公事[こうじ]に非[あら]ざれば　72
公綽[こうしゃく]の不欲、卞荘子の勇　206
公叔文子[こうしゅくぶんし]を公明賈に問う　207
公西華[こうせいか]曰わく　95、152
公伯寮[こうはくりょう]、子路を季孫に愬う　220
公伯寮、其れ命を如何せん　221
公門[こうもん]に入るに鞠躬如たり　128
公冶長[こうやちょう]を謂う　48
康子[こうし]、藥[くすり]を饋[おく]る　135
孔丘[こうきゅう]と爲す　283
孔丘の徒か　284
孔子下[お]りて之と言わんと欲す　282
孔子之と坐して、問うて曰わく　215
孔子[こうし]對[こた]えて　19、31、66、93、143、170、172、173、189、190、218、227
孔子行[さ]る　282
孔子辭[じ]するに疾[やまい]を以てす　273
孔子其の亡きを時として　261
孔子に謂いて曰わく、来れ　261
孔子見えず。孔子に豚を歸[おく]る　261
孔子沐浴[もくよく]して朝し　213
孔子を子路に問う　87
孔子、其の兄の子を以て之に妻す　143
孔子、郷黨[きょうとう]に於て　127
孔氏の門を過ぐる　222
孔氏自[よ]りす　221
紅紫[こうし]は以て褻服[せっぷく]と爲さず　131
鏗爾[こうじ]として瑟[しつ]を舎[お]き　157
後死[こうし]の者、斯の文に與[あずか]る　112
後進[こうしん]の禮樂に於けるや　141
後生[こうせい]畏[おそ]るべし　121
後世[こうせい]必ず子孫の憂と爲らん　247
高宗[こうそう]、諒陰[りょうあん]三年言わず　223
皐陶[こうよう]を擧げ　178
告朔[こくさく]の餼羊[きょう]を去らんと欲す　30
哭[こく]すれば(して)　83、145
穀[こく]するは恥なり　201
穀に至らざるは　104
克・伐・怨・欲、行われざる　201
國命[こくめい]を執[と]れば三世にして　250
心有るかな、磬[けい]を撃つこと　222
心の欲する所に従えども　13
志の從われざるを見ては　44
志を奪うべからざる　123
志を降[くだ]さず　287
志を降し身を辱しむ　288
五穀[ごこく]分たず　286
五十にして聞くこと無くんば　122
五十にして天命を知り　12
五十にして以て易を學べば　86
五世[ごせい]にして(なり)　250、251
五人有り　107
五美[ごび]を尊び四悪を屛[しりぞ]く　310
互郷[ごきょう]、與[とも]に言い難し　91
呉[ご]に取[めと]れり。同姓なるが爲に　93
呉孟子[ごもうし]と謂う　93
忽焉[こつえん]として後[しりえ]に在り　115
事あれば弟子[ていし]其の勞に服し　15
事ごとに問う　29、136
事成らざれば則ち禮樂興[おこ]らず　182
事に従うを好みて亟[しばしば]時を失う　261
事に臨みて懼[おそ]れ、謀を好みて　84
事に敏にして言に愼み　8
事を敬して信、用を節して人を愛し　3
事には敬を思い　255
事を先にして得ることを後にす　176
事を執りて敬　193
異なるを之れ問うと為す　153
言[ことば]に訥[とつ]にして、行に敏ならん　46
言に尤[とがめ]寡なく行に悔寡なければ　19

言には忠を思い　255
言を之れ出[いだ]さざるは　45
言を聽[き]きて其の行を信ず(観る)　54
好む所に従わん　84
好む者に如かず　74
好んで小慧[しょうけい]を行う　235
斯[ここ]に美玉有り。匵[ひつ]に韞[おさ]め　117
斯[こ]の語を事とせん　162、163
斯の三者に於て　166
斯の民や、三代の直道にして　238
斯の二者を聞けり　259
斯の人にして而も斯の疾[やまい]あるや　70
斯の人の徒と與にするに非ずして　285
斯の文に與[あずか]るを得ざるなり　112
斯の文を喪ぼさん　112
斯れ亦畏[おそ]るるに足らざるのみ　122
惟[こ]れ孝、兄弟に友に、有政に施す　21
諸[これ]に往を告げて來を知る者なり　10
諸を異邦に稱して寡小君と曰う　260
諸を沽[う]らんか　118
諸を宮牆[きゅうしょう]に譬[たと]うれば　302
諸を紳に書す　230
諸を小人に譬[たと]うれば　270
諸を其の鄰に乞うて　61
諸を草木の區して以て別つに譬う　297
諸を藏[ぞう]せんか　118
諸を直きに錯[お]けば　19
諸を枉[まが]れるに錯けば　19、177
この人や、伯氏の駢邑[べんゆう]三百　205
是[こ]の日に於て哭[こく]すれば　83
是の故に夫[か]の佞者を惡[にく]む　155
是の故に之を哂[わら]う　159
是の道や、何ぞ以て臧[よ]しとす　124
是[これ]有るかな、子[し]の迂[う]なるや　181
是れ丘なり　89
是れ之を棄[す]つと謂う　199
是れ知るなり　18
是れ其の不可なるを知りて　222
是れ誰の過[あやまち]ぞや　247
是ならば津[しん]を知らん　283
是れ人の惡[にく]む所なり　38
是れ人の欲する所なり　38
是れ聞なり、達に非ざるなり　174
是れ亦政[まつりごと]を爲すなり　21
是れ禮なり　30
是れ吾が憂なり　81
是を賊と爲す　225
是をも忍ぶべくんば　23
是を以て君子は下流に居ることを惡む　300
是[ここ]を以て君子は爲さざるなり　293
是を以て之を文と謂うなり　56
之が宰[さい]たらしむべきなり　52
之が奴と爲り　280
之に居りて倦[う]むこと無く　171
之に居りて疑わず　175
之に先んじ、之を勞[ねぎら]う　180
之に授くるに政を以てして達せず　184
之に從わんと欲すと雖も　116
之に粟[ぞく]九百を與う　67
之に即[つ]けば溫[おん]なり　295
之に語[つ]げて情[おこた]らざる者　120
之に名づくれば、必ず言うべきなり　182
之に臨むに莊を以てすれば　20
之に釜[ふ]を與えよ　66
之に本[もと]づくれば則ち無し　296
之に庾[ゆ]を與えよ　67
之を愛しては其の生を欲し　169
之を愛して能く勞すること　204
之を仰げば彌々[いよいよ]高く　115
之を改むるを貴しと爲す　122
之を言うに訒[しの]ぶ無きを得んや　164
之を如何ぞ其れ及ぶべけんや　305
之を如何ぞ其れ徹せんや　168
之を如何ぞ其れ人を拒まんや　293

之を如何、之を如何と　234
之を戒[いまし]むること色(鬭[たたかい])　253
之を戒むること得るに在り　254
之を動かすに禮を以て　241
之を動かせば斯に和らぐ　305
之を失わんことを恐る　106
之を沽[う]らんかな　118
之を得ると雖も必ず之を失う　241
之を得ざれば、處[お]らざるなり　38
之を得ざれば、去らざるなり　38
之を行うに忠を以てす　171
之を犯[おか]せ　214
之を教えん　187
之を文[かざ]るに禮樂を以てせば　206
之を難しとする未きなり　223
之を鑽[き]れば彌々[いよいよ]堅し　115
之を好む者に如かず　74
之を好む者は、之を樂しむ者　74
之を裁[さい]する所以を知らざるなり　61
之を去り　280
之を罔[し]いて生くるや　74
之を賞すと雖も竊[ぬす]まざらん　173
之を知らしむべからず　103
之を知る者は、之を好む者　74
之を知るを誨[おし]えんか　18
之を知るを之を知ると爲し　18
之を過ぐれば必ず趨[はし]る　115
之を棄[す]つと謂う　200
之を舍[す]つれば則ち藏[かく]る　83
之を繹[たず]ぬるを貴[たっと]しと爲す　122
之を立つれば斯に立ち　305
之を樂しむ者に如[し]かず　74
之を近づくれば則ち不孫なり　278
之を遠ざくれば則ち怨む　278
之を齊[ととの]うるに刑を以てすれば　11
之を齊うるに禮を以てすれば　12
之を富まさん　186
之を爲[な]すこと難し　163
之を爲すは、猶[なお]已[や]むに賢れり　276
之を爲[まな]びて厭[いと]わず　95
之を疾[にく]むこと已甚[はなはだ]しければ　103
之を惡みては其の死を欲す　169
之を望めば儼然[げんぜん]たり　295
之を從[はな]ちて純如たり　34
之を亡ぼせり　70
之を祭るに禮を以てす　14
之を道[みちび]くに德を以てし　12
之を道くに政[せい]を以てし　11
之を道けば斯に行われ　305
之を瞻[み]るに前に在り　115
之を用うれば則ち行い　83
之を求めたるか　6
之を約するに禮を以てせば　172
之を綏[やす]んずれば斯に來り　305
之を敝[やぶ]りても憾[うら]むこと無からん　62
之を能くすと曰うには非ず　157
之を説ばしむるに道を以て　197、198
衣[ころも]の前後[ぜんご]襜如[せんじょ]たり　128
昆弟[こんてい]の言に間せず　142

さ

左丘明[さきゅうめい]之を恥ず　62
才[さい]あるも才あらざるも　144
才難[かた]し　108
宰我[さいが]問う　77、273
宰予[さいよ]、晝[ひる]寢[い]ぬ　53
崔子[さいし]がごときなり　59
崔子、齊の君を弑[しい]す　58
洒掃應對[さいそうおうたい]進退に當りては　296
酒は量無く　133
酒の困[みだれ]を爲さず　119
齊・戰・疾　84
再拜[さいはい]して之を送る　135

柴[さい]や愚、參や魯、師や辟、由や喭　150
蔡[さい]を居く、節を山にし、梲を藻にす　57
幸にして免[まぬが]るるなり　74
材を取る所無からん　51
壯[さか]んなるに及んで血氣方に剛なり　253
嚮[さき]に吾夫子に見[まみ]えて知を問う　177
磋[さ]するが如く、琢するが如く　9
授くるに政を以てして達せず　184
三畏[さんい]有り。天命を畏れ　254
三戒[さんかい]有り　253
三家者[さんかしゃ]、雍[よう]を以て徹す　23
三桓[さんかん]の子孫は微[び]なり　251
三月、肉の味を知らず　84
三歸[さんき]あり　33
三隅[さんぐう]を以て反[かえ]らざれば　82
三軍も帥[すい]を奪うべきなり　123
三軍を行[や]らば　83
三愆[さんけん]有り　252
三子者出ず　158
三子者に告げよ　213
三子者の撰[せん]に異なり　158
三疾有り　271
三者に於て　166
三十にして立ち　12
三仁有り　280
三省す　2
三世にして失わざること希なり　250
三代の直道にして行う　238
三人行えば、必ず我が師　88
三年樂を爲さずんば　274
三年父の道を改むる　6、45
三年にして成すこと有らん　187
三年に及ぶ比[ころ]には　156
三年の愛其の父母　275
三年の喪は期にして已[すで]に久し　273
三年の喪は天下の通喪[つうも]なり　275
三年學びて穀[こく]に至らざるは　104
三年禮を爲さずんば　274
三飯[さんはん]繚[りょう]は蔡[さい]に適[ゆ]く　289
三百[さんびゃく]　11、184、205
三分[さんぶん]して　108
三復[さんぷく]す　143
三變[さんぺん]有り　295
三友　251
三樂　252
山川其れ諸を舍[す]てんや　68
山梁[さんりょう]の雌雉[しち]、時なるかな　139
殘[ざん]に勝ちて殺を去るべし　187

し

子在[いま]す。回何ぞ敢えて死せん　153
子之[これ]を哭[こく]して慟す　145
子三軍を行[や]らば　83
子慟[どう]せり　145
子奚[なん]ぞ政[まつりごと]を爲さざる　20
子の迂[う]なるや　181
子の燕居[えんきょ]するや、申申如たり　81
子の雅[つね]に言う所は、詩、書、執礼　87
子の志を聞かん　63
子の道を説ばざるに非ず　71
子の愼む所は、齊・戰・疾　84
子の疾[やまい]病[おもき]なり　95、116
子は恭を爲すなり　304
子帥[ひき]いるに正しきを而てすれば　172
子將[まさ]に奚[なに]をか先にせん　181
子罕[まれ]に利を言う、命とともにし　110
子も亦異聞有りや　257
子如[も]し言わずんば、則ち小子　273
子説[よろこ]ぶ　50
子往[ゆ]かんと欲す　264、265
子を待ちて政を爲さば　181
子、衛に適く、冉有[ぜんゆう]僕たり　186
子、溫[おん]にして厲[はげ]し　97

し

子、怪・力・亂・神を語らず　88
子、川の上《ほとり》に在りて曰わく　119
子、九夷《きゅうい》に居らんと欲す　118
子、匡《きょう》に畏す　112、153
子、磬《けい》を衛に撃つ　222
子、韶《しょう》を謂《のたま》わく　35
子、齊に在りて韶を聞く　84
子、善を欲すれば、民善ならん　173
子、朝より退いて曰わく　135
子、陳に在りて曰わく　60
子、釣して綱せず　91
子、南子《なんし》を見る　78
子、伯魚に謂いて曰わく　269
子、人と歌いて善ければ　94
子、武城に之《ゆ》きて弦歌の聲を聞く　263
子、政を爲すに、焉ぞ殺を用いん　173
子、四を絶つ。意毋《な》く　111
子、四を以て教う　90
子、魯の大師に樂を語りて曰わく　34
子夏《しか》曰わく　4、165、178、292、293、294、295、296、297
子夏問う　26
子夏に謂いて曰わく　72
子夏の門人小子　296
子夏の門人、交《まじわり》を子張に問う　292
子夏は何をか云える　292
子夏、孝を問う　15
子夏、莒父《きょほ》の宰となりて政を問う　192
子華、齊に使す　66
子禽《しきん》、子貢に問う　5
子貢《しこう》曰わく　6、9、55、79、85、113、117、166、167、210、217、219、273、300、301、302、303、304
子貢問う　49、56、149、193、196、237、277
子貢に問う　5、112
子貢は仲尼より賢《まさ》れり　302
子貢人を方《たくら》ぶ　217
子貢、君子を問う　17
子貢、仁を為さんことを問う　232
子貢、友を問う　178
子貢、政を問う　166
子産《しさん》を謂う　56
子賤《しせん》を謂う　49
子張曰わく　223、291、292、310、312
子張問う　21、57、174、244
子張に問う　292
子張、行われんことを問う　229
子張、孔子に問う　309
子張、諸を紳に書す　230
子張、善人の道を問う　150
子張、仁を孔子に問う　264
子張、德を崇くし、惑を辨ぜん　169
子張、政を問う　171
子張、明を問う　165
子張、祿を干《もと》めんことを學ぶ　18
子服景伯《しふくけいはく》以て子貢に告ぐ　302
子游曰わく　46、296、298
子游、孝を問う　14
子游、武城の宰たり　72
子路《しろ》曰わく　62、63、83、154、181、209、221、265、276、283、286
子路慍《うら》み見《まみ》えて曰わく　227
子路拱《きょう》して立つ　286
子路對《こた》えて曰わく、之有り　96
子路之を共す　139
子路之を聞きて喜ぶ　51
子路從いて後れたり　285
子路仁なりや　51
子路率爾《そつじ》として對えて曰わく　155
子路問う　151、199、285
子路に問う　87
子路は諾《だく》を宿むること無し　171

子路説[よろこ]ばず　78
子路をして反[かえ]りて之を見しむ　286
子路をして津[しん]を問わしむ　283
子路を止めて宿らしめ　286
子路、禱[いの]らんことを請う　95
子路、君に事えんことを問う　214
子路、君子を問う　224
子路、行行如たり　147
子路、子羔をして費の宰たらしむ　154
子路、終身之を誦す　124
子路、成人を問う　206
子路、石門に宿る　221
子路、曽皙、冉有、公西華、侍座す　155
子路、政を問う　180
子路、門人をして臣たらしむ　116
士何如[いか]なれば斯れ之を達　174
士と謂うべし(き)　194、199
士と爲すに足らず　201
士にして居を懐[おも]うは　201
士は危[あやう]きを見ては命を致し　291
士は以て弘毅[こうき]ならざるべからず　102
士、道に志して　41
士師[しし]と爲り、三たび黜けらる　280
史　74
史[し]の闕文[けつぶん]に及ぶなり　238
史魚[しぎょ]、邦に道有る　230
司敗[しはい]問う　93
司馬牛[しばぎゅう]、憂えて曰わく　164
司馬牛、君子を問う　164
司馬牛、仁を問う　163
死して悔なき者は　83
死して後[のち]已[や]む、亦遠からずや　102
死するの日　257
死する者を見ざるなり(見る)　242
死するや哀しまる　305
死すれば之を葬るに禮を以てし　14
死生[しせい]命有り、富貴天に在り　165
死を知らん　147
死を問う　146
死を守りて道を善くす　104
師と言うの道か　244
師と商とは孰[いず]れか賢[まさ]れる　149
師と爲るべし　16
師は愈[まさ]れるか　149
師や過ぎたり　149
師や辟[へき]、由や喭　150
師を相[たす]くるの道なり　244
師摯[しし]の始、關雎[かんしょ]の亂[おわり]　105
師冕[しべん]見ゆ、階に及べり　244
師旅[しりょ]を以てし　156
詩三百を誦し　184
詩三百、一言以て之を蔽[おお]う　11
詩に云う　9、99
詩に興り、禮に立ち、樂に成る　103
詩は以て興[おこ]すべく　268
詩を言うべきのみ　10、26
詩を聞き、禮を聞き　259
詩を學ばずんば、以て言うこと無し　258
詩を學びたりや　258
詩、書、執禮皆雅[つね]に言う　87
賜[し]の牆[かき]や肩に及べり　302
賜は政に從わしむべきか　69
賜は命を受けずして貨殖す　150
賜や何如　49
賜や一を聞いて以て二を知る　53
賜や賢なるかな　217
賜や達なり　69
賜や爾が及ぶ所に非ざるなり　55
賜や亦惡むこと有りや　277
賜や何ぞ敢て回を望まん　53
賜や、女は予を以て多く學びて　228
駟[し]も舌に及ばず　167
辭氣[じき]を出して斯に鄙倍に遠ざかる　101
辭するに疾[やまい]を以てす　273

し

辭は達するのみ　244
四惡を屏[しりぞ]くれば　310
四海[しかい]困窮[こんきゅう]せば　307
四海の内、皆兄弟なり　165
四時行われ百物生ず　273
四十五十にして聞くこと無くんば　122
四十にして惑わず　12
四體[したい]勤めず、五穀分たず　285
四飯[しはん]缺[けつ]は秦に適く　289
四方に使して君命を辱しめざる　194
四方に使して專對[せんたい]すること　184
四方の民其の子を襁負して至らん　184
四方の政[まつりごと]行われん　309
七十にして心の欲する所　12
十室の邑[ゆう]、必ず忠信　64
十世知るべきや　21
十世にして失わざること希[まれ]なり　250
十人有り　107
十有五にして學に志し　12
罔[し]うべからざるなり　77
緇衣[しい]には羔裘[こうきゅう]　131
而[しか]る後に之に和す　94
而[しこう]して與[あずか]らず　106
而して求や之が爲に聚斂[しゅうれん]して　149
而して之を犯せ　214
然[しか]らば則ち師は愈[まさ]れるか　149
然り。是の言有るなり　266
然る後に君子なり　74
然れども未だ仁ならず　298
齊衰[しさい]の者　137
齊衰者[しさいしゃ]　115
志士仁人は、生を求めて　231
私覿[してき]には愉愉如[ゆゆじょ]たり　130
色莊者[しきそうしゃ]か　151
室[しっ]是[こ]れ遠ければなり　126
室に入らざるなり　148
室に入らず　150
室家[しっか]の好きを闚[うかが]い見ん　302
疾[しっ]有り　70、99、100
疾言[しつげん]せず、親指せず　138
日月[じつげつ]の食の如し　300
日月逝[ゆ]く、歳[とし]我[われ]と與にせず　262
質直[しっちょく]にして義を好み　175
質は猶文[なおぶん]のごときなり　167
質、文に勝てば則ち野　74
瑟[しつ]を取りて歌い　273
瑟を鼓[ひ]くこと希[まれ]なり　157
漆雕開[しっちょうかい]をして仕えしめん　50
執鞭[しつべん]の士と雖も　84
執禮[しつれい]皆雅[つね]に言うなり　87
至德[しとく]と謂うべきのみ　98、108
屢々[しばしば]人に憎まる　50
下[しも]に居て上を訕[そし]る者を惡む　277
下に拜するは禮なり　111
社を宰我に問う　32
社稷[しゃしょく]有り　154
社稷の臣なり　245
車馬衣軽裘[しゃばいけいきゅう]、朋友と共にし　62
射は皮を主とせず　30
射を執[と]らんか　110
酒食[しゅし]あれば先生に饌す　15
手足[しゅそく]を措く所無し　182
首陽[しゅよう]の下に餓[う]う　257
孺悲[じゅひ]、孔子に見えんと欲す　273
周親[しん]有りと雖も　308
周に大いなる賚[たまもの]有り　308
周に八士有り　290
周の德は、其れ至德と謂うべきのみ　108
周の冕[べん]を服す　233
周は殷の禮に困る　22
周は二代に監[かんが]みて　29
周公の才の美有りとも　103
周公、魯公に謂いて曰わく　289
周南[しゅうなん]・召南を爲[まな]ばずんば　269

周任[しゅうにん]言えること有り　246
周人[しゅうひと]は栗を以てす　32
衆之を惡む(好む)も必ず察し(す)　239
衆に選びて伊尹[いいん]を擧げ　178
衆に選びて皐陶[こうよう]を擧げ　178
衆に違[たが]うと雖も吾は下に從わん　111
衆寡[しゅうか]と無く、小大と無く　311
衆星[しゅうせい]之に共[むか]うが如し　11
戎[じゅう]に即[つ]かしむべし　199
終日違わざること愚なる　15
終身之を誦す　124
終夜寝ねず、以て思う　240
從[したが]いて改めずんば　123
從者[じゅうしゃ]之を見えしむ　35
從者病みて能く興[た]つこと莫[な]し　227
州里[しゅうり]と雖も行われんや　230
聚斂[しゅうれん]して之を附益す　149
蹴踖如[しゅくせきじょ]たり　127、129
踧踧如[しゅくしゅくじょ]として　130
叔孫武叔[しゅくそんぶしゅく]、大夫に朝に　302
叔孫武叔、仲尼を毀[そし]る　303
叔夜[しゅくや]・叔夏　290
祝鮀[しゅくだ]の佞あらずして　73
祝鮀は宗廟を治め　212
舜も亦以て禹[う]に命ず　307
舜・禹の天下を有[たも]てるや　106
舜、臣五人有り　107
舜、天下を有[たも]ち、衆に選びて　178
春服[しゅんぷく]既に成り　158
恂恂如[じゅんじゅんじょ]たり。　127
循循然[じゅんじゅんぜん]として善く　115
純如[じゅんじょ]たり、皦如たり　34
潤色[じゅんしょく]す　205
暑に當りて縝[ひとえ]の絺綌[ちげき]　131
書に云う、孝なるか惟[こ]れ孝　20
書に云う、高宗、諒陰三年　223
恕　43、237
小、忍ばざれば、則ち大謀[たいぼう]を亂る　238
小過を赦し、賢才を擧げよ　180
小慧[しょうけい]を行う　235
小車[しょうしゃ]軏[げつ]無くんば　21
小子何をか述べん　273
小子、鼓[こ]を鳴らして之を攻め　149
小子、何ぞ夫[か]の詩を學ぶこと莫きや　268
小人[しょうじん]窮[きゅう]すれば斯に濫[みだ]る　228
小人なるかな　183、194
小人にして仁なる者有らざるなり　204
小人の過つや、必ず文[かざ]る　295
小人の儒と爲る無かれ　72
小人の德は草なり　174
小人は驕[おご]りて泰[ゆたか]ならず　198
小人は下達す　214
小人は惠[けい]を懐う　42
小人は是[これ]に反す　172
小人は諸を人に求む　236
小人は大受すべからず　242
小人は長[とこしな]えに戚戚[せきせき]たり　97
小人は事[つか]え難くして　198
小人は天命を知らずして畏れず　254
小人は同じて和せず　196
小人は土を懐[おも]う　41
小人は比[ひ]して周[しゅう]せず　17
小人は利に喩[さと]る　43
小人道を學べば則ち使い易し　263
小人、勇有りて義無ければ　276
小大[しょうたい]之に由れば、行われざる　7
小道と雖も必ず觀るべき者　293
小德は出入するも可なり　296
小利を見ること毋[な]かれ　192
小利を見れば則ち大事成らず　192
少師[しょうし]陽[よう]・撃磬襄は海に入る　289
少者は之を懐[なつ]けん　63
少連[しょうれん]を謂[のたま]わく　288
商なり　26

し
商や及ばず　149
韶《しょう》を聞く　84
韶を謂《のたま》わく　35
韶舞《しょうぶ》　233
鐘鼓《しょうこ》を云わんや　269
昭公《しょうこう》は禮を知れるか　93
葉公《しょうこう》、孔子に語りて曰わく　192
葉公、孔子を子路に問う　87
葉公、政を問う　191
召忽《しょうこつ》之に死し、管仲は死せず　209
蕭牆《しょうしょう》の内に在るを恐る　249
常師《じょうし》か之れ有らん　302
杖者《じょうしゃ》出ずれば、斯に出ず　134
丈人《じょうじん》の杖《つえ》を以て蓧を荷う　285
上大夫《じょうたいふ》と言えば、誾誾如たり　127
上知《じょうち》と下愚《かぐ》とは移らず　262
松柏《しょうはく》の彫むに後るるを知る　124
食《し》の氣に勝たしめず　133
食《し》を賜えば　135
食《しょく》飽《あ》くを求むること無く　8
食を終るの間も、仁に違うこと　39
食を足し兵を足し　166
稷《しょく》とは躬ら稼して天下を有つ　203
諸夏《しょか》の亡きが如くならざるなり　25
諸侯に覇たらしめ、一たび天下　210
諸侯より出ずれば、蓋《けだ》し十世　250
諸侯を九合するに　209
女子と小人とは養い難し　278
庶人《しょじん》議せず　250
知らざるなり　28
知らざるを知らずと爲す　18
知らしむべからず　103
知らずして之を作る者有らん　91
知らるべきを爲すを求むるなり　42
知るの次なり　91
退いて其の私を省みれば　15
白しと曰わずや　266
信　3、4、50、54、63、64、90、104、
106、166、184、194、209、291、296
信じて古を好む　80
信ぜられざるを億《おもんばか》らず　217
信ぜられて而して後に諫《いさ》む　295
信無くんば　21、167
信なれば則ち民任じ　309
信なれば則ち人任じ　265
信に近づき　100
信以て之を成す　235
信を好みて學を好まざれば　267
信、義に近ければ　7
寢衣《しんい》有り、長《たけ》一身有半　131
深淵に臨むが如く　99
臣五人有り、而して天下治まる　107
臣臣たり、父父たり　170
臣たること易《やす》からず　190
臣無くして臣有りと爲す　117
臣の手に死なんよりは　117
臣を使うに禮を以てし　31
臣、君に事うるに忠を以てす　31
津《しん》を問わしむ　283
浸潤《しんじゅん》の譖《そしり》、膚受の愬　165、166
申申如《しんしんじょ》たり、夭夭如たり　81
愼《しん》にして禮無ければ則ち葸《し》す　98
晋の文公は譎《いつわ》りて正しからず　209
晨門《しんもん》曰わく、奚《いず》れ自《よ》りぞ　221
參《しん》や魯、師や辟《へき》、由や喭《がん》　150
參や吾が道は　43
神祇《しんぎ》に禱る　96
親指《しんし》せず　138
仁　2、79、92、99、161、163、188、
202、209、210、265、272、298
仁之《これ》を守ること能わざれば　241
仁其の中《うち》に在り　294
仁遠からんや　92
仁と謂う　76、79、261

仁とともにす　110
仁ならざる者有らんか　203
仁なりや　51、58、59
仁なる者を友とす　232
仁に當りては、師にも讓らず　243
仁に里《お》るを美と爲す　37
仁に志せば、惡むこと無きなり　38
仁に親しみ、行いて餘力あれば　3
仁にして佞ならず　49
仁に近し　198
仁に依《よ》り、藝に游ぶ　81
仁の方《みち》と謂うべきのみ　79
仁は則ち吾知らざるなり　201
仁以て己が任と爲す　102
仁能《じんよ》く之を守り、莊以て　241
仁を害すること無く　232
仁を孔子に問う　264
仁を好みて學を好まざれば　267
仁を好む者　39
仁を去りて惡くにか名を成さん　39
仁を知る　40
仁を問う　75、161、162、163、177、193
仁を爲《な》さんことを問う　232
仁を爲すの本か　2
仁を爲すは己に由《よ》る　161
仁を成《な》すこと有り　232
仁を蹈《ふ》みて死する者を見ざる　242
仁を欲して仁を得たり　311
仁を求めて仁を得たり　85
仁を利す　37
仁者に非ざるか　210
仁者のみ能く人を好み　37
仁者は壽《いのちなが》し　76
仁者は憂えず　125、216
仁者は難《かた》きを先にし　75
仁者は必ず勇有り　202
仁者は之に告げて、井《せい》に仁あり　77
仁者は靜かなり　76
仁者は仁に安んじ、知者は　37
仁者は其の言や訒《しの》ぶ　163
仁者は山を樂しむ　76
仁者は、己立たんと欲して人を立て　79
仁人に如かず　308
迅雷風烈《じんらいふうれつ》には必ず變《へん》ず　138
陳《じん》を孔子に問う　227
飪《じん》を失えるは食わず　133

す

水火は吾蹈《われふ》みて死する者　242
水火よりも甚《はなは》だし　242
遂事《すいじ》は諫《いさ》めず、既往は咎めず　32
出内《すいとう》の吝《やぶさか》なる　313
帥《すい》を奪うべきなり　123
燧《すい》を鑽《き》りて火を改む　274
足恭《すうきょう》なるは、左丘明之を恥ず　62
數仞《すうじん》、其の門を得て　302
鄹人《すうひと》の子を禮を知ると謂うや　30
末なり　296
過ぎたるは猶《なお》及ばざるがごとし　149
寡《すく》なきを患えず　247
鮮《すく》なし仁　2、272
少《すこ》しく有するや、曰わく　186
進むは吾が往《ゆ》くなり　120
進むに與《くみ》するなり　92
舍《す》つれば則ち藏《かく》る　83
棄《す》てて之を違《さ》る　58
既《すで》に之を得《う》れば　271
既に其の生を欲して　169
既に吾が才を竭《つ》くせり　116
乃ち爾是れ過てること無きか　245
乃ち佞《ねい》を爲すこと無からんや　218
速かならんと欲す　192
速かに成らんと欲する者なり　226

せ

性、相近[あいちか]きなり　262
聖たらしめん　113
聖と仁との若[ごと]きは　95
聖人の言を畏[おそ]る　254
聖人は吾得て之を見ず　90
齊に在りて韶[しょう]を聞く　84
齊の桓公は正しくして譎[いつわ]らず　209
齊の君を弑[しい]す　58
齊の景公、孔子を待ちて曰わく　281
齊の景公、馬千駟有り　257
齊の景公、政[まつりごと]を孔子に問う　170
齊、一變せば魯に至らん　76
齊人[せいひと]、女樂を歸[おく]る　282
世叔[せいしゅく]之を討論し　204
成功有り　107
成事は説かず、遂事は諫めず　32
成人と爲すべし　206、207
成人は何ぞ必ずしも然らん　207
成人を問う　206
政[せい]は正なり　172
政事には冉有・季路　142
盛饌[せいせん]あれば、必ず色を變じ　138
清なり　59
井[せい]に仁あり　77
生を求めて以て仁を害する　231
石門に宿る　221
席正しからざれば、坐せず　134
席に及べり。子曰わく、席なり　244
席を正して　135
赤や之が小相たらば　160
赤や惑[まど]う　152
赤[せき]、爾は何如　157
褻[せつ]と雖も必ず貌[かたち]を以てす　137
褻裘[せっきゅう]は長く、右の袂を短くす　131
節を山にし、梲[せつ]を藻にす　57
切するが如く磋[さ]するが如く　9
切に問うて近く思う　294
切切[せっせつ]偲偲[しし]怡怡如たれば　199
絶世[ぜっせい]を繼ぎ、逸民を擧ぐれば　309
前言は之に戯[たわむ]れしのみ　263
善に伐[ほこ]ること無く　63
善を擧げて不能を教う　20
善を盡[つく]せり　35
善を見ては及ばざるが如く　256
善を嘉[よみ]して不能を矜[あわれ]む　292
善賈[ぜんこ]を求めて諸を沽[う]らんか　118
善柔[ぜんじゅう]を友とし　251
善人是れ富めり　308
善人の道を問う　150
善人は吾得て之を見ず　90
善人、邦を爲[おさ]むること百年　187
善人、民を教うること七年　199
冉求[ぜんきゅう]曰わく　71
冉求の藝[げい]の若[ごと]き　206
冉子[ぜんし]、之に粟五秉[ぞくごへい]を與う　67
冉子、其の母の爲に粟[ぞく]を請う　66
冉子、朝[ちょう]より退く　188
冉有[ぜんゆう]曰わく　85、186、246、247
冉有・季路、孔子に見えて　245
冉有・子貢[しこう]侃侃如[かんかんじょ]たり　147
冉有問う　151
冉有僕たり　186
瞻視[せんし]を尊[たっと]くす　312
千室の邑[ゆう]、百乘の家　52
千乘[せんじょう]の國を道[みちび]くに　3
千乘の國、其の賦を治めしむ　51
千乘の國、大国の間に攝[はさ]まれ　156
先進に從わん　141
先進の禮樂[れいがく]に於けるや　141
先生に饌[せん]す　15
先王の道も斯[これ]を美と爲す　7
戰戰兢兢[せんせんきょうきょう]として深淵　99

戦栗[せんりつ]せしむるなり　32
穿窬[せんゆ]の盗のごときか　270
顓臾[せんゆ]は固くして費に近し　247
顓臾を伐[う]たんとす　245

そ

楚[そ]の狂接輿、歌いて孔子を過ぎ　282
素[そ]以て絢[あや]を爲す　26
素衣には麑裘[げいきゅう]、黄衣には狐裘　131
阼階[そかい]に立つ　134
疏食[そし]と菜羹[さいこう]と瓜と雖も　134
疏食を飯[くら]いて歯[よわい]を沒する　205
疏食を飯い水を飲み　86
俎豆[そとう]の事は則ち嘗て之を聞けり　227
宋は徴[しるし]とするに足らざる　27
宋朝[そうちょう]の美あるは、難いかな　73
喪[そう]は其の易[そなわ]らんよりは　24
躁[そう]と謂う　252
莊[そう]以て之に涖[のぞ]めども　241
莊を以てすれば則ち敬す　20
曽子言いて曰わく　100
曽子曰わく　2、5、43、101、102、179、216、298、299
曽子、疾[しつ]有り　99、100
曽晳[そうせき]後[おく]れたり　158
宗族[そうぞく]孝を稱し、郷黨弟を稱す　194
宗廟[そうびょう]會同[かいどう]は諸侯に非ず　159
宗廟の事、如[も]しくは會同に　157
宗廟の美・百官の富を見ず　303
造次[ぞうじ]にも必ず是に於てし　39
臧武仲[ぞうぶちゅう]の知、公綽の不欲　206
臧武仲、防[ぼう]を以て　208
臧文仲[ぞうぶんちゅう]は其の位を竊[ぬす]む　234
臧文仲、蔡[さい]を居く、節を山にし　57
草木の區[く]して以て別つに譬う　297
草木の名を識る　269
粟[ぞく]ありと雖も　170
粟九百(五秉)を與[あた]う　67
粟を請う　66
賊と爲す(なり)(と謂う)　225、270、312
束脩[そくしゅう]を行うより以上は　82
束帯[そくたい]して朝に立ち　52
忮[そこな]わず、求めず　124
卒爾として　155
易[そなわ]らんよりは　24
備わらんことを一人に求むる　290
其の惡を攻めて人の惡を攻むる　176
其の兄の子を以て之に妻[めあわ]す　48、143
其の過を見て、内に自ら訟[せ]むる　63
其の争や君子なり　26
其の生くるや榮え　305
其の潔[いさぎよ]きに與[くみ]せん　92
其の未だ之を得ざれば　271
其の憂[うれ]いに堪えず　71
其の器[うつわ]を利[するど]くす　232
其の奥[おう]に媚[こ]びんよりは　29
其の往[おう]を保[ほ]せざるなり　92
其の己を行うや恭[きょう]　56
其の老ゆるに及んでは血気既に衰う　253
其の可なるを知らざるなり　21
其の上[かみ]に事うるや敬　57
其の鬼に非ずして之を祭るは諂なり　22
其の愚は及ぶべからざるなり　60
其の位に在らざれば　105、215
其の位に復[かえ]れば　129
其の言[い]うや善し　100
其の言[げん]や訒[しの]ぶ　163
其の言[げん]譲らず　159
其の言[げん]を聽けば厲[はげ]し　295
其の言[げん]を之れ怍[は]じざれば　212
其の言[ことば]は而る後に之に従う　17
其の言[ことば]を聽きて其の行を信ず　54
其の志　6、158、159、287

そ

其の心三月仁に違わず　68
其の事を敬して、其の食を後にす　243
其の子を襁負[きょうふ]して至らん　184
其の子を以て之に妻[めあわ]す　48
其の壯んなるに及んで　253
其の死を得ざらん　147
其の士の仁なる者を友とす　232
其の醤[しょう]を得ざれば食わず　133
其の親[しん]に及ぼすは、惑に非ずや　176
其の親を失わざれば　8
其の仁に如[し]かんや　210
其の仁を知らざるなり　52
其の仁を知らず　50
其の進むに與[くみ]するなり　92
其の進むを見るなり　121
其の説を知る者の天下　28
其の瞻視[せんし]を尊[たっと]くす　312
其の先生と竝び行くを見るなり　226
其の宗廟朝廷に在[いま]すや　127
其の大夫の賢なる者に事え　232
其の寶[たから]を懐きて　261
其の掌[たなごころ]を指[ゆびさ]す　28
其の他は能くすべきなり　299
其の民を養うや惠(使うや義)　57
其の父の臣と父の政とを改めざる　299
其の父、羊を攘[ぬす]みて　192
其の知は及ぶべきなり　60
其の杖を植[た]てて芸[くさぎ]る　286
其の次は地を避く、其の次は色避く　221
其の罪に非ざるなり　48
其の黨[とう]に於てす　40
其の徳を稱するなり　218
其の徳を恒[つね]にせざれば　196
其の鳴くや哀し　100
其の以[な]す所を視、其の由る所を観　16
其の二子を見[まみ]えしむ　286
其の母の爲に粟[ぞく]を請う　66
其の羊を愛[おし]む　30
其の人と爲[な]りや、孝弟にして　1
其の人と爲りや、憤[ふん]を發して　87
其の人を辟[さ]くる士に従わん　284
其の人を使うに及びては　197
其の不可なるを知りて　222
其の不孫ならんよりは寧[むし]ろ固しかれ　96
其の不能を患[うれ]うるなり　217
其の蔽[へい]や愚(蕩)(賊)　267
其の蔽や絞(亂)(狂)　268
其の政を謀らず　105、215
其の道を致す　294
其の道を以て之を得ざれば　38
其の身正しければ、令せずして　185
其の身を潔[いさぎよ]くせんと欲して　287
其の身を正しくせば、政に從う　188
其の身を忘れて以て其の親　176
其の目[もく]を問わん　161
其の門を得る者或[あるい]は寡[すく]なし　303
其の善からざる者は之を惡む　197
其の善からざる者にして之を改む　88
其の善き者を擇[えら]びて　88、91
其の餘[よ]は則ち日に月に至るのみ　68
其の餘は觀るに足らざる　104
其の禮を愛[おし]む　30
其の禮樂の如きは　157
其れ或いは周を繼[つ]ぐ者は　22
其れ終らんのみ　278
其れ聞くままに斯れ諸を行わん　151
其れ事ならん　189
其れ諸れ人の之を求むるに異なるか　6
其れ諸を斯に示[み]るが如きかと　28
其れ斯を之れ謂うか　9、257
其れ然り。豈[あに]其れ然らんや　208
其れ恕か　237
其れ唯[ただ]聖人か　297
其れ猶[なお]穿窬[せんゆ]の盗のごときか　270

其れ猶正しく牆[かき]に面して立つ　269
其れ何を以て之を行[や]らんや　21
夫[そ]れ君子の喪[も]に居る　274
夫れ然る後に行われん　230
夫れ達なる者は　174
夫れ聞なる者は　175
夫れ我を召[よ]ぶ者にして、豈徒ならんや　264
畔[そむ]かざるべし　78、172
損益[そんえき]する所知るべきなり　22
損者三友[そんしゃさんゆう]　251
損者三樂[そんしゃさんらく]　252
巽與[そんよ]の言[げん]は、能く説ぶこと　122

た

大なるかな問や　24
大過[たいか]無かるべし　87
大簡[たいかん]なること無からんや　65
大賢ならんか　293
大国の間に攝[はさ]まれて　156
大宰[たいさい]我を知れるか　113
大宰、子貢に問うて曰わく　112
大祭[たいさい]に承[つか]えまつる　162
大師[たいし]摯[し]は齊に適[ゆ]く　289
大受[たいじゅ]すべきなり　242
大事成らず　192
大車[だいしゃ]輗[げい]無く、小車軏無くんば　21
大人[たいじん]に狎れ、聖人の言を侮る　254
大人を畏[おそ]れ、聖人の言を畏る　254
大臣と謂うべきか　153
大臣なる者は、道を以て君に事え　153
大臣をして以[もち]いられざる　289
大節[たいせつ]に臨んで奪うべからざる　102
大葬[たいそう]を得ずとも　117
大徳[だいとく]は閑[のり]を踰[こ]えず　296
大廟[たいびょう]に入りて　29、30、136
大賓[たいひん]を見るが如く　162
大夫[たいふ]に朝[ちょう]に語りて曰わく　302
大夫の後[しりえ]に従える　144、213、214
大夫より出ずれば　250
大倫[たいりん]を亂[みだ]る　287
泰山[たいざん]に旅[りょ]す　25
泰山を林放にも如かずと謂えるか　25
泰伯[たいはく]は其れ至徳と謂うべき　98
違[たが]うこと無し　13
違わざること愚なるが如し　15
耕すも餒[うえ]其の中[うち]に在り　240
寶[たから]を懐きて其の邦を迷わす　261
琢[たく]するが如く磨[ま]するが如しと　9
諾[だく]を宿むること無し　171
長[たけ]一身有半　131
相[たす]くるは維[こ]れ辟公[へきこう]　23
繹[たず]ぬるを貴[たっと]しと爲す　122
唯[ただ]聞く有らんことを恐る　56
唯堯[ぎょう]之[これ]に則[のっと]る　107
唯酒[さけ]は量無[りょうな]く亂に及ばず　133
唯女子[じょし]と小人とは養い難し　278
唯上知[じょうち]と下愚[かぐ]とは移らず　262
唯仁者[じんしゃ]のみ能く人を好み　37
唯其[そ]の言うことにして予に違う　190
唯謹[つつし]めるのみ　127
唯天[てん]を大いなりと爲す　107
唯我[われ]と爾[なんじ]と是れ有るかな　83
正しくして譎[いつわ]らず　209
正しく牆に面して立つがごときか　269
達せず　135、177、184、192
達なり　69
達なる者は、質直にして義を好み　175
達に非ざるなり　174
達巷黨[たっこうとう]の人曰わく　110
立つ所有りて卓爾[たくじ]たるが如し　116
立つに門に中せず　128
立つ所以[ゆえん]を患[うれ]う　42
立ちては則ち其の前に參するを見　230

縦[たと]い大葬を得ずとも　117
譬[たと]えば北辰[ほくしん]其の所に居りて　11
譬えば地を平かにするが如し　120
譬えば山を爲[つく]るが如し　120
掌[たなごころ]を指[ゆびさ]す　28
樂しからずや　1
樂しみて淫せず、哀しみて傷[やぶ]らず　32
樂しみて然る後に笑う　208
樂しみも亦其の中に在り　86
樂しむ者に如かず　74
樂しんでは以て憂を忘れ　87
多能なり　113
多聞[たぶん]を友とするは、益なり　251
他人の賢者は丘陵なり　303
他邦[たほう]に至りて則ち曰わく　58
民[たみ]敢[あえ]て敬せざること莫し　183
民敢て服せざること莫し　184
民今に到るまで之を稱す　257
民偸[うす]からず　99
民得て稱[しょう]する無し　98
民斯を下と爲す　255
民之を信にす　166
民散ずること久し　300
民手足を措く所無し　182
民仁に興[おこ]る　99
民鮮[すく]なきこと久し　78
民使い易きなり　224
民徳として稱する無し　257
民に重んずる所は、食・喪祭　309
民に三疾有り　271
民の義を務め、鬼神を敬し　75
民の仁に於けるや、水火より　242
民の徳厚きに歸[き]す　5
民の利とする所に因りて　310
民は之に由[よ]らしむべし　103
民免[まぬが]れて恥ずること無し　12
民能く名づくること無し　107
民を教うること七年　199
民をして敬忠[けいちゅう]にして以て　20
民をして戰栗[せんりつ]せしむるなり　32
民を足らしむべきなり　157
民を使うに時を以てす　3
民を使うには大祭に承えまつる　162
民を使うや義　57
民を養うや惠　57
民、今に到るまで其の賜[たまもの]を受く　210
民、信無くんば立たず　167
足[た]らば則ち吾能く之を徴とせん　27
孰[たれ]か敢て正しからざらん　172
孰か鄹人[すうひと]の子を禮を知ると謂うや　30
孰か微生高[びせいこう]を直なりと謂うや　61
孰か禮を知らざらん　34、93
誰か能く出ずるに戸に由らざらん　73
誰が爲にかせん　145
誰と以[とも]にか之を易[か]えん　284
誰をか毀[そし]り誰をか譽[ほ]めん　237
端章甫[たんしょうほ]して願わくは小相　157
澹臺滅明[たんだいめつめい]なる者　72
短命にして死せり　66、143

ち

知と謂う　75、262
知は之に及べども　241
知を好みて學を好まざれば　267
知を問う　177
知者は動き、仁者は静かなり　76
知者は仁を利す　37
知者は樂しみ、仁者は壽[いのちなが]し　76
知者は人を失わず、亦言を失わず　231
知者は惑わず　125、216
知者は水を樂しみ　76
地を避[さ]く　221
恥辱[ちじょく]に遠ざかる　8

近き憂[うれい]有り　233
近き者説[よろこ]べば、遠き者來る　191
邇[ちか]くしては父に事え　268
力足らざる者は中道にして廢す　71
力を陳べて列に就き、能わざれば止むと　246
力、科[しな]を同じくせざるが爲なり　30
父[ちち]在[いま]せば其の志を觀　6
父父たり、子子たり　170
父とを弑[しい]すれば　154
父の臣と父の政とを改めざる　299
父の道を改むる無　6、45
父は子の爲に隱し、子は父の爲に　193
父沒[ぼっ]すれば其の行を觀る　6
中を執れ　307
中行[ちゅうこう]を得て之に與[くみ]せずんば　195
中人[ちゅうじん]以上(以下)には、以て上を　75
中道にして廢す　71
中庸[ちゅうよう]の德たるや　78
忠[ちゅう]　2、20、58、193、255
忠にして能く誨[おし]うること　204
忠を以てす　31、171
忠恕[ちゅうじょ]のみ　43
忠信[ちゅうしん]丘が如き者有らん　64
忠信(ならず)　229
忠信を主とし　5、123、169
仲弓[ちゅうきゅう]曰わく　65、163
仲弓、子桑伯氏[しそうはくし]を問う　65
仲弓、季氏の宰と爲りて　180
仲弓、仁を問う　162
仲尼[ちゅうじ]豈[あに]子[し]より賢らんや　304
仲尼焉[いずく]にか學べる　301
仲尼は日月なり　303
仲尼は毀[そし]るべからざるなり　303
仲叔圉[ちゅうしゅくぎょ]は賓客を治め　212
仲由[ちゅうゆう]は政に從わしむべきか　68
紂[ちゅう]の不善や、是くの如く　300
晝夜[ちゅうや]を舍[お]かず　119
趙魏[ちょうぎ]の老と爲れば　206
冢宰[ちょうさい]に聽くこと三年なり　223
長じて述ぶること無く　225
長沮[ちょうそ]・桀溺[けつでき]耦[ぐう]して耕す　283
長府[ちょうふ]を爲[つく]る　147
長幼[ちょうよう]の節は廢すべからざる　287
鳥獸草木[ちょうじゅうそうもく]の名を識る　269
鳥獸は與[とも]に群を同じく　285
朝[ちょう]にて下大夫と言えば　127
朝廷[ちょうてい]に在[いま]す　127
朝服[ちょうふく]して阼階[そかい]に立つ　134
直なるかな史魚　230
直にして禮無ければ　98
直を好みて學を好まざれば　267
直道にして行う所以なり　238
直躬[ちょっきゅう]なる者　192
陳・蔡に從う　141
陳に在[いま]して糧を絶つ　227
陳の司敗問う　93
陳恆[ちんこう]其の君を弑す　213
陳亢[ちんこう]退きて喜び　259
陳亢、伯魚に問うて曰わく　257
陳子禽[ちんしきん]、子貢に謂いて曰わく　304
陳成子[ちんせいし]、簡公を弑す　213
陳文子[ちんぶんし]、馬十乘有り　58

つ

杖[つえ]を植[た]てて芸[くさぎ]る　286
杖を以て篠[あじか]を荷うに遇う　285
杖を以て其の脛[すね]を叩く　225
使[つかい]なるかな、使なるかな　215
仕[つか]えざれば義無し　286
仕えて優なれば則ち學ぶ　297
月に其の能くする所を忘るる　294
告ぐる者の過てるなり　207
敬[つつし]みて失うこと無く　165

謹[つつし]みて信、汎く衆を愛して　3
愼[つつし]みて其の餘りを言えば　18
恒[つね]有る(無く)　90、195
雅[つね]に言う所は　87
罪有らば敢て赦さず　307
罪朕[わ]が躬[み]に在らん　308
罪を天に獲れば、禱る所無きなり　29
釣して綱せず　91

て

手を左右にす　128
貞[てい]にして諒[りょう]ならず　243
禘[てい]の説を問う　28
禘、既に灌してより往[のち]は　27
定公[ていこう]問う　31、189
弟子[ていし]其の勞に服し　15
弟子學ぶこと能[あた]わざるなり　95
弟子、入りては則ち孝　3
弟子、孰か學を好むと爲す　66、143
帝臣[ていしん]蔽[かく]さず　307
鄭聲[ていせい]の雅樂を亂るを惡む　272
鄭聲は淫[いん]、佞人は殆[あやう]し　233
鄭聲を放ち、佞人を遠ざく　233
適も無く、莫[ばく]も無し　41
涅[でっ]すれども緇[くろ]まず　266
天之を厭[た]たん、天之を厭たん　78
天之を縦[ゆる]して將に聖たらしめん　113
天何をか言うや　273
天の階[きざはし]して升るべからざる　305
天の將に斯の文を喪ぼさんとするや　112
天の曆數、爾の躬に在り　307
天將[まさ]に夫子を以て木鐸と為さん　35
天予[われ]を喪ぼせり　145
天を欺[あざむ]かんか　117
天を怨みず、人を尤[とが]めず　220
天、徳を予[われ]に生[な]せり　89
天下治まる　107
天下仁に歸[き]す　161
天下の惡皆焉[ここ]に歸[き]す　300
天下の通喪[つうも]なり　275
天下の道無きや久し　35
天下の民心を歸せん　309
天下道有ら(れ)ば　104、249、250、285
天下道無ければ　249
天下を三分して　108
天下を匡[ただ]す　210
天子穆穆[ぼくぼく]たりと　23
天子より出ず　249
天道[てんどう]とを言うは　55
天命を畏[おそ]れ、大人を畏れ　254
天命を知り　12
天禄[てんろく]永く終えん　307
點[てん]、爾は何如　157
顚沛[てんぱい]にも必ず是に於てす　39

と

徒行[とこう]すべからざるなり　144
斗筲[としょう]の人何ぞ算うるに足らんや　195
黨[とう]　40、61、93、192、236
侗[とう]にして愿[げん]ならず　106
盜のごときか　270
盜を患[うれ]えて、孔子に問う　173
盜を爲す　277
唐虞[とうぐ]の際、斯に於て盛と爲す　108
唐棣[とうてい]の華[はな]　125
湯[とう]、天下を有[たも]ち　178
同[どう]じて和せず　196
同姓[どうせい]なるが爲に　93
慟[どう]すること有るか　145
童子[どうし]見[まみ]ゆ。門人惑う　91
童子六七人、沂[き]に浴し　158
東首[とうしゅ]して朝服を加え、紳を拖[ひ]く　136

東周[とうしゅう]を爲さんか　264
東蒙[とうもう]の主と爲し　245
東里[とうり]の子産[しさん]之を潤色す　204
滕薛[とうせつ]の大夫と爲るべからず　206
蕩蕩乎[とうとうこ]として民能く名づくる　107
滔滔[とうとう]たる者、天下皆是なり　284
堂堂[どうどう]たるかな張や　298
棖[とう]や慾あり　54
遠からずや　102
遠き慮[おもんぱかり]無ければ、必ず近き憂い　233
遠き者來る　191
遠きを致さんには泥[なず]まん　293
遠く遊ばず　44
遠くしては君に事[つか]え　268
道路に死なんや　117
尤[とがめ]寡[すく]なし(なく)　18、19
時ならざるは食わず　133
時なるかな、時なるかな　139
時にして然[しか]る後に言う　208
徳有る者は必ず言有り　202
徳は孤ならず、必ず鄰有り　46
徳に據[よ]り、仁に依[よ]り　81
徳の修まらざる　80
徳を懷い、小人は土を懷う　41
徳を好むこと、色を好むが如く　120
徳を之れ棄[す]つるなり　270
徳を知る者は鮮[すく]なし　229
徳を崇[たか]くし慝[とく]を脩め惑を辨ぜん　176
徳を崇くし、惑[まど]いを辨[べん]ぜん　169
徳を崇くするに非ずや　176
徳を尚[たっと]ぶかな　203
徳を執[と]ること弘[ひろ]からず　291
徳を以てすれば(し)　11、12
徳を以て怨[うらみ]に(徳に)報い　219
徳行には顔淵・閔子騫　142
慝[とく]を脩[おさ]むるに非ずや　176
篤敬[とっけい]なれば(ならざれば)　229
年[とし]饑[う]えて用足らず　168
年四十にして惡[にく]まるる　278
歲[とし]寒くして、然る後に松柏[しょうはく]の　124
歲我[われ]と與[とも]にせず　262
富と貴とは、是れ人の欲する所　38
富にして求むべくんば　84
富み且つ貴きは恥なり　105
富みて驕[おご]ること無きは何如　9
富みて驕る無きは易[やす]し　206
富みて有するや　186
富みて禮を好む者には　9
富めるかな、是の言や　178
朋[とも]遠方より來[き]たる有り　1
友とすること無かれ　5、123
友を問う　178
友を以て仁を輔[たす]く　179
與[とも]に言うべくして　231
與に立つべからず。與に立つべし　125
與に立つ所を揖[ゆう]すれば　128
與に共に學ぶべし　125
與に竝[なら]びて仁を爲し難し　298
與に議[はか]るに足らざるなり　41
與に權[はか]るべからず　125
與に道に適[ゆ]くべし　125
倶[とも]に其の死を得ず　203
鳥の將[まさ]に死なんとするとき　100

な

名正しからざれば則ち言順わず　182
名の稱せられざるを疾[にく]む　236
名づくれば必ず言うべきなり　182
名を正さんか　181
苗[なえ]にして秀[ひい]でざる者　121
直[なお]きこと其の中[うち]に在り　193
直きを擧げて諸を枉[まが]れるに　19、177
直きを友とし、諒[まこと]を友とし　251

な

直きを以て怨《うらみ》に報い　219
長く樂《らく》に處《お》るべからず　37
亡《な》きを時として往《ゆ》きて　261
亡くして有りと爲し　90
作《な》す者七人　221
習《ならい》、相《あい》遠きなり　262
習わざるを傳《つた》うるか　3
狎《な》れたりと雖《いえど》も必ず變《へん》ず　137
腥《なまぐさ》を賜えば必ず熟して　136
膾《なます》は細きを厭《いと》わず　132
爾《なんじ》が及ぶ所に非ざるなり　55
爾が隣里郷黨《りんりきょうとう》に與えんか　67
爾是れ過てること無きか　245
爾の知らざる所、人其れ諸を舍てん　181
爾の知る所を擧《あ》げよ　181
爾は何如《いかん》　157
爾を上下《しょうか》の神祇《しんぎ》に禱ると　96
女《なんじ》救《すく》うこと能わざるか　25
女奚《なん》ぞ曰わざる　87
女と回と孰《いず》れか愈《まさ》れる　52
女に於て安きか　274
女に之を知るを誨《おし》えんか　18
女は器《き》なり　49
女は畫《かぎ》れり　71
女は其の羊を愛《おし》む　30
女は予《われ》を以て多く學びて　228
女を以て死せりと爲《な》す　153
女、君子の儒と爲れ　72
女、周南・召南を爲《まな》びたるか　269
女、人を得たりや　72
何か我に有らんや　80、119
何をか憂え、何をか懼《おそ》れん　164
何をか惠《けい》して費さずと謂う　310
何をか五美と謂う　310
何をか四惡と謂う　312
何を爲さば則ち民服《たみふく》せん　19
何を以て之を文と謂うや　56
何を以てか之を觀んや　36
何を以てか德に報いん　219
何を用《もっ》てか臧《よ》からざらん　124
何《なん》爲《す》れぞ其れ子《し》を知る　219
何ぞ敢《あえ》て回を望まん　53
何ぞ敢て死せん　153
何ぞ傷《いた》まんや　158
何ぞ晏《おそ》きや　188
何ぞ算《かぞ》うるに足らんや　195
何ぞ必ずしも改め作らん　148
何ぞ必ずしも公山氏に之れ之《ゆ》かん　264
何ぞ必ずしも書を讀みて　154
何ぞ必ずしも父母の邦を去らん　281
何ぞ兄弟無きを患《うれ》えんや　165
何ぞ斯の道に由《よ》ること莫きや　73
何ぞ喪《さまよ》うことを患《うれ》えんや　35
何ぞ日月を傷《やぶ》らんや　304
何ぞ仁を事とせん　79
何ぞ其れ多能なるや　113
何ぞ其れ徹せんや　168
何ぞ德の衰えたる　282
何ぞ文を以て爲さん　167
何ぞや、爾《なんじ》の所謂《いわゆる》達とは　174
何の器《き》ぞや　49
何の常師《じょうし》か之れ有らん　302
何の遠きことか之れ有らん　126
奚《なん》爲《す》れぞ丘の門に於てせん　148
奚ぞ三家の堂に取らん　23
奚ぞ其れ政を爲すことを爲さん　21
盍《なん》ぞ各々爾の志を言わざる　62
盍ぞ徹せざるや　168
焉《なん》ぞ殺を用いん　173
南宮适《なんきゅうかつ》、孔子に問うて曰わく　203
南人《なんじん》、言えること有り　195
南面《なんめん》　65、229
南容《なんよう》を謂う　48
南容、白圭《はくけい》を三復す　143

に

臭[におい]の惡[あ]しきは食わず　133
肉の味を知らず　84
肉の敗れたるは食わず　132
肉は多しと雖も　133
惡[にく]むこと有り　277
惡むこと無きなり　38
二すら吾[われ]猶[なお]足[た]らず　168
二三子、偃[えん]の言是[げんぜ]なり　263
二三子、何ぞ喪[さまよ]うことを患えんや　35
二三子、我を以て隱せりと爲すか　89
二代に監[かんが]みて　29
錦[にしき]を衣て　274
雞[にわとり]を殺し、黍[きび]を為[つく]りて　286
雞を割[さ]くに焉んぞ牛刀を用いん　263
任[にん]重くして道遠し　102

ぬ

竊[ぬす]まざらん　173
竊む者か　234
攘[ぬす]みて、子之を證す　192

ね

佞[ねい]　49、50、73
佞を爲[な]すこと無からんや　218
佞者[ねいじゃ]を惡[にく]む　155
佞人[ねいじん]は殆[あやう]し　233
佞人を遠ざく　233
甯武子[ねいぶし]、邦に道有るときは　60
願わくは子[し]の志を聞かん　63
願わくは小相たらん　157
願わくは車馬衣軽裘、朋友と共にし　62
願わくは善に伐[ほこ]ること無く　63
願わくは學ばん　157

の

能[のう]を以て不能に問い　101
述べて作らず　80
矩[のり]を踰[こ]えず　13

は

拜[はい]し(せず)(す)　135、137、261
廢官[はいかん]を修むれば　308
陪臣[ばいしん]國命を執[と]れば　250
廢[はい]は權[けん]に中[あた]る　288
圖[はか]らざりき、樂を爲すこと　85
謀[はかりごと]を好みて成さん者なり　84
白圭[はくけい]を三復す　143
伯夷・叔齊は舊惡[きゅうあく]を念わず　61
伯夷・叔齊は首陽の下に餓[う]う　257
伯夷・叔齊は何人[なにびと]ぞや　85
伯夷[はくい]・叔齊[しゅくせい]・虞仲・夷逸　287
伯牛[はくぎゅう]、疾有り　70
伯氏[はくし]の駢邑[べんゆう]三百を奪い　205
伯達[はくたつ]・伯适・仲突・仲忽　290
博奕[はくえき]なる者有らずや　276
薄冰[はくひょう]を履[ふ]むが如しと　99
恥じざる者は、其れ由か　124
恥ずる有りて且つ格[ただ]し　12
恥なり　105
恥を問う　201
羞[はじ]を承[すす]めん　196
始[はじめ]有り卒[おわり]有る者は　297
始めて作[おこ]すに翕如[きゅうじょ]たり　34
始めて與[とも]に詩を言う　9、26
始めて有するや、曰わく、苟か合えり　186
始め吾[われ]人に於けるや　54
趨[はし]り進むこと翼如[よくじょ]たり　129
趨り進むには翼如たり　128
趨りて之を辟[さ]け　283

趨りて庭を過ぐ　258
奔[はし]りて殿す　72
八佾[はちいつ]庭に舞わしむ　23
八士有り　290
發[はつ]するに足[た]る　15
甚[はなはだ]しきかな、吾が衰えたるや　81
樊遲[はんち]未だ達せず　177
樊遲御[ぎょ]たり　13
樊遲從いて舞雩[ぶう]の下[もと]に遊ぶ　175
樊遲、稼[か]を學ばんと請う　183
樊遲、仁を問う　177、193
樊遲、知を問う　75
反坫[はんてん]あり　34
播鼗武[はとうぶ]は漢に入る　289
蠻貊[ばんぱく]の邦と雖も行われん　229
萬方[ばんぽう]罪有らば、罪朕が躬に　308
萬方を以てすること無かれ　308

ひ

日に其の亡き所を知り　294
日に月に至るのみ　68
日に吾が身を三省す　2
日を終え、心を用うる所無きは、難いかな　276
非なるか。曰わく、非なり　228
悱[ひ]せずんば發せず　82
斐然[ひぜん]として章を成す　61
費[ひ]の宰[さい]　69、154
費を以て畔[そむ]く　264
美と爲す　37
美を盡[つく]せり　35
美を黻冕[ふつべん]に致し　109
美目[びもく]盼[はん]たり　26
秀[ひい]でて實[みの]らざる者あり　121
比干[ひかん]は諫[いさ]めて死す　280
久しきかな、吾復夢に周公を見ず　81
久しくして人之[これ]を敬す　57
久しく約に處[お]るべからず　37
肱[ひじ]を曲げて之を枕とす　86
鄙事[ひじ]に多能なり　113
鄙倍[ひばい]に遠ざかる　101
鄙夫[ひふ]ありて我に問う　114
鄙夫は與[とも]に君に事うべけんや　271
微子[びし]は之を去り　280
微生高[びせいこう]を直なりと謂う　61
微生畝[びせいほ]、孔子に謂いて　218
卑諶[ひじん]之を草創し　204
肥馬[ひば]に乘りて軽裘[けいきゅう]を衣たり　67
竊[ひそか]に我が老彭[ろうほう]に比す　80
必[ひつ]毋[な]く、固毋く、我毋し　111
匵[ひつ]に韞[おさ]めて諸を藏せんか　117
羊を攘[ぬす]みて、子之を證す　192
胇肸[ひっきつ]中牟[ちゅうぼう]を以て畔[そむ]く　266
胇肸[ひっきつ]召[よ]ぶ。子往かんと欲す　265
匹夫[ひっぷ]も志を奪うべからざるなり　123
匹夫匹婦の諒[まこと]を爲し　211
一たび天下を匡[ただ]す　210
人[ひと]焉[いずく]んぞ廋[かく]さんや　16
人未だ自ら致す者有らざるなり　298
人知らずして慍[うら]みず　1
人其の言う(取る)ことを厭[いと]わざる　208
人其の父母昆弟の言に間せず　142
人其の笑うことを厭わざる　208
人と歌いて善ければ　94
人と與[まじわ]りて忠なるは　193
人と與るに恭しくして禮有らば　165
人にして遠き慮無[おもんばかりな]ければ　233
人にして信無くんば　21
人に禦[あた]るに口給を以てすれば　50
人にして周南・召南　269
人にして仁ならずんば　24
人にして恒無くんば　195
人にして不仁なる、之を疾むこと　103
人に事[つか]うること能わず　146

人に施すこと勿《なか》れ　237
人の惡を稱する者を惡む　277
人の惡を攻むること無きは　176
人の惡を成さず　172
人の過や、各々其の黨《とう》に於てす　40
人の生くるや直し　74
人の己を知らざるを患《うれ》えず　10、217
人の己を知らざるを病《うれ》えず　235
人の善を道《い》うことを樂しみ　252
人の爲に謀りて忠ならざるか　2
人の將《まさ》に死なんとするとき　100
人は其の憂に堪えず　71
人は皆兄弟有り、我獨り亡し　164
人自《みずか》ら絶たんと欲すと雖も　304
人能《よ》く道を弘む　239
人を愛し(す)　3、177、263
人を失う(わず)　231
人を誨《おし》えて倦《う》まず　80、95
人を辟《さ》くる士に從わんよりは　284
人を知らざるを患う　10
人を知る　177、313
人を傷《そこな》いたりや　135
人を方《たくら》ぶ　217
人を他邦に問わしむる　135
人を使うに及びては　197
人を尤《とが》めず　220
人を以て言を廢せず　237
人、己を潔《いさぎよ》くして以て進まば　92
均《ひと》しからざるを患え　247
均しければ貧しきこと無く　248
百官《ひゃっかん》、己を總《す》べて　223
百工《ひゃっこう》、肆《みせ》に居て　294
百乘《ひゃくじょう》の家、之が宰たらしむ　52
百姓《ひゃくせい》過《あやまち》有らば　308
百姓足らば(足らずんば)　168、169
百姓を安んず　224
百世と雖も知るべきなり　22
百年、亦以て殘《ざん》に勝ちて　187
百物生ず、天何をか言うや　273
百里《ひゃくり》の命を寄す　102
汎《ひろ》く衆を愛して仁に親しみ　3
博く民に施して、能く衆を濟う　79
博く文を學び　77、172
博く學びて篤く志し　294
博く學びて名を成す所無し　110
賓《ひん》顧《かえり》みず　128
賓退けば必ず復命　128
賓客と言わしむべき　52
彬彬《ひんぴん》として、然る後に君子なり　74
敏なれば則ち功有り　265、309
敏にして學を好み　56
敏にして之を求めたる者　88
閔子騫《びんしけん》曰わく　70、147
閔子騫、側《かたわら》に侍す　147

ふ

賦《ふ》を治めしむべき　51
武を謂わく、美を盡せり　35
武王《ぶおう》曰わく　107
武城《ぶじょう》の宰たり　72
父兄の在すこと有り　151、152
父母在せば、遠く遊ばず　44
父母昆弟《ふぼこんてい》の言　142
父母に事えては、幾《ようや》く　44
父母に事えて能く其の力を竭《つく》し　4
父母は唯其の疾《やまい》を之れ憂う　14
父母の邦を去らん　281
父母の年は、知らざる可からざるなり　45
父母の懷《ふところ》を免《まぬが》る　275
巫醫《ふい》を作《な》すべからず　195
巫馬期《ふばき》を揖《ゆう》して之を進めて　93
舞雩《ぶう》に風し、詠じて歸らん　158
舞雩の下《もと》に遊ぶ　175

ふ

不可[ふか]なる者は之を拒まん　292
不可なれば則ち止む　154
不義[ふぎ]にして富み且つ貴きは　86
不賢ならんか　293
不賢を見ては内に自ら省みる　44
不賢者[ふけんじゃ]は其の小なる者を識る　301
不幸（、）短命にして死せり　66、143
不仁の者遠ざかる　178
不仁を惡[にく]む者は　39
不仁者[ふじんしゃ]は以て久しく約に處る　37
不仁者をして其の身に加え　40
不善にして之に違うこと莫くんば　191
不善の改むる能[あた]わざる　81
不善を見ては湯[ゆ]を探るが如くす　256
不孫[ふそん]ならんよりは寧ろ固しかれ　96
不孫にして以て勇と爲す　278
不能を矜[あわれ]む　292
不能を教うれば則ち勸[すす]む　20
不敏なりと雖も、請う　162、163
浮雲[ふうん]の如し　86
膚受[ふじゅ]の愬[うったえ]　165
憮然[ぶぜん]として曰わく　285
負版[ふはん]の者に式[しょく]す　138
富貴[ふうき]天に在り　165
婦人有り。九人のみ　108
夫人自ら稱して小童と曰う　259
夫子[ふうし]焉[いずく]にか學ばざらん　302
夫子莞爾[かんじ]として笑いて曰わく　263
夫子喟然[きぜん]として歎じて曰わく　158
夫子之[これ]に矢[ちか]いて曰わく　78
夫子之を欲す　246
夫子之を哂[わら]う　156
夫子何[なに]をか爲す　215
夫子にして邦家[ほうか]を得るならば　305
夫子の云うこと、亦宜[またうべ]ならずや　303
夫子の言わず、笑わず　207
夫子の及ぶべからざるや　305
夫子の牆[かき]や數仞[すうじん]　302
夫子の君子を説くや　167
夫子の是の邦に至るや　5
夫子の之を求むるは　6
夫子の文章は得て聞くべき　55
夫子の道は忠恕のみ　43
夫子は衛の君を爲[たす]けんか　85
夫子は溫良恭儉讓　6
夫子は聖者か　112
夫子は其の過を寡なくせんと欲し　215
夫子憮然[ぶぜん]として曰わく　285
夫子固[まこと]に公伯寮に　220
夫子自[みずか]ら道うなり　217
夫子を相[たす]け、遠人服せざれども　248
夫子を以て木鐸[ぼくたく]と爲さんとす　35
夫子、循循然[じゅんじゅんぜん]として　115
夫子、時にして然る後に言う　208
夫子、何ぞ由[ゆう]を哂[わら]うや　159
風烈[ふうれつ]には必ず變ず　138
深ければ厲[れい]し　222
再びせば斯れ可なり　60
豚を歸[おく]る　261
黻冕[ふつべん]に致し　109
故[ふる]きを溫[たず]ねて新しきを知る　16
文[ぶん]茲[ここ]に在らずや　112
文と謂うや　56
文と爲すべし　211
文は猶質[なおしつ]のごとく、質は猶文　167
文は吾猶人のごとくなる　94
文を學べ　3
文を以て友を會し　179
文學[ぶんがく]には子游・子夏　142
文献[ぶんけん]足らざるが故なり　27
文行忠信　90
文子[ぶんし]と同じく諸を公に升す　211
文質彬彬[ぶんしつひんぴん]として　74
文、質に勝てば則ち史　74

文章有り 107
文章は得て聞くべきなり 55
文德[ぶんとく]を修めて以て之を來す 248
文王[ぶんのう]既に沒したれども 112
文武の道、未だ地に墜ちず 301
汶[ぶん]の上[ほとり]に在らん 70
憤[ふん]せずんば啓せず 82
憤を發しては食を忘れ 87
忿戾[ふんれい] 272
糞土[ふんど]の牆[しょう]は杇[ぬ]るべからず 53
分崩離析[ぶんぽうりせき] 249

へ

兵を去らん 166
兵を足し、民之を信にす 166
兵車を以てせざる 210
諂[へつらい]なり 22
諂えりと為すなり 31
偏として其れ反せり 125
片言以て獄[うったえ]を折[さだ]むべき者 171
冕衣裳者[べんいしょうしゃ]と瞽者[こしゃ] 115
冕者[べんしゃ]と瞽者とを見ては 137
卞莊子[べんそうし]の勇、冉求の藝 206
籩豆[へんとう]の事は則ち有司存す 101
便佞[べんねい]を友とするは、損なり 251
便辟[べんぺき]を友とし 251
便便[べんべん]として言い 127
駢邑[べんゆう]三百 205

ほ

圃[ほ]を爲[つく]ることを學ばんと請う 183
莫春[ぼしゅん]には春服既に成り 158
方[ほう]六七十(、)如しくは五六十 156、159
鳳[ほう]や鳳や、何ぞ德の衰えたる 282
鳳鳥[ほうちょう]至らず 114
暴と謂う 312
暴虎馮河[ぼうこひょうが]、死して悔なき者 83
暴慢[ぼうまん]に遠ざかり 100
某[ぼう]は斯に在り、某は斯に在り 244
防[ぼう]を以て魯に後を爲すを求む 208
邦域[ほういき]の中に在り 245
邦君[ほうくん]の妻、君之を稱して 259
邦君、樹して門を塞ぐ 33
邦人[ほうじん]之を稱して君夫人 259
邦內[ほうない]に動かさん 249
法語[ほうご]の言は、能く從う 122
法度[ほうど]を審[つまび]らかにし 308
朋友[ほうゆう]は之を信じ 63
朋友死して歸[かえ]る所無し 137
朋友と交るに言いて信あらば 4
朋友と交りて信ならざるか 2
朋友に數々すれば、斯に疏んぜらる 46
朋友には切切偲偲 199
朋友の饋[おくりもの]は、車馬と雖も 137
北辰[ほくしん]其の所に居りて 11
木鐸[ぼくたく]と爲さんとす 35
穆穆[ぼくぼく]たり 23
欲して貪らず、泰[ゆたか]にして驕らず 310
勃如[ぼつじょ]として戰[おのの]く色あり 130

ま

枉[まが]れる者をして直からしむ 177、178
枉れるを擧げて 19
巻きて之を懷[ふところ]にすべし 231
允[まこと]に其の中を執れ 307
固[まこと]に天之を縱[ゆる]して 113
信[まこと]なるかな 207
信に如[も]し君君たらず 170
誠なるかな、是の言や 187
誠に富を以てせず 257
諒[まこと]を友とし、多聞を友とする 251

正に唯弟子學ぶこと能わざる　95
多《まさ》に其の量を知らざる　304
祗《まさ》に異なれるを以てす　257
將《まさ》に顓臾《せんゆ》を伐たんとす　245
將に門に入らんとして　73
益さんことを請う　66
先ず行う、其の言は而る後に　17
先ず覺る者は、是れ賢か　218
磨するが如しと　9
磨すれども磷《うすろ》がず　266
政《まつりごと》有り　189
政《まつりごと》大夫《たいふ》に在らず　250
政とを改めざる　299
政に從うに於いて何か有らん　69、188
政に從わしむべきか　68
政の大夫に逮《およ》ぶ　251
政は兄弟なり　185
政を孔子に問う　170、172、173
政を問う　166、171、180、191、192
政を爲さば、子將に奚をか先にせん　181
政を爲すに德を以てす　11
政を爲すに、焉《なん》ぞ殺を用いん　173
政を以てして達せず　184
祭に與《あずか》らざれば、祭らざる　28
祭には敬を思い　291
祭の肉　134、137
祭ること在《います》すが如く　28
祭れば必ず齊如たり　134
約《まず》しくして泰《ゆた》かなり　90
貧しきを憂えず　240
貧しきを患《うれ》えずして　248
貧しくして怨む無きは難く　205
貧しくして且つ賤《いや》しきは恥なり　105
貧しくして諂《へつら》うこと無く　9
貧しくして道を樂しみ　9
貧《まずしき》と賤《いやしき》とは、是れ人の惡む所　38
牖《まど》より其の手を執りて曰わく　70
惑《まどい》に非ずや　176
惑を辨ぜんことを問う　176
爲《まな》びて厭《いと》わず　95
學びて厭わず　80
學びて思わざれば則ち罔《くら》く　17
學びて之を知る者は、次なり　255
學びて之を識る者と爲すか　228
學びて時に之を習う　1
學びて以て其の道を致す　294
學びて優なれば則ち仕う　297
學ぶに如《し》かざるなり　240
學べば則ち固《こ》ならず　5
學べば祿《ろく》其の中《うち》に在り　240
麻冕《まべん》は禮なり　111
忠《まめ》やかに告げて善く之を道き　178
罕《まれ》に利を言う　110

み

右の袂《たもと》を短くす　131
水を飲み、肱を曲げて　86
自ら致す者有らざるなり　298
自ら省みるなり　44
自ら溝瀆《こうとく》に經《くび》れて　211
自ら訟《せ》むる者を見ざるなり　63
自ら辱めらるること無かれ　179
親《みずか》ら其の身に於て不善を爲す　266
躬《みずか》ら稼して天下を有《たも》つ　203
躬の逮《およ》ばざるを恥ずればなり　45
躬自ら厚くして、薄く人を責む　234
躬《み》もて君子を行う　94
身は淸に中り、廢は權に中る　288
身を殺して以て仁を成す　232
三たび思うて而る後に行う　59
三たび嗅ぎて作《た》つ　139
三たび之を已《や》めらるれども　58
三たび黜《しりぞ》けられざらん　281

三たび仕えて令尹と爲れども　57
三たび天下を以て譲る　98
三日[みっか]朝[ちょう]せず　282
三日を出ずれば之を食わず　134
道行われず、桴に乗りて　50
道同じからざれば、相爲に謀らず　243
道無ければ則ち隠る　104
道に聴きて塗[みち]に説く　270
道に志して、悪衣悪食を恥ずる　41
道に志し、德に據[よ]り、仁に依り　81
道に貴[たっと]ぶ所の者三　100
道の行われざるや、已に之を知れり　287
道の將[まさ]に廢[すた]れんとするや　221
道の將に行われんとするや　220
道を憂えて貧しきを憂えず　240
道を聞けば、夕に死すとも可なり　41
道を信ずること篤からずんば　291
道を直[なお]くして人に事うれば　280
道を謀りて食を謀らず　240
道を枉[ま]げて人に事うれば　281
道を以て君に事え、不可なれば則ち止む　153
道、人を弘[ひろ]むるに非ず　239
塗[みち]に遇う　261
方[みち]を知らしむべきなり　156
實[み]つれども虚しきが若く　101
皆門に及ばざるなり　141
耳順[みみしたが]い　12
耳に盈てるかな　105
視[み]ること猶子のごとく　146
視るには明を思い　255
民人[みんじん]有り、社稷[しゃしょく]有り　154

む

無爲[むい]にして治むる者は　229
無道[むどう]なるを言う　211
無道を殺して有道に就かば　173
無寧[むしろ]二三子の手に死なんか　117
寧[むし]ろ竈[そう]に媚[こ]びよとは　29
昔者[むかし]偃[えん]や、諸を夫子に聞けり　263
昔者先王以て東蒙の主と爲し　245
昔者由や諸を夫子に聞けり　266
昔者、吾が友嘗て斯に従事せり　101
虚[むな]しくして盈[み]てりと爲し　90
紫[むらさき]の朱を奪うを惡む　272

め

妻[めあわ]す　48、143
明と謂うべきのみ　165
明を問う　165
明衣[めいい]有り、布なり　132
明日[めいじつ]遂に行[さ]る　227
明日、子路行きて　286
命とともにし、仁とともにす　110
命なるかな　70
命を如何せん　221
命を將[おこな]う　225
命を將う者、戸を出ず　273
命を知らざれば　313
命を爲[つく]るに卑諶[ひじん]之を草創し　204
滅国[めっこく]を興し絶世を繼ぎ　309

も

喪[も]ある者の側[かたわら]に食すれば　82
喪に臨みて哀しまずんば　36
喪には哀を思う　291
喪の事は敢て勉めずんば　119
喪は哀を致して止む　298
喪を去[のぞ]いては佩[お]びざる所無し　131
孟懿子[もういし]、孝を問う　13
孟敬子[もうけいし]、之を問う　100
孟公綽[もうこうしゃく]、趙魏の老と爲れば　206

孟氏《もうし》、陽膚をして士師たらしむ　299
孟之反《もうしはん》、伐《ほこ》らず　72
孟荘子《もうそうし》の孝や　299
孟孫《もうそん》孝を我に問う　13
孟武伯《もうぶはく》問う　51
孟武伯、孝を問う　14
默《もく》して之を識し　80
沐浴《もくよく》して朝し　213
如《も》し爾《なんじ》を知る、或らば　155
如し王者有らば　188
如し君たることの難きを知らば　190
如しくは會同《かいどう》に端章甫して　157
如し周公の才の美有りとも　103
如し其の情を得ば　300
如し其れ善にして　191
如し博《ひろ》く民に施して　79
如し不善にして　191
如し譽《ほ》むる所の者有らば　238
如し無道を殺して有道に就かば　173
如し政有らば、吾を以《もち》いずと　189
如し求むべからずんば　84
如し我を復《また》する者あらば　70
如し我を用うる者あらば　264
齊《もすそ》を攝《かか》げて堂に升るに　129
齊《ものいみ》すれば必ず明衣有り　132
用うること勿《な》からんと欲す　68
用うれば則ち行い　83
以て興すべく、以て觀るべく　268
以て群すべく、以て怨むべし　268
本立ちて道生ず　2
固《もと》より師を相くるの道なり　244
門を出でては大賓を見るが如く　162
門人厚く之を葬らんと欲す　145
門人惑う　91
門人をして臣たらしむ　116
門人、子路を敬せず　148
門弟子《もんていし》を召して曰わく　99

や

野　74
野なるかな、由や　181
野人《やじん》なり　141
約するに禮を以て　77、116、172
約に處《お》るべからず　37
約を以て之を失う者　46
易《やす》し(く)(き)　104、190、197、198、206、224、263
安からざるを患う　248
安んずる所を察《み》れば　16
綏《やす》んずれば斯に來り　305
敝《やぶ》れたる縕袍《おんぽう》を衣《き》　124
病《やまい》間なるときに曰わく　116
疾《やまい》(、)病《おもき》なり　95、116
疾《や》めるとき、君之を視れば　136
已《や》みなん已みなん　282
已むに賢《まさ》れり　276
已んぬるかな　63、114、233
止《や》むは吾が止むなり　120
罷《や》めんと欲すれども能わず　116

ゆ

由《ゆう》の詐《いつわり》を行うや　117
由の若《ごと》きは其の死を得ざらん　147
由の瑟《しつ》、奚爲《なんす》れぞ丘の門　148
由や果なり　69
由や喭《がん》　150
由や諸を夫子に聞けり　266
由や問う　152
由や堂に升《のぼ》れり　148
由や人を兼《か》ぬ　152
由や勇を好むこと我に過ぎたり　51
由や、女《なんじ》六言六蔽《りくげんりくへい》　267
由、女《なんじ》に之を知るを誨えんか　18

勇[ゆう]有りて且つ方[みち]を知らしむ　156
勇有りて義無ければ　276
勇にして禮無け(き)　98、277
勇を好みて學を好まざれば　268
勇を好みて貧を疾[にく]めば亂る　103
勇者は懼[おそ]れず　125、217
勇者は必ずしも仁有らず　202
耰[ゆう]して輟[や]まず　284
揖讓[ゆうじょう]して升り下り　26
有子[ゆうし]曰わく　1、7
有司[ゆうし]と謂う　313
有司を先にし、小過を赦し　180
有政[ゆうせい]に施す　21
有道[ゆうどう]に就[つ]かば何如　173
有道に就きて正す　8
夕[ゆうべ]に死すとも可なり　41
行くに閾[しきい]を履まず　128
往[ゆ]く者は諫むべからず　282
逝[ゆ]く者は斯の如きか　119
泰[ゆたか]にして驕らず　198、310
夢[ゆめ]に周公を見ず　81
愉愉如[ゆゆじょ]たり　130

よ

輿[よ]に在りては則ち其の衡に倚る　230
予[よ]に於てか是を改む　54
予に於てか何ぞ誅[せ]めん　53
予の不仁なるや　275
予や、三年の愛其の父母　275
世にして後に仁ならん　188
世を辟[さ]くるの士に從うに若かんや　284
世を沒[お]えて名の稱せられざる　236
善[よ]いかな　170、176
善く之を道[みちび]き、不可なれば　179
善く室に居れり　185
善く人と交わる　57
善く人を誘う　115
善く我が為に辭[じ]せよ　70
善き者を擇びて之に從い　88
幼[よう]にして孫弟[そんてい]ならず　225
雍[よう]や南面せしむべし　65
雍や、仁にして佞[ねい]ならず　49
雍、不敏なりと雖も、請う　163
用を節して人を愛し　3
陽貨[ようか]、孔子を見んと欲す　261
陽膚[ようふ]をして士師たらしむ　299
容色[ようしょく]あり　130
容貌[ようぼう]を動かして、斯に暴慢　100
洋洋乎[ようようこ]として耳に盈てる　105
夭夭如[ようようじょ]たり　81
能[よ]く一日も其の力を仁に用いる　40
能く五の者を天下に行う　264
能く誨[おし]うること勿からんや　204
能くし難[がた]きを爲すなり　298
能く衆を濟[すく]う有らば　79
能く近く譬[たとえ]を取る　79
能く人を好み、能く人を惡む　37
能く禮讓[れいじょう]を以て國を爲めん　42
弋[よく]して宿を射[い]ず　91
翼如[よくじょ]たり　129
四を絶つ　111
四を以て教う　90
與與如[よよじょ]たり　127
由[よ]らしむべし。之を知らしむべからず　103
餘力[よりょく]あれば、則ち以て文を學べ　3
因[よ]ること、其の親を失わざれば　8
説[よろこ]ばざる所無し　142
説ばざるに非ず　71
説ばしからずや　1
説ばしむるに道を以て　197、198
説ぶこと無からんや　122
説べば、遠き者來る　191
喜ぶ色無し　58

ら

來者[らいしゃ]の今に如かざるを知らん　121
亂[らん]　98、268
亂に及ばず　133
亂を為[な]す　276
亂を作[な]すを好む者は　2
亂臣[らんしん]十人有り　107
亂邦[らんぽう]には居らず　104
亂・神を語らず　88

り

利とする所に因[よ]りて之を利す　310
利に喩[さと]る　43
利に放[よ]りて行えば、怨多し　42
利を言う、命とともに　110
利を見ては義を思い　207
利口[りこう]の邦家を覆[くつがえ]す　272
鯉[り]退きて詩を學べり　258
鯉退きて禮を學べり　259
鯉趨[はし]りて庭を過ぐ　258
鯉や死す　144
履[り]、敢[あえ]て玄牡[げんぼ]を用いて　307
犂牛[りぎゅう]の子、騂くして且つ角あらば　68
六言六蔽[りくげんりくへい]を聞けるか　267
六尺[りくせき]の孤を託すべく　101
柳下惠[りゅうかけい]の賢[けん]を知りて　234
柳下惠・少連を謂[のたま]わく　288
柳下惠、士師[しし]と爲り　280
諒[りょう]ならず　243
諒陰[りょうあん]三年言わずとは　223
兩君[りょうくん]の好[よしみ]を爲すに反坫　33
兩端[りょうたん]を叩いて竭[つ]くす　114
林放[りんぽう]にも如かずと謂[おも]えるか　25
林放、禮の本を問う　24
隣里郷黨[りんりきょうとう]に與えんか　67

る

類[るい]無し　243
誄[るい]に曰わく　96
縲絏[るいせつ]の中に在りと雖も　48

れ

禮　8、12、13、14、30、31、33、34、78、93、99、111、116、159、172、241
禮必ず壊[やぶ]れん　274
禮と云い禮と云うも　269
禮無ければ則ち亂す　98
禮に非[あら]ざれば　161、162
禮に立ち、樂に成る　103
禮の本を問う　24
禮の和を用て貴[たっと]しと爲す　7
禮は後か　26
禮は其の奢[おご]らんよりは　24
禮以て之を行い、孫以て之を出し　235
禮を如何にせん　24、42
禮を好む者には若[し]かざるなり　9
禮を好めば　183、224
禮を知らざれば、以て立つこと無き　313
禮を爲して敬せず　36
禮を學びたりや(學ばずんば)　258
禮を以て之を節せざれば　7
禮樂[れいがく]　141、157
禮樂興[おこ]らざれば　182
禮樂征伐[せいばつ]　249、250
禮樂を節せんことを樂しみ　252
禮譲[れいじょう]を以て國を爲めんか　42
令すと雖[いえど]も從わず　185
令を慢[ゆる]くして期を致す　312
令尹[れいいん]子文[しぶん]三たび仕え　57
令色[れいしょく]　2、62、272

ろ

魯[ろ]一變せば道に至らん　76
魯に反りて　118
魯に君子者[くんししゃ]無くんば　49
魯の孔丘[こうきゅう]か　283
魯の大師に樂を語りて　34
魯・衛の政[まつりごと]は兄弟なり　185
魯公に謂いて曰わく　289
魯人[ろひと]、長府を爲[つく]る　147
牢[ろう]曰わく　113
勞[ろう]して怨みず　44、310
勞すべきを擇[えら]びて之を勞す　311
勞を施[ほどこ]すこと無からん　63
陋巷[ろうこう]に在り　71
老者[ろうしゃ]は之を安んじ　63
老農[ろうのう](老圃[ろうほ])に如かず　183
老彭[ろうほう]に比す　80
祿[ろく](は)其の中に在り　19、240
祿の公室を去ること五世なり　251
祿を干[もと]めんことを學ぶ　18
六十にして耳順[みみしたが]い　12
論の篤[あつ]きに是れ與[くみ]せば　151

わ

和して同ぜず　196
和す　94
和すれば寡[すく]なきこと無く　248
和を知りて和すれども　7
和を用て貴しと爲す　7
少[わか]き時は血氣未だ定まらず　253
少しと雖[いえど]も必ず作[た]ち　115
予[わ]が足を啓[ひら]け、予が手を啓け　99
予が否なる所の者　78
予[われ]言うこと無からんと欲す　272
予一人に在らん　308
予君たるを樂しむこと無し　190
予小子[しょうし]履[り]、敢て玄牡を用いて　307
予其の臣の手に死なんよりは　117
予縦[たと]い大葬を得ずとも　117
予道路[どうろ]に死なんや　117
予に亂臣[らんしん]十人有り　107
予に違うこと莫きを樂しむなりと　191
予は一以て之を貫[つらぬ]く　228
予は視ること猶[なお]子[こ]のごとく　146
予を起す者は商なり　26
予を喪ぼせり　144
吾[わ]が一日爾より長ぜる　155
吾が憂なり(衰えたるや)　81
吾が聞く所に異なり　292
吾が言に於て説ばざる所無し　142
吾が好む所に從わん　84
吾が才を竭[つ]くせり　116
吾が大夫崔子がごときなりと　59
吾が大夫の後[しりえ]に從える　144
吾が力猶能く諸を市朝に肆[さら]さん　220
吾が徒に非ざるなり　149
吾が黨[とう]に直躬なる者有り　192
吾が黨の小子、狂簡、斐然　61
吾が黨の直き者は是に異なり　193
吾が友嘗[かつ]て斯に從事せり　101
吾が友張や、能くし難きを爲す　298
吾が道は一以て之を貫く　43
吾[われ]豈[あに]匏瓜[ほうか]ならんや　266
吾未だ嘗て誨うること無くんば　82
吾未だ嘗て見[まみ]えることを得ず　35
吾未だ剛なる者を見ず　54
吾未だ德を好むこと、色を好む　120、233
吾未だ能く其の過を見て　63
吾衛より魯に反りて　118
吾得て諸を食[くら]わんや　170
吾老いたり　281
吾行うとして二三子と與に　89

わ

吾回と言う、終日違わざること　15
吾嘗[かっ]て終日食わず　240
吾間然[かんぜん]すること無し　108
吾之を如何ともする末きのみ　123、235
吾之を観ることを欲せず　27
吾斯の人の徒と與にするに非ず　285
吾斯を之れ未だ信ずること能わず　50
吾諸を夫子に聞けり　298、299
吾十有五にして學に志し　12
吾知ること有らんや　114
吾其の位に居るを見るなり　226
吾其の語を聞く、未だ其の人を見ざる　256
吾其の進むを見るなり　121
吾其の人を見る　256
吾其れ髪を被り衽[えり]を左にせん　211
吾其れ之を與[あずか]り聞かん　189
吾大夫の後[しりえ]に従える　214
吾誰をか欺[あざむ]かん　117
吾徒行して以て之が槨[かく]を　144
吾と女[なんじ]と如[し]かざるなり　53
吾何をか執[と]らん　110
吾何を以てか之を觀んや　36
吾女[なんじ]に語[つ]げん　267
吾女を以て死せりと爲す　153
吾の人に於けるや、誰をか毀[そし]り　237
吾は隠す無きのみ　89
吾は必ず汶[ぶん]の上[ほとり]に在らん　70
吾は必ず之を學びたりと謂わん　4
吾は之を知らず　106
吾は其れ東周を爲さんか　264
吾は周(下)(衆)に従わん　29、111
吾は先進に従わん　141
吾は點[てん]に與[くみ]せん　158
吾は猶[なお]史の闕文[けつぶん]に及ぶなり　238
吾日に吾が身を三省す　2
吾復[また]夢[ゆめ]に周公を見ず　81
吾祭に與[あずか]らざれば　28
吾免[まぬが]るるを知るかな、小子　99
吾試[もち]いられず、故に藝あり　113
吾も亦[また]諸[これ]を人に加うること　55
吾已[や]んぬるかな　114
吾老圃[ろうほ](老農)に如かず　183
吾少[わか]かりしとき賤[いや]し　113
吾を知らずと　155
吾を以[もち]いずと雖も　189
吾、子[し]を以て異なるを之れ問う　153
我[われ]未[いま]だ仁を好む者　39
我未だ力の足らざる者を見ず　40
我仁を欲すれば、斯に仁至る　92
我其の両端を叩いて竭くす　114
我に非ざるなり　146
我に於て殯[ひん]せよ　137
我に於て浮雲の如し　86
我に従わん者は、其れ由なるか　51
我に數年を加え、五十にして　86
我に陳・蔡に従う者は　141
我に問うに空空如たり　114
我の大賢(不賢)ならんか　293
我は未だ之を見ざるなり　40
我は生れながらにして　88
我は是れ無きなり　91
我は賈[こ]を待つ者なり　118
我は則ち暇[いとま]あらず　217
我は則ち是に異なりて　288
我は其の禮を愛[おし]む　30
我人の諸を我に加うること　55
我獨[ひと]り亡し　165
我を知ること莫きかな　219
我を知る者は其れ天か　220
我を助くる者に非ざるなり　142
我を博[ひろ]むるに文を以てし　115
我を用うる者有らば　187
我を約するに禮を以てす　116
朕[わ]が躬[み]、罪有らば　308